高职高专物流类专业系列教材

供应链管理

主　编　周任重　姜　洪　赵艳俐
副主编　宋　晶　向吉英　杨叶飞
参　编　胡书华　曾娟子

机 械 工 业 出 版 社

供应链已发展到与互联网、物联网深度融合的智慧供应链新阶段。在国务院发布《关于积极推进供应链创新与应用的指导意见》与教育部积极推进"双创"课程改革的大背景下，深圳职业技术学院牵头组织专家团队，结合行业领军企业的实践经验编写了本书。

本书以培养供应链创新型人才所必备的综合职业技能为目标，旨在培养学员发现、分析和创新解决复杂问题的能力。书中精心选取了实践性、专业性、创新拓展性强的教学案例素材，采用了项目化和任务驱动的教学模式重构课程内容，主要包括：典型行业供应链分析与管理实践、供应链合作关系协调、供应链管理的策略性抉择；供应链需求管理与商业模式创新、供应链采购与供应商管理、供应链时间压缩与精益生产管理、供应链环境下的库存控制与物流管理、供应链绩效评价与风险管理；智慧供应链与新一代信息技术应用、供应链金融业务模式与行业实践、供应链创新与跨境电商平台创业实践。

为提高学生的学习兴趣，本书精心设计了啤酒游戏、商业模式画布、纸飞机精益生产等课堂角色扮演小游戏，课后配有实训任务、拓展阅读模块，从而全面提升学生的满意度和课程教学质量。

本书可作为高职高专院校物流、工商管理类专业的教材，也可作为物流与供应链管理研究人员与从业者的参考资料。

为方便教学，本书配有电子课件等教师用配套教学资源，凡使用本书的教师均可登录机械工业出版社教育服务网 www.cmpedu.com 下载。咨询电话：010-88379375；服务 QQ：945379158。

图书在版编目（CIP）数据

供应链管理/周任重，姜洪，赵艳俐主编. —北京：机械工业出版社，2019.9（2023.1重印）
高职高专物流类专业系列教材
ISBN 978-7-111-63341-9

Ⅰ. ①供…　Ⅱ. ①周…　②姜…　③赵…　Ⅲ. ①供应链管理—高等职业教育—教材　Ⅳ. ①F252

中国版本图书馆 CIP 数据核字（2019）第 157158 号

机械工业出版社（北京市百万庄大街 22 号　邮政编码 100037）
策划编辑：孔文梅　　　　　　　责任编辑：孔文梅　张美杰
责任校对：姚玉霜　郑　婕　　　封面设计：鞠　杨
责任印制：郜　敏
北京盛通商印快线网络科技有限公司印刷
2023 年 1 月第 1 版第 6 次印刷
184mm×260mm · 17 印张 · 420 千字
标准书号：ISBN 978-7-111-63341-9
定价：43.00 元

电话服务　　　　　　　　　　　网络服务
客服电话：010-88361066　　　机　工　官　网：www.cmpbook.com
　　　　　010-88379833　　　机　工　官　博：weibo.com/cmp1952
　　　　　010-68326294　　　金　书　网：www.golden-book.com
封底无防伪标均为盗版　　　机工教育服务网：www.cmpedu.com

前言

为加快供应链创新与应用，促进产业组织方式、商业模式和政府治理方式创新，推进供给侧结构性改革，2017 年 10 月，国务院办公厅印发《关于积极推进供应链创新与应用的指导意见》(以下简称《意见》)，这是我国首个从国家层面正式部署和推动供应链创新与应用发展的文件。《意见》指出，随着信息技术的发展，供应链已发展到与互联网、物联网深度融合的智慧供应链新阶段。要全面贯彻党的十九大精神，创新发展供应链新理念、新技术、新模式，高效整合各类资源和要素，提升产业集成和协同水平，打造大数据支撑、网络化共享、智能化协作的智慧供应链体系，推进供给侧结构性改革，提升我国经济的全球竞争力。

供应链管理是实践性非常强的领域。"供应链管理"是物流、工商管理类专业的核心专业课程，目前国内院校使用的教材大多理论性太强，实践应用性不足；教学内容明显滞后于最新业界实践；教学内容与方法缺乏新颖性和趣味性，主要以教师理论讲授为主，学生的主动参与性非常欠缺，难以达到供应链创新型人才培养的教学目标。因此，一套能够很好地融合业界供应链管理实践与课堂教学经验的理论与实践一体化的供应链管理创新课程教材，将有助于提高职业教育体系相关专业的教学质量。

本书可用于高职高专物流和工商管理类专业的供应链管理课程教学。在教育部推动"双创"类课程改革背景下，本书编写团队成员精心选取教学内容，进行课程内容设计，突出课程内容的新颖性、专业性、实用性和创新拓展性。本书采用"项目化"和"任务驱动"教学模式，创新设计课程内容及结构，强调培养学生的创新创业能力，以及发现、分析和解决问题的综合职业技能，实现专业核心课程与创新创业融合，契合教育部"双创"课程改革的政策方向。

本书编写团队成员在积累多年教学经验的基础上，结合业内一流企业实践经验和教育专家指导意见，精心编排了课程内容，把教学内容分为初创谋划、业务执行、创新拓展三个部分，并分别构建八个项目和三个拓展方向，把供应链创新、供应链金融、供应链科技应用等融入课程内容。在教学案例和素材的选取上，本书以汽车、服装和手机三大产业为主线，为各个章节项目分别选取了业界最具代表性的经典案例，以方便学生在比较中学会分析，在反复类比中轻松学习和应用重要的难点知识与技能。在教学方法上。本书突出教学的互动性和趣味性，精心设计了啤酒游戏、商业模式画布、纸飞机精益生产等课堂趣味竞赛游戏，能够提升学生的参与度和满意度。

本书充分结合了知名公司供应链管理实践并兼顾物流职业资格证书培训要求，案例与资料内容涵盖电子和汽车制造企业、第三方物流企业、快递业、国际货代业和咨询业等行业代表性企业的实际业务经验和岗位工作任务。本书既可作为高职高专院校物流、工商管理类专业的教材，也可作为物流与供应链管理研究人员与从业者的参考资料。

本书由周任重、姜洪、赵艳俐任主编，由宋晶、向吉英、杨叶飞担任副主编，胡书华、曾娟子为参编。具体分工如下：姜洪编写项目一，向吉英编写项目二，杨叶飞编写项目四，赵艳俐编写项目五，宋晶编写项目八，周任重负责其他项目的编写。胡书华、曾娟子负责收集与整理资料。本书是作者针对供应链管理教学在探讨"工学结合"教学模式上的一次飞跃与尝试。尽管团队成员为本书花费了大量的精力和时间，但由于供应链管理是一个理论性和实践性很强的研究领域，加上成员本身能力水平有限，书中难免存在疏漏和不当之处，恳请专家和广大读者批评指正。本书在编写期间，得到了深圳职业技术学院领导和同事的大力支持，在此特别表示感谢！

本书配有电子课件等教师用配套教学资源，凡使用本书的教师均可登录机械工业出版社教育服务网 www.cmpedu.com 下载。咨询电话：010-88379375；服务 QQ：945379158。

编　者

目录

第三部分 创新拓展

第一部分　初创谋划

项目一
典型行业供应链分析与管理实践

能力目标

1. 能够针对具体产品描绘供应链结构简图。
2. 能够对典型行业的供应链进行简要的总体特征分析。
3. 能够掌握供应链管理理念及供应链管理运行机制。
4. 能够对业界典型案例进行初步分析与经验借鉴。

项目思维导图

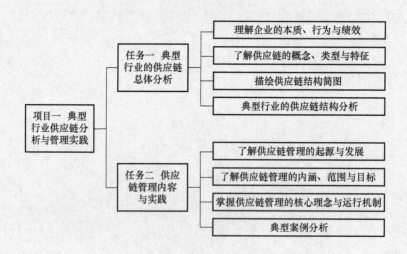

任务一　典型行业的供应链总体分析

▓▓▓▓ 情景导入 ▓▓▓▓

新能源汽车特斯拉带来的供应链投资机会

某研究机构认为，特斯拉的供应链有机会在未来几年成为一个新的投资趋势。根据某证券研究报告，我们梳理了全球著名的纯电动车制造商特斯拉的超豪华供应链，如表 1-1 所示。

表 1-1　特斯拉供应商列表（部分）

部　件		供　应　商
动力总成系统	负极材料	贝特瑞
	电解液	新宙邦
	BMS/汽车电子	均胜电子
	电极铜箔	诺德股份
电驱动系统	电机磁体	福田机电（中国台湾）
充电系统	专用线缆	智慧能源、万马股份
	磁性材料	天通股份
	递变器	春兴精工
其他构件	NVH 零部件/电子	拓普集团
	WT 零配件	东睦股份
	电子仪表	东风科技
	自动化仪表盘	上海临港
	汽车内饰件	宁波华翔
	密封件	中鼎股份
	光电元器件	水晶光电
	光学零件	利达光电
	精密铸件	东山精密
	车载导航	四维图新
	电子绝缘材料	安洁科技
	热管理系统	三花智控
	仪表盘	长信科技
	继电器	宏发股份
	铝合金压铸件	天汽模、广东鸿图
	保险杠	模塑科技

导入问题：

1. 特斯拉为什么受欢迎？
2. 为什么说特斯拉产能提升将带来供应链投资机会？
3. 什么是供应链？
4. 特斯拉背后的供应链是什么？到底有哪些股市投资机会？

第一步 | 理解企业的本质、行为与绩效

一、企业的本质

企业是当今最重要和最常见的经济组织形式之一，同时也是一个最难把握和界定的研究对象。富可敌国的 GM 公司和享誉全球的微软公司是企业，路边的夫妻凉茶铺也是企业。企业是一个可以从多角度来理解的对象。这意味着任何只强调企业的一种特性而忽视甚至否定其他特性的看法都是"盲人摸象"。企业区别于其他经济和社会组织的特殊性可以归纳为四个方面，即营利性、实体性、生产性和契约性。正是这四个方面构成了企业的基本特征。通过对这四个方面的分析，我们可以对究竟什么是企业这个问题有更为清晰的理解。

1．企业的营利性

企业首先必须是一种营利性的经济组织。也就是说，企业作为一种由不同的人组织起来的社会组织，和其他任何组织形式不同，是以营利为主要存在目标的。

2．企业的实体性

企业是由一定的独立或相对独立的资产所组成的一个价值实体。这个价值实体也就是我们通常所说的"企业资产"，其表现形式既包括机器、厂房、原材料、库存产成品，也包括企业的库存现金和各种应收款，还包括品牌、商标、专利和声誉等无形资产。

3．企业的生产性

企业的生产性不仅指企业能够生产出产品和服务，还指企业能够使投入其中的生产要素，特别是企业家才能这种特殊的生产要素的价值得以实现并表现为价值增值。这是企业区别于市场的一个重要特征。

4．企业的契约性

企业是一种契约网络或契约联结点，是拥有不同生产要素产权的经济主体为了最大限度地延伸各自的利益边界而形成的一种契约。

在古典经济学家看来，企业无非是一个将投入转化为产出的"装置"，就像榨油机是将油料转化为油产品的装置一样，它是一个反映投入—产出的技术关系的"黑箱"，或者说企业就是一个生产函数。现代企业理论就是将制度作为一个内生变量加入生产函数中去的。一个好的关于企业的定义要符合两个条件：其一，将现实经济生活中存在的形形色色的企业（或至少绝大部分）都能够包括进来；其二，将企业与其他非企业经济组织和其他社会组织区别开来。基于上述思路，朱卫平教授在《企业家本位论》一书中给企业做出如下定义：企业是以企业家为中心签约人的一种营利性契约组织，是契约形成和履行过程的有机统一。

二、企业的行为及绩效

企业所在的行业结构与竞争情况，对于企业营利性与长期发展起着非常重要的作用，因此有必要对企业所在行业结构进行分析，协助企业应对未来环境的变化。美国石油工业在 20 世纪头 10 年里经历了从近乎垄断到寡头垄断的突变，起因是市场对石油产品的需求从煤油转向燃油，同时在美国国内、远东和东欧发现了新的原油产地，一批新的石油公司成长起来。截至 1910 年，已有 8 家综合一体化的石油公司跻身美国 200 家最大工业企业的行列。1911 年，标准石油公司托拉斯被《反垄断法》解散，这就进一步促进了这种转变。20 世纪 20 年代和 30 年代，大石油公司继续通过向前结合（销售网络）和向后结合（勘探和采油）在海外扩张。大萧条时期，一些大公司从海外撤资，把海外资产卖给了 3 家在海外最活跃的公司，即新泽西标准石油、美孚真空石油和德士古石油。另外两家，即加利福尼亚标准石油和海湾石油，则保留了海外业务。因此，这 5 家企业在第二次世界大战后市场对石油需求的巨大增长中大获其利。这 5 家企业再加上英荷壳牌及英国石油公司，即所谓的"七姊妹"，继续主宰着战后世界石油工业的寡头垄断结构。

哈佛学派认为，市场结构（Structure）、市场行为（Conduct）、市场绩效（Performance）之间存在着必然的联系，并建立了 SCP 分析框架来分析行业与企业的发展情况。

1951 年，贝恩发表了有关"结构—行为—绩效"（SCP）之间关系的著名论文，其目的是检验两个假说：

（1）卖方集中度与有效串谋的营利性之间存在着系统性正相关关系。

（2）与不存在垄断或寡头之间的有效串谋相比，存在垄断或寡头之间的有效串谋时销售的平均超额利润率较高。

早期的研究数据支持了这两个假说，证实了卖方集中度和平均销售利润率之间存在正向关系。但在检验行业集中度与行业营利性之间关系的过程中，贝恩遇到了以下问题：

（1）为分析结构—行为—绩效之间的关系，应如何定义产业？

（2）为分析结构—行为—绩效之间的关系，应如何衡量销售集中度？

（3）为分析结构—行为—绩效之间的关系，应如何衡量营利性？

在贝恩看来，产业定义的理论基础是需求的可替代性——它是一组产出群体。

1. 行业集中度衡量标准

最常见的行业集中度衡量标准是赫芬达尔-赫希曼指数（Herfindahl-Hirschman Index，简称 HHI）和行业集中率（CR_n）。

赫芬达尔-赫希曼指数，即企业市场份额平方之和：

$$H=S_1^2+S_2^2+\cdots+S_n^2 \tag{1-1}$$

行业集中率，即该行业的相关市场内 n 家最大的企业所占市场份额之和：

$$CR_n=S_1+S_2+\cdots+S_n \tag{1-2}$$

一般文献常采用 8 家企业行业集中率 CR8。

2．行业营利性的衡量标准

行业营利性的衡量标准有销售报酬率、股东资产报酬率（年度税后净利润与资本净值的比率）、托宾 Q 系数等。

三、企业竞争由传统的"单打独斗"向供应链"团体竞赛"转变

从 18 世纪中叶到 19 世纪末，生产方式主要是作坊式生产。企业竞争的焦点是高效地生产出产品，满足市场需求。企业更加注重提高机械化水平和生产效率。20 世纪初，泰勒提出了以劳动分工为基础的科学管理理论。在此基础上，福特在 1913 年创立了移动式装配流水线，使生产效率大幅度提高，生产成本大幅度降低，标志着大批量生产方式的诞生。经过半个多世纪的发展，大批量生产方式向社会提供了大量的产品，使人类在物质文明方面取得了突破性的进步。在这种生产方式下，企业注重科学管理，通过操作标准化、专业化来提高效率。企业为加强控制，对于为其提供原材料、半成品或零部件的其他企业，采取投资自建、投资控股或兼并的"纵向一体化"管理模式。例如美国福特汽车公司拥有一个牧羊场，出产毛皮用于生产本公司的汽车坐垫。但这种"纵向一体化"无法快速响应市场，同时会使企业承担由过重的投资负担和过长的建设周期带来的风险，且不利于管理人员的沟通和控制。

到了 20 世纪 80 年代，随着消费需求日趋主体化、个性化和多样化，市场环境由简单、静态向复杂、动态转化，大批量生产方式难以适应变化了的市场需求。企业推出新的生产方式，即"多品种、中小批量生产方式"，按订单组织生产。多品种、中小批量生产方式虽然满足了市场需求，但是增加了管理难度，降低了效率，增加了成本。因此人们不断地在生产领域应用一些先进的生产技术与管理方法，如 CAD、CAM、CAPP、MRP、CE、FMS 等。

进入 20 世纪 90 年代，特别是 21 世纪以来，整个世界的经济环境发生了巨大变化，主要表现在以下几个方面。

（1）科学技术不断进步和发展。特别是信息技术的迅猛发展加速了制造业的现代化和全球化进程。

（2）全球一体化经济格局形成。世界贸易组织（WTO）推行的贸易自由化形成了生产要素的自由流动，使资源不断得到优化配置，形成全球经济的一体化格局。欧盟、东盟、北美自由贸易区、上海合作组织等正是全球经济一体化在各区域内的具体表现。企业之间的合作正日益加强，跨地区甚至跨国合作制造的趋势日益明显。国际上越来越多的制造企业特别是跨国公司把大量常规业务"外包"给发展中国家，而只保留最核心的业务。在这个过程中，中国成为"世界制造中心"。

（3）消费行为变化。新经济所依赖的市场环境是买方市场环境，顾客的消费观念和消费形态发生了变化。过去消费者注重产品是否经久耐用，较多考虑的是质量、功能与价格三大因素；而现在消费者往往关注产品能否给自己的生活带来活力和美感，能否令自己更加充实和舒适，他们要得到的不仅是产品的功能和品牌，还更多地关注与产品有关的系统服务。于是消费者评判产品的标准从"要不要""喜欢不喜欢"发展成为"满

意不满意"，消费者对产品和服务的期望越来越高。因此，企业要用产品具有的魅力去打动消费者，要本着一切为消费者着想的原则去服务消费者。

（4）产品生命周期越来越短。企业的竞争环境越来越激烈，很多产品市场已变成买方市场。在千变万化的市场环境中，也许最大的变化就是"速度"。随着消费者需求的多样化发展，企业的产品开发能力也在不断提高。目前，国外新产品的研制周期大大缩短，与此相应的是产品的生命周期缩短，更新换代速度加快。由于产品在市场上的存留时间大大缩短了，企业在产品开发和上市期间的活动余地也越来越小，给企业造成巨大压力。虽然在企业中流行着"销售一代、生产一代、研究一代、构思一代"的说法，然而这毕竟需要企业投入大量的资源，一般的中小企业在这种环境面前显得力不从心。许多企业曾红火过一阵，但由于后续产品开发跟不上，导致产品落伍，而产品落伍之时，也就是企业倒闭之日。消费者需求的多样化越来越突出，厂家为了更好地满足其要求，便不断推出新的品种，从而引起了一轮又一轮的产品开发竞争，结果是产品的品种数成倍增长。

以上所描述的外部环境的变化，对企业参与竞争的能力提出了更高的要求，企业要想在市场中立于不败之地，就必须借助新的管理手段来提高竞争力。企业除了优化自己的流程之外，还必须和自己的上下游企业一起协作，不仅要为自己的下游提供好的服务，而且要为最终消费者提高服务水平。这要求企业具备柔性的特点，可以快速响应市场需求的变化。企业的适应能力越强，越具有敏捷性，成功的机会就越多。同时企业必须消除供应链系统中出现的"瓶颈"，形成一个物流、信息流、资金流畅通的整体，提高整个供应链的效率。供应链管理思想在制造业中得到普遍应用，成为管理理论者和实际工作者关注的焦点。

彼得·德鲁克等国内外著名管理专家一致认为：新时代企业之间的竞争已经由以前的"单打比赛"（指和其他对手竞争）转化为"团体比赛"，其实质是供应链与供应链之间的竞争。

第二步 ｜ 了解供应链的概念、类型与特征

一、供应链的概念

1. 日常生活用品的供应链

市场上主要有三种商务交易形式：企业对企业（B2B），企业对消费者（B2C），消费者对消费者（C2C）。每种产品或服务从无到有，再到进行交易，直至最终消费，经历了原材料采购、生产加工、销售、运输等环节，需要很多不同企业的配合。在满足最终消费者需求的整个供应过程中，各种类型的企业分别在不同环节互相配合、相互衔接、分工合作，形成了相互依存的紧密关系，好像一条完整的供应链，任何环节都不能出问题，谁也离不开谁，否则就无法实现供应功能。图 1-1 简要描述了宝洁洗发水从材料供应、生产加工、配送、零售，直至送达最终消费者手中的完整过程。

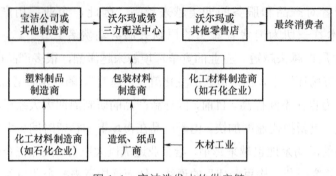

图 1-1　宝洁洗发水的供应链

供应链是产品从原材料的获得到最终产品产出的整个过程中所有活动的总称，包括采购活动、生产计划、运输、仓储和售后服务，以及信息系统的控制等活动。供应链的概念已经不同于传统的销售链，它跨越了企业界限，从扩展企业的新思维出发，从全局和整体的角度考虑产品经营的竞争力。供应链突出了全面考虑所有相关事物的概念，将研究的范畴扩展到各个不同实体，并将它们看成一个整体，从系统论的角度去考虑和分析问题。

2.　供应链概念的提出与理论定义

供应链的概念首先在 20 世纪 80 年代末由美国管理学者提出。20 世纪 90 年代以来，随着经济全球化，国际竞争日益加剧，消费者需求多样化，技术更新迅速，供应链在制造业管理中得到了普遍应用，成为一种新的管理模式。

对于供应链的定义，至今尚无公认的标准。在不同的领域、不同文献中，其定义有不同的形式。这主要与它的发展历程有关。早期的观点认为，供应链是制造企业中的一个内部过程，它是指将采购的原材料和收到的零部件，通过加工、销售等过程传递到制造企业及用户的一个过程。后来的供应链概念强调了与其他企业的联系和供应链外部环境，偏向于描述供应链中不同企业通过制造、组装、分销、零售等环节将原材料转换成产品并最终送达最终用户的转换过程。最近，供应链的概念更加注重围绕核心企业的网链关系。如核心企业与供应商、供应商的供应商乃至一切前向的关系，与用户、用户的用户及一切后向的关系。

通过查阅相关文献，我们发现，对于供应链的概念，不同领域有不同角度的理解，其中有代表性的定义有如下几种。

（1）伊文思：供应链管理是通过前馈的信息流和反馈的物料流及资金流，将供应商、制造商、分销商、零售商，直到最终用户连成一个整体的管理模式。

（2）马士华：供应链是围绕核心企业，通过对信息流、物流、资金流的控制，从采购原材料开始，制成中间产品以及最终产品，最后由销售网络把产品送到消费者手中的将供应商、制造商、分销商、零售商，直到最终用户连成一个整体的功能网链结构模式。

（3）《物流术语》（GB/T18354—2006）：生产及流通过程中，涉及将产品或服务提供给最终用户活动的上游与下游企业所形成的网链结构。

（4）国际供应链协会（SCC）：供应链包括产品从供应商的供应商到消费者的全过程中所有的生产和分配活动。

（5）格雷厄姆（Graham）（1992）：通过增值过程和分销渠道控制从供应商到用户的流就是供应链，它开始于供应的源点，结束于消费的终点。

（6）哈里森（Harrison）（1996）：供应链是采购原材料，将它们转换为中间产品和产品，并且将成品销售到用户的功能网链。

（7）比尔诺（Bealnon）（1998）：供应链是一个集成化的流程，许多不同的企业实体，诸如供应商、制造商、分销商和零售商，在获取原材料、把原材料转化为最终产品、把最终产品交付给零售商方面共同努力。

2017 年 10 月 13 日，我国国务院办公厅印发《关于积极推进供应链创新与应用的指导意见》，首次对供应链创新发展做出了全面部署，指出供应链是以客户需求为导向，以提高质量和效率为目标，以整合资源为手段，实现产品设计、采购、生产、销售、服务等全过程高效协同的组织形态。

综合以上各种定义，我们发现可以从多个角度去认识供应链。供应链不是指一个企业，而是指围绕核心企业，从采购原材料开始，制成中间产品以及最终产品，最后由销售网络把产品送到消费者手中的将供应商、制造商、分销商、零售商，直到最终用户连成一个整体的企业网络。

二、供应链的类型及特征

供应链的特征反映了管理的难度，根据不同的划分标准，供应链分为如下几类：

1．平衡的供应链和倾斜的供应链

根据供应链容量与用户需求的关系，可以把供应链分为平衡的供应链和倾斜的供应链。供应链具有相对稳定的设备容量和生产能力（所有企业能力的综合，包括供应商、制造商、运输商、分销商、零售商等），但用户需求处于不断变化的过程中。当供应链的容量能满足用户需求时，供应链处于平衡状态。当市场变化加剧，造成供应链成本增加、库存增加、浪费增加等现象时，企业不是在最优状态下运作，供应链处于倾斜状态。平衡的供应链可以实现各主要职能之间的均衡。

2．有效性供应链和反应性供应链

根据供应链的功能模式（物理功能和市场调节功能），可以把供应链分为有效性供应链和反应性供应链。有效性供应链主要体现供应链的物理功能，即以最低的成本将原材料转化成零部件、半成品、产品并交付给最终消费者。反应性供应链主要体现供应链的市场调节功能，即把产品配送到满足用户需求的市场，对未预知的需求做出快速反应。

3．推动式供应链和拉动式供应链

根据供应链运营模式对市场需求采取的战略类型，可以把供应链分为推动式供应链和拉动式供应链。推动式供应链主要体现在供应链成员采取按库存生产模式，以产定销，从上游到下游推销产品。拉动式供应链注重对终端消费需求的满足，采取按订单生产模式，以销定产，把下游的实际需求沿供应链向上游传递，拉动供应链各级成员的管理工作。

供应链主要具有以下特征：

（1）复杂性。因为供应链节点企业组成的跨度（层次）不同（供应链往往由多个、多类型，甚至多国企业构成），所以供应链结构模式比一般单个企业的结构模式更为复杂。

（2）动态性。成员之间的关系可能中断或发生变化，供应链的结构是处于不稳定的动态变化之中的。

（3）交叉性。供应链之间相互交叉，成员可能同时处于几个供应链结构中，相互影响。

（4）增值性。从供应链的上游到下游各个环节中，成员在提供生产服务的不同过程中实现产品的价值增值。

第三步 ｜ 描绘供应链结构简图

一、供应链网络结构简图

为了深入研究供应链的特点，需要对其进行界定，其中对供应链体系结构的分析是基础。供应链链状结构是供应链最基本的结构，可以根据实际情况用供应链网络结构实体抽象简图，形象而简单地描述供应链整体成员结构，方便系统地研究供应链的管理问题。供应链网络结构简图如图 1-2 所示。

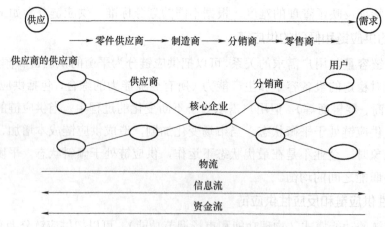

图 1-2　供应链网络结构简图

图 1-2 可以形象地描述具体产品的供应链整体轮廓，但对于成员组成和所处的重要程度与层级没有提供足够的信息。考虑一个核心企业的供应链时，不可能包括所有的成员，那样做既不现实也没有必要。因此，管理者需要依据具体环境，根据自己的生产能力和对自己业务流程的重要程度，来选择不同联系程度的供应商或消费者，确定哪些成员需要重点管理，哪些需要间接控制，选择适合不同供应链的伙伴层次（级）。

　　分析供应链的物理结构时，首先应该分析供应链包括哪些成员。关键是找出对核心企业成功起主要作用的那些成员，把更多的资源和精力放在这些主要因素上。市场营销渠道的研究者在确定渠道中的主要成员时，主要考虑在其渠道中运作的各种活动，例如，产品的运输、信息的获得、支付方式和促销活动等。每种活动都包括了相关的成员，例如支付方式中的银行、促销活动中的广告代理商等。

二、供应链层级分析简图

　　借助对供应链涉及的各种流程与成员的调查研究与访谈，我们可以用更加详细的供应链流程与成员层级简图来研究供应链的特点。供应链层级分析简图如图1-3所示。

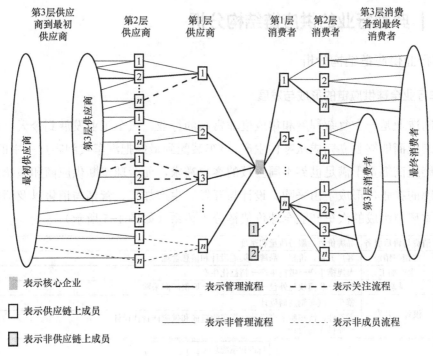

图1-3　供应链层级分析简图

三、供应链层次结构及特征

　　供应链结构可从水平层次和垂直规模两个方面来描述。水平层次是指供应链中所包含的所有供应商或消费者的层次数量，它决定了供应链的长短；垂直规模是指对于某核心企业而言，其各层次所包含的供应商或消费者的数目，它决定了供应链的宽度。根据水平层次和垂直规模的不同，可将供应链的结构分为四种基本类型：①水平层次少，垂直规模大；②水平层次多，垂直规模大；③水平层次少，垂直规模小；④水平层次多，垂直规模小。如图1-4所示。

　　供应链结构直接影响供应链总响应时间，在其他条件相同时，类型③对供应链总响应时间的影响最小，而类型②对供应链总响应时间的影响最大，类型①、④的影响居中。

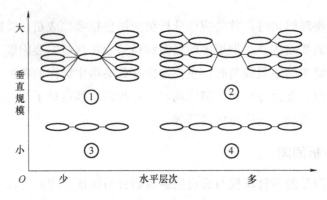

图 1-4 供应链结构的四种基本类型

第四步 ｜ 典型行业的供应链结构分析

一、汽车行业供应链结构分析

（一）汽车行业全球供应链的形成与发展

汽车制造业是一个复杂程度和集成度非常高的行业，汽车工业发展到今天，已经没有哪家汽车制造商能够独立完成从零件生产、整车装配到最终把汽车卖到客户手中的全过程。跨国汽车制造商侧重于满足世界不同区域的客户需求，而全球垄断供应商和系统总成商更侧重于品牌的扩张，形成了由采购、设计与开发、生产加工、营销与销售以及消费与售后服务等基本环节组成的汽车产业全球价值链分工体系（如图 1-5 所示）。

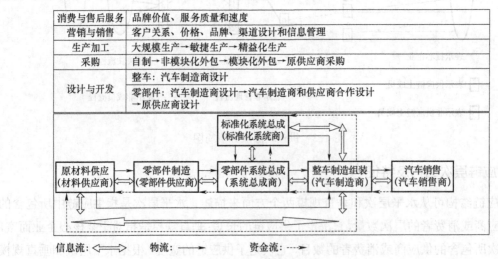

图 1-5 汽车产业全球价值链分工体系

汽车制造业的物流过程，从专业化的原材料供应、汽车零件加工、部件配套、整车装配，到汽车分销乃至售后服务，已经形成了一整套汽车"制造—销售—服务"供应链流程，如图 1-6 所示。

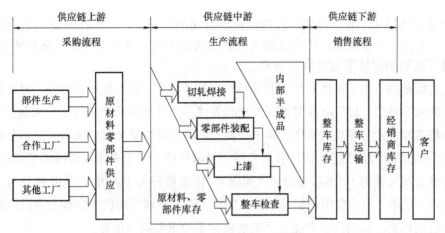

图 1-6　汽车"制造—销售—服务"供应链流程图

（二）汽车供应链的利益分配及影响因素

在汽车供应链中，每一个环节所创造的价值并不相等，各环节企业在利益分配方面也存在显著差别。汽车供应链可分为产品设计与开发、生产加工、物流、品牌推广、售后服务等环节，其中产品设计与研发、品牌推广和关键零部件的生产和采购等属于高附加值环节；整车装配、非关键零部件的生产加工、流通环节等属于低附加值环节。汽车供应链各环节的价值分布"微笑曲线"如图 1-7 所示。

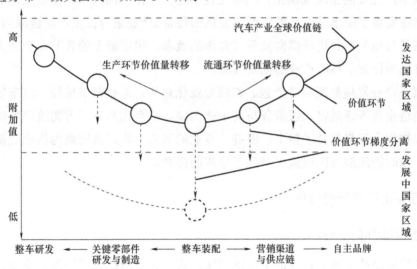

图 1-7　汽车供应链各环节的价值分布"微笑曲线"图

全球大型汽车制造商是汽车供应链的领导者，也是最大的受益者。关键零部件垄断供应商也能够获得独立的有利地位。而发展中国家的本土企业即使成功嵌入汽车全球价值链国际分工体系，也被锁定在进入壁垒低、利润低、竞争激烈的生产环节，生存与发展空间受到制约。

（三）全球汽车供应链的发展趋势

（1）汽车整车等战略环节趋于寡头垄断结构。跨国汽车制造商之间进行大规模兼并重组，在全球市场形成了寡头垄断。在跨国汽车公司的推动下，汽车产业全球价值链的纵向分工（垂直分离）不断深化。从价值链上最低端的加工生产环节开始，向整车装配、设计、营销渠道等高附加值环节进行有序分离。

（2）关键零部件供应商所在环节行业结构也趋于集中，附加值不断提高。随着战略环节所在行业的兼并重组，与战略环节纵向关联的关键零部件供应商也进行了重大兼并重组，通过整合和集成相关业务模块，强化了其核心能力，以顺应整车企业模块化组装和全球化采购的新趋势。目前在动力、底盘、内饰和车身四个领域形成了二十多家大型跨国零部件供应商。其中，博世公司（德国）、德尔福公司（美国）、伟世通公司（美国）、米其林公司（法国）和石桥公司（日本）的销售额均超过 100 亿美元。汽车全球垄断供应商和上游供应商网络形成独立的供应体系，成为汽车产业全球价值链体系的重要组成部分。

（3）供应链企业之间的关系越来越复杂。在产品开发过程中，汽车供应商发挥了越来越大的作用，跨国汽车制造商与垄断供应商之间的关系变得更为紧密。制造商对不同级别的供应商要求也不同，比如对二级供应商，要求其具有工艺技能，且产品要符合 ISO 9000 和 QS9000 等质量标准；对三级供应商，则只要求提供基本的零部件，对其技术创新程度要求不高。汽车全球价值链企业之间的合作模式有三种：以契约关系为特征的欧洲模式、以市场竞争为特征的美国模式和以转包合作为特征的日本模式。

（4）汽车产业发展呈现规模化、集群化发展趋势。作为高关联、强系统性的产业，近年来汽车产业发展呈现出了明显的集群化发展的特征。产业集群化使产业链纵向延伸发展，同时也提高了与相关产业进行横向竞争与合作的效率，供应链上的各节点企业更加关注自身主业，有效地促进了核心产业的创新发展。

（5）汽车产业发展呈现业务外包、物流专业化趋势。原材料供应商、汽车零配件供应商、汽车制造企业等逐渐将物流服务与其主业剥离，社会化的第三方物流服务体系逐步完善。以汽车物流为纽带整合了整个供应链，专业的第三方物流供应商为供应链提供专业的物流服务，同时物流服务的质量也得到了稳步的提升。

二、服装行业供应链结构分析

（一）服装供应链的工艺流程

服装供应链是基于服装行业的供应链运作模式。它是传统的服装制造企业、面辅料供应商、服装分销商和零售商为了快速响应消费者的不确定性需求，获取最大利润而结成的一种动态联盟。研究人员发现，在以消费者为中心的供应链运作过程中，即使在同一个销售旺季或淡季期内，服装制造企业所获得的关于消费者对某款服装产品的订单波动也相当大；即使服装制造企业按照订单在最短的时间内生产出产品发往各分销商处，也会面临着大量的退货、换货。这样不可避免地增大了服装供应链的生产、供应、库存管理和市场营销风险，甚至导致了生产、供应、营销的混乱，使企业无法准确地把握市场需求信息，难以准确地制订企业的能力需求计划和生产计划，容易造成生产能力过剩。

服装供应链工艺流程如图 1-8 所示。

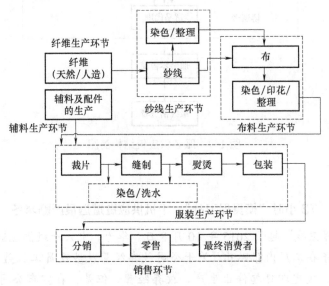

图 1-8　服装供应链工艺流程图

（二）服装供应链的企业类型

第一种是单纯的生产加工企业。这类企业以接受国内外客户的订单并完成加工为主要业务，其目标是"按正确的质量、以正确的时间、在正确的地点交货"。这类企业尽管利润微薄，但所面临的竞争程度低、管理技术简单，因此企业能够稳步发展。

第二种是"虚拟企业"。这类企业以建立、提升自身品牌为目标，注重对终端消费者的消费习惯、消费行为、消费需求展开研究，并根据这些研究结果进行产品研发，同时完善自己的配送与销售网络。比较典型的有上海美特斯邦威服饰股份有限公司，它所面临的竞争十分激烈。一般来说，如果市场预测准确，企业会赚取高额利润；如果预测失误，企业会产生巨大损失。这类企业通过建立优秀的物流系统，满足消费者的需求，从而实现企业在市场上的竞争优势。

第三种是供、产、销一体化的企业。这类企业面临的竞争最为激烈。从供应链的角度看，这类企业从事了供应链节点上的主要业务，既要有具有战略合作关系的上游供应商和下游销售商，又要具备很强的产品研发、生产能力，还要具备很强的品牌管理能力。因此，如何形成自身的核心竞争力是这类企业面临的最大问题。比较典型的企业有杉杉集团和雅戈尔集团。

第四种是贸易公司。服装贸易公司充当了协调者的角色，它们协调整条供应链，向它们的客户——服装零售商提供最终产品。这些贸易公司并没有自己的生产工厂，而是帮助零售商选择供应商，并且管理包括质量在内的整个生产过程，有时甚至还包括服装设计。它们的核心能力就是其强大的供应网络和良好的协调能力。

服装供应链结构简图如图 1-9 所示。

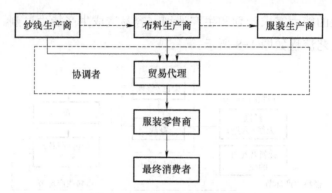

图 1-9　服装供应链结构简图

拓展阅读

72 小时"模具保卫战":手机供应链遭遇最严酷寒冬

这场"模具保卫战"起于 2015 年 10 月 8 日。华为、中兴一级供应商、深圳龙岗明星企业——福昌电子在工厂内张贴出《关于公司放弃经营及涉及员工权益的通告》,宣布公司因资金链断裂,决定即日起停止生产、放弃经营。但是,在宣布公司倒闭之时,福昌电子尚有 3 800 名员工约 2 000 万元薪酬尚未结清,也没有给出任何经济补偿方案。此外,福昌电子还拖欠数百名供应商约 3 亿元货款。

10 月 8 日深夜至 10 月 11 日深夜,福昌电子三个工厂内上演了"模具保卫战"。据记者了解,福昌电子三个工厂内有上百名供应商 24 小时看管模具,5 个工厂大门处停放了 50 多辆供应商车辆随时待命。

多数供应商坚信,只有保住模具,才能拿到货款。他们打算拖住中兴、华为,引起政府注意,帮自己解决问题。

最终,10 月 11 日晚,供应商代表与中兴、华为以及龙岗街道办事处达成协议,并签订了《关于华为、中兴取回委托代管模具及货款监管相关事项的协议书》。供应商同意华为、中兴于 10 月 11 日取回模具的 10%,其余模具则依法处理。作为条件,华为、中兴将于 10 月 30 日前将其对福昌电子公司的约 5 000 万元未付货款存入指定账户。

拓展阅读

新能源汽车巨头特斯拉发展中的危机

虽然特斯拉在业内非常著名,但在一些投资家眼里,它就是一家濒临倒闭的公司。美国知名对冲基金经理约翰·汤普森认为,特斯拉正处在破产边缘,需要筹集约 80 亿美元来弥补运营亏损、资本支出、到期债务和周转资金需求。如果没有华尔街银行或私人投资者的支持,该公司可能在 3～6 个月内破产。

特斯拉已经进入生死存亡的关键时刻!如果特斯拉无法突破平价电动车 Model 3 的生产瓶颈,可能会面临严峻的资金压力。据《华尔街日报》报道,Model 3 生产不顺,特斯拉已经两度延迟每周打造 5 000 辆新车的目标。生产能否达标一事极为重要，只有达到每周生产 5 000 辆新车的目标，特斯拉才能拥有足够的现金流维持营运，不然就得再次筹资。

事实上，特斯拉的估值是福特的两倍，而福特 2017 年生产了 600 万辆汽车，利润高达 76 亿美元，而特斯拉只生产了 10 万辆，但亏损了 20 亿美元。此外，福特有 120 亿美元现金应对不测，而特斯拉可能会在 3 个月内耗尽所有资金。

特斯拉多年亏损，意欲通过大幅提高 Model 3 的产量来达到营利的目的，2018 年 3 月，特斯拉关停生产线 5 天，用于改善生产线以提高产能，突破 Model 3 的产能瓶颈。

任务二　供应链管理内容与实践

▩▩▩▩ 情景导入 ▩▩▩▩

"这是一个供应链管理者的伟大时代"

美国供应链管理专业协会（Council of Supply Chain Management Professionals，简称 CSCMP）会长兼首席执行官瑞克·布拉斯根（Rick Blasgen）说："这是一个供应链管理者的伟大时代。"以前，供应链管理在企业内部仅仅是辅助功能；如今，其重要性日益为人所知、被企业所认可，它已成为企业真正的战略能力，在提升企业财务成本底线、增加销售收入、改善运营策略方面起着重要的作用。随着管理技术和科技手段在供应链中的应用，供应链变得越来越强大，也越来越复杂。想要在如今全新的环境下取得成功的企业和个人，都必须花费时间去掌握供应链知识和技术，保持与最新的供应链进程接轨。

为什么供应链很重要？首先，这个行业仅仅在美国就吸收了大约 1.5 万亿美元的物流成本，目前美国的物流成本占美国国内生产总值（GDP）的比重已经降低到了 7.7%，回想一下，在 1980 年，物流成本占美国国内生产总值的比例高达 16%！其次，美国以供应链管理定义的工作大约有 4 400 万个。由于技术更具产出力、更有效率、更加复杂，企业管理者可以把人重新部署到价值增值能力更强的岗位。在这个过程中，不仅对世界各地的经济产生了巨大影响，同时也提高了许多人的生活水平。

这是一个让人着迷、充满活力、变化节奏非常快的行业。然而，对许多即将步入大学或正在大学学习的年轻人来说，他们还没有真正接触到供应链管理这个独具魅力的领域，直到他们在课堂中学到，或者从教授和导师那里了解到，才会偶然发现其魅力所在。

我们面临的下一个挑战是要将供应链管理作为一项毕生的事业。这就需要把教育资源延伸到教育系统的最基本层面。同时，也需要让那些正在就读高中、即将步入大学，面临专业选择和未来择业的学生的父母更多关注这个行业，了解孩子们在供应链领域中的未来，让家长能够深入了解我们坚守的底线。

导入问题：
1. 为什么供应链很重要？
2. 什么是供应链管理？

3. 供应链管理对企业发展的作用有哪些?

4. 你对"这是一个供应链管理者的伟大时代"这句话有何看法?

第一步 ｜ 了解供应链管理的起源与发展

一、管理的本质与企业成长

管理，本质上就是管人理事，更好地达成一致目标。管理包括计划、组织、协同、控制和领导等职能，在特定的公司业务中，管理活动是一种可以识别的活动，包括真实的产品采购、销售、生产或运输活动。在大型企业中，经理人更加关注的是管理，而不是职能工作的业绩。在较小的公司中，经理人或团队负责采购原材料、销售产成品、监督生产，同时也协调、计划和评估这些不同的职能。然而，在较大的公司中，管理通常成为一种专业的全职工作。管理者协调、评估和计划企业活动时，有时必须关注公司的长期健康运营，其他时候又必须关注公司日常平稳有序的运营。第一种情况要求集中精力致力长期的规划和评估，第二种情况则要求解决即时的问题和需要，要求处理预料之外的事件或危机。

"尽管中国不乏成功的生意人和企业，却少有成功的公司。"与其他企业形式，如个人业主制、合伙制或家族制企业不同，公司的重要特点是，它能将个性不同的人聚集在一起，以营利为目的携手努力。"与欧洲相比，为什么美国在更短的时间里出现了数量更多、规模更大的现代化的、综合一体化的、多单位的企业?"

根据美国企业史学家钱德勒的研究，美国企业家对新机会的反应首先发生在分销领域，大规模批发和零售商业取代了靠收取佣金谋利的传统商业。然而，新式交通和通信所带来的更大的革命发生在生产领域。在19世纪最后的几十年里，没有任何创新能与爱迪生和西门子及其他发明家带来的大规模生产相媲美。钱德勒作为先行者和挑战者，全面分析了大企业在美国主要工业部门中的发展。

美国企业的扩张通过以下四种战略按顺序展开：横向合并、纵向一体化、海外扩张和多样化经营。钱德勒指出，在这四种战略中，只有后两种是依靠组织能力。横向和纵向结合都是为了控制市场，但它们本身并不能保证对市场的支配。使合并企业成为利用规模经济和范围经济先行者的条件是，在合并的基础上实现管理集中化，并对生产、销售和管理进行集中投资，以使企业的结构合理化。先行者和少数挑战者一旦确立，就会继续为市场份额和利润竞争，并以组织能力为利器向外国市场和相关产品市场扩张。以这两种战略进行的扩张日益依赖职业管理者的协调，他们和高层管理者通过多年的竞争发展起来的职能管理和一般管理的能力强化了管理权和所有权的进一步分离，并增强了职业管理者对企业决策的控制。因此，管理模式的演变是推动企业成长的关键因素。

二、供应链管理的起源与四个发展阶段

20世纪90年代以来，由于供应链管理在企业中的应用需要有力的理论支持，学术界掀起了对供应链的研究热潮。供应链管理研究的发展基本上可分为以下四个阶段。

第一阶段：1960 年，弗雷斯特（Forester）最早提出将整个供应链作为一个系统来分析其动态变化情况。

第二阶段：1980—1989 年，供应链管理概念处于萌芽阶段。在这个阶段，人们纷纷从不同的角度分析和研究供应链管理的概念，利用不同的方法解释供应链的实质。这说明了供应链管理的重要性和应用的可能性。学术界普遍认为供应链管理是一种集成的思想，包括企业内部集成和企业外部集成。

第三阶段：1990—1995 年，供应链管理的应用处于初步形成阶段。在这个阶段，供应链相关的各企业部门之间经常发生利益冲突，这种冲突导致供应链管理效率下降，削弱了整个供应链的竞争力。如何提高供应链的整体竞争力，消除供应链中信息传递过程中的放大现象成为研究热点。

第四阶段：1996 年以后，供应链管理处于强调建立合作伙伴关系阶段。此阶段的研究热点为如何设计有效的供应链机制保证供应链成员合作的动力，即协调理论的研究。在建立合作伙伴关系之前提出的协调供应链，主张各合作企业之间一致"协调对外"。而此阶段则强调与尽可能少的供应商合作，对合作伙伴的选择是分步骤的、考虑多种因素的综合评价过程，并保证合作的有效性。

供应链管理是随着企业管理方式的演变而发展起来的，图 1-10 描述了美国供应链管理实践发展的历史阶段。

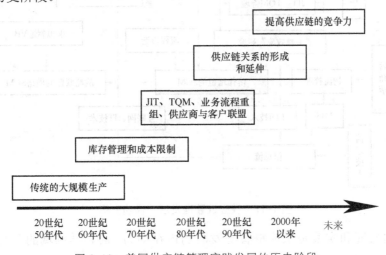

图 1-10 美国供应链管理实践发展的历史阶段

20 世纪 60 年代，美国的制造企业采用大规模生产技术来降低成本、提高质量，在建立供应商合作伙伴关系、改善流程设计和灵活性或提高产品质量方面，相对投入较少。新的产品设计与开发很慢，并且主要依靠内部资源、技术和能力。

20 世纪 70 年代，物料需求计划（Material Requirement Planning，简称 MRP）和制造资源计划（Material Requirement Planning II，简称 MRPII）发展起来，制造企业认识到物料有效管理的重要性和大量的库存对制造与仓储成本的影响。随着计算机计算能力的提高，库存管理软件的复杂性也随之提高，使进一步降低库存并保持有效的内部沟通成为可能。

从 20 世纪 80 年代开始，激烈的全球竞争成为美国制造企业提供低成本、高质量产品以及高水平客户服务的动机。制造企业应用准时制（Just In Time，简称 JIT）和全面质量管理（Total Quality Management，简称 TQM）来提高产品质量、生产效率和运送效率。在应用 JIT 的生产环境中，只有少量库存就可以应对缓冲和生产问题，企业开始认识到"供应商—买方—客户"的战略合作伙伴关系所带来的潜在效益和重要性。当制造企业实践 JIT 和 TQM 的时候，合作伙伴关系和联盟的概念浮出水面。

三、供应链管理发展的两大推动力

现代供应链管理理论与方法是在现代科学技术条件下产生的，是在当今激烈的全球市场竞争中生存与发展的一个重要武器，是赢得市场竞争优势的一种最新的手段。从以上分析得知，供应链的发展源于两个动力：现代科学技术和现代管理理论。供应链的发展是它们相互作用的共同产物，其发展路径演变如图 1-11 所示。

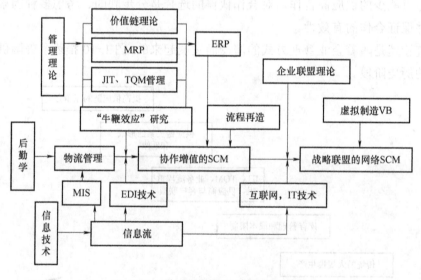

图 1-11　供应链管理发展路径演变图

后勤学的研究和实践是供应链管理发展的内在动力。后勤学领域的研究取得了众多成果，如库存补充、设施布局规划、车辆路径和调度。最近的研究开发了许多优秀的算法，能够高效地解决具有实际应用价值的组合优化问题。这些操作层次的研究进展促使人们以集成的方式研究以前分散独立处理的后勤学问题，而且推进到企业联盟之中促进后勤学集成。另外，信息技术是供应链管理快速发展的重要外在动力。计算机网络基础结构可以提供平台支持企业内后勤学无缝集成，而且正逐渐跨越企业的边界。信息技术支持企业在目前的虚拟环境中有效管理其合作伙伴和客户。准时制管理、约束理论、精益生产等现代管理理论的不断发展也进一步促进了供应链管理的发展。

第二步 ｜ 了解供应链管理的内涵、范围与目标

一、什么是供应链管理

供应链管理主要集中在如何使企业利用供应商的工艺流程、技术和能力来提高他们的竞争力，在组织内实现产品设计、生产制造、物流和采购管理功能的协作。当价值链中的所有战略组织集成为一个统一的知识实体，并贯穿整个供应链网络时，企业运作的效率会进一步提高。广义的供应链管理可以描述贯穿整个价值链的信息流、物流和资金流的流动过程。供应链管理的范围如图 1-12 所示。

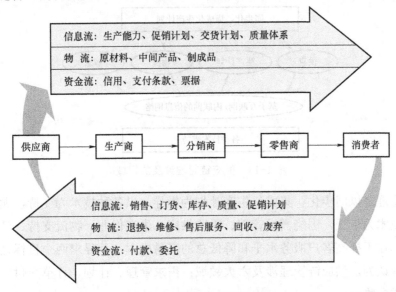

图 1-12　供应链管理的范围

供应链管理的广义定义，包含了整个价值链，描述了从原材料开采到使用结束整个过程中的采购与供应管理流程。但是，由于广义供应链管理描述的价值链非常复杂，企业无法获得供应链管理提供的全部利益。因而，国内外专家学者从不同角度和侧重点对供应链管理进行了狭义的定义。

美国俄亥俄州立大学的全球供应链论坛：供应链管理是指为消费者带来有价值的产品、服务以及信息的，从源头供应商到最终消费者的集成业务流程。

美国著名物流专家哈兰德（Harland）：供应链管理是指对商业活动和组织内部关系、与直接采购者的关系、与第一级或第二级供应商、与客户的关系等整个供应链关系的管理。

《物流术语》（GB/T18354—2006）：供应链管理是指对供应链涉及的全部活动进行计划、组织、协调与控制等。

综合以上各种观点，供应链管理作为一种全新的管理方法，就是对供应链进行管理！借助现代信息技术对供应链中的物流、信息流与资金流进行更有效的计划、组织、协调和控制，力图整合供应链上下游企业的各种优势资源，形成整体竞争力，降低供应链总成本，

为客户提供更好的服务。供应链管理的最终目标是通过共同合作实现整体利益最大化和企业自身利益最大化。

二、供应链管理的主要内容

实现企业供应链管理，首先应弄清楚供应链管理的主要内容。在这方面，不同学者根据自己的兴趣和理解分别提出了不同看法，例如，我国的马士华教授认为，供应链管理主要涉及供应、生产计划、物流和需求四个领域（如图1-13所示）。

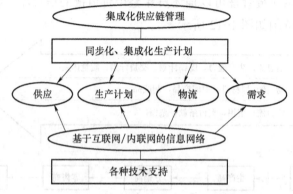

图1-13　供应链管理涉及的领域

供应链管理是以同步化、集成化生产计划为指导，以各种技术为支持，尤其是以信息技术和网络技术为依托，围绕需求管理、采购供应、生产作业、物流支持、订单交付来实施的，其目标在于提高客户服务水平和降低总的交易成本，并寻求两个目标之间的平衡。

还有学者认为，供应链管理涉及六大领域：需求管理、计划、订单交付、物流管理、采购供应、逆向物流。

供应链管理也可以细分为两个领域：基本职能领域和辅助职能领域。基本职能领域主要包括产品开发、产品技术保证、采购、制造、生产控制、库存控制、仓储管理、分销管理、市场营销等；辅助职能领域主要包括客户服务、设计工程、会计核算、人力资源等。

美国俄亥俄州立大学兰伯特教授及其研究小组提出供应链管理的三个基本组成部分：供应链的网络结构、供应链业务流程和供应链管理要素。

（1）供应链的网络结构：主要包括工厂选址与优化，物流中心选址与优化，供应链网络结构设计与优化。

（2）供应链业务流程：主要包括客户关系管理（Customer Relationship Management，简称CRM），客户服务管理，需求管理，订单配送管理，制造流程管理，供应商关系管理（Supplier Relationship Management，简称SRM），产品开发与商业化，回收物流管理。

（3）供应链管理要素：主要包括运作计划与控制，工作结构设计（指企业如何完成工作任务），组织结构，产品流的形成结构（基于供应链的采购、制造、配送的整体流程结构），信息流及其平台结构，权利和领导结构，供应链的风险分担和利益共享，文化与态度。

从公司的实践来看，供应链管理的具体管理活动面临以下主要决策内容。

（1）供应链网络结构的优化与设计（全球节点企业、资源的评价、选择和定位）。

（2）供应链关系协调与合作管理。

（3）供应链管理策略抉择（不同行业、不同产品类型要求采用不同的供应链管理策略）。

（4）供应链需求管理与商业模式创新。

（5）供应链采购与供应管理（战略性供应商的伙伴关系发展）。

（6）供应链的产品设计、计划与精益生产管理。

（7）供应链的订单交付与库存管理（时间压缩、运输、物流、包装、过程跟踪、库存控制等）。

（8）供应链的风险管理。

（9）供应链的绩效评价与激励机制。

（10）基于现代信息技术应用的供应链运营流程优化。

（11）供应链金融（企业间资金流、汇率、成本等问题）。

（12）基于行业客户特征的供应链整体解决方案。

（13）基于电商平台的供应链创新创业项目商业化。

三、供应链管理的总目标

供应链管理的目标是将整个供应链上所有环节的市场、分销网络、制造过程和采购活动联系起来，共同实现客户服务的高水平与低成本，以赢得竞争优势。而供应链管理最根本的目的就是增强企业核心竞争力，其首要的目标则是提高客户满意度，即将顾客所需的、正确的产品（Right Product）在正确的时间（Right Time），按照正确的数量（Right Quantity）、正确的质量（Right Quality）、正确的状态（Right Status）送到正确的地点（Right Place），即"6R"，并使总成本最小。

归根结底，供应链管理和任何其他的管理思想一样，都是要使企业在激烈的市场竞争中保持优势，在"TQCSF"等方面有上佳表现。企业必须以客户为中心，加快产品的开发、制造和分销速度，缩短新产品上市和交货时间（Time，T），重视产品全程质量（Quality，Q）管理，降低成本（Cost，C），为客户提供全方位的服务（Service，S），要有较好的应变能力与灵活性（Flexible，F）。同时企业必须充分重视知识（Knowledge，K）、创新（Innovation，I）和环境保护（Environment，E），以保证企业可持续发展。

在典型制造商的成本结构中，供应链所涉及的成本占 60%～80%，高效的供应链管理可以使总成本下降 10%，相当于节省总销售额的 3%～6%，同时明显提高了客户需求预测和管理水平。美国 Pitiglio Rabin Todd & McGrath 公司的调查分析结果也表明，企业实施供应链管理可以获得如下益处：

（1）供应链管理的实施使总成本下降了 1%。

（2）供应链系统中企业的按时交货率提高了 15%以上。

（3）订货-生产周期缩短了 25%～35%。

（4）供应链中企业的生产率提高了 10%以上。

（5）核心企业的资产增长率为 15%～20%。

如今，供应链管理已经成为企业参与全球市场竞争的重要战略。因此，任何一个希望步入国际化市场的企业都应该从供应链管理角度来考虑整个企业的生产经营活动，努力创造自己的核心竞争力，使企业成为整个社会价值链的一个重要环节。

第三步 ｜ 掌握供应链管理的核心理念与运行机制

一、供应链管理的核心理念

1. 系统集成思想

不再孤立地看待各个企业及各个部门，而是考虑所有相关的内外联系体——供应商、制造商、销售商等，并把整个供应链看成一个有机联系的整体。通过各种管理手段与机制把具有独立决策权的分散组织成员，集成为一个有机整体，共同实现整体利益最大化目标。

2. 以客户为中心

让最终消费者更满意是供应链全体成员的共同目标，消费者满意的实质是消费者获得超出他们承担的产品价格以上的那部分"价值"，供应链可以使得这部分"价值"升值。比如，由于供应链中供应商与制造商、制造商与销售商彼此之间已经建立了战略合作伙伴关系，因此供应商可以将原料或配件直接送给制造商，制造商可直接将产品运送给销售商，企业间无须再进行原来意义上的采购和销售，这两项成本就大大削减了。供应链完全可以以更低的价格向消费者提供优质产品。此外，供应链还可通过改善产品质量、提高服务水平、增加服务承诺等项措施来增大消费者所期待的那部分"价值"，从而提高消费者的满意度。

3. "双赢"合作竞争理念

与传统企业经营管理不同，供应链管理是对供应链全面协调性的合作式管理，它不仅要考虑核心企业内部的管理，还更注重供应链中各个环节、各个企业之间资源的利用和合作，让各企业之间进行合作博弈，最终达到"双赢"。早期的单纯竞争观念完全站在企业个体的立场上，以自己的产品销售观在现有的市场上争夺产品和销售渠道，其结果不是你死我活，就是两败俱伤，不利于市场空间的扩大和经济的繁荣进步。合作竞争理念把供应链视作一个完整的系统，将每一个成员企业视为子系统，组成动态联盟，彼此信任、互相合作、共同开拓市场、追求系统效益的最大化、最终分享节约的成本和创造的收益。

4. 基于新一代信息技术的应用

供应链管理战略是现代网络信息技术与战略联盟思想的结晶，高度集成的网络信息系统是其运行的技术基础，企业资源计划（Enterprise Resource Planning，简称 ERP）就是广泛使用的信息技术之一。ERP 是由美国权威计算机技术咨询和评估集团高德纳咨询公司（Gartner Group）在 20 世纪 90 年代提出的，它综合应用了多项网络信息产业的成果，集企业管理理念、业务流程、基础数据、企业资源、计算机软硬件于一体，通过信息流、物流、资金流的管理，把供应链上所有企业的制造场所、营销系统、财务系统紧密地结合在一起，以实现全球内多工厂、多地点的跨国经营运作，使企业超越了传统的供方驱动的生产模式，转向需方驱动生产模式运营，体现了完全按用户需求制造的思想，通过信息和资源共享，实现以顾客满意为核心的战略。

二、供应链管理的运行机制

供应链管理实际上是一种基于"竞争—合作—协调"机制，以分布企业集成和分布作业协调为保证的新型企业运作模式。供应链管理通过合作机制、决策机制、激励机制和自律机制等来实现满足客户需求、使客户满意以及留住客户等功能目标，并进而实现供应链管理的最终目标：社会目标（满足社会就业需求）、经济目标（创造最佳利益）和环境目标（保持生态与环境平衡）的合一。供应链管理的运行机制具体如图 1-14 所示。

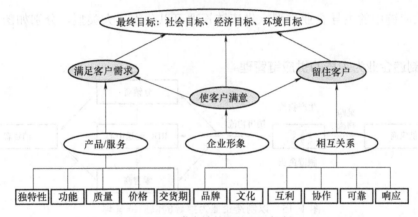

图 1-14 供应链管理的运行机制

1. 合作机制

供应链合作机制体现了战略伙伴关系和企业内外资源的集成与优化利用。基于这种企业环境的产品制造过程，从产品的研究开发到投放市场，周期大大地缩短，而且客户导向程度更高，使企业在多变的市场中的敏捷性显著增强，虚拟制造与动态联盟提高了业务外包策略的利用程度。企业集成的范围扩展了，从原来的中低层次的内部业务流程重组上升到企业间的协作，这是一种更高级别的企业集成模式。在这种企业关系中，市场竞争的策略最明显的特征就是基于时间的竞争，以及基于价值的供应链管理。

2. 决策机制

供应链企业决策信息的来源不再仅限于一个企业内部，而是在开放的信息网络环境中不断进行信息交换和共享，以达到供应链企业同步化、集成化计划与控制的目的。随着 Internet/Intranet 的发展及其对企业决策的支持作用的增强，企业的决策模式将会发生很大的变化，因此处于供应链中的任何企业决策模式应该是基于 Internet/Intranet 的开放性信息环境中的群体决策模式。

3. 激励机制

要实现供应链管理目标，还必须建立健全业绩评价和激励机制，使我们能清楚认知供应链管理思想在哪些方面、多大程度上给予企业改进和提高的空间，以推动企业管理工作不断完善和提高。同时，业绩评价和激励机制也使得供应链管理能够沿着正确的轨道与方向发展，真正成为被企业管理者乐于接受和实践的新型管理模式。

4. 自律机制

自律机制主要包括企业内部自律、对比竞争对手的自律、行业内自律、合作伙伴之间的自律。通过自律机制可以更好地提高客户满意度，保持良好商誉，减少沟通合作成本，提高整体竞争力。

三、供应链管理的主要类型

根据供应链中的主导企业类型，供应链管理可以分为三大类型，分别如图 1-15～图 1-17 所示。

1. 以制造企业为主导的供应链管理

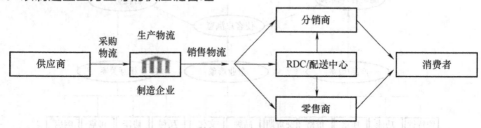

图 1-15　以制造企业为主导的供应链管理

2. 以零售企业（连锁超市）为主导的供应链管理

图 1-16　以零售企业（连锁超市）为主导的供应链管理

3. 以第三方物流企业（3PL）为主导的供应链管理

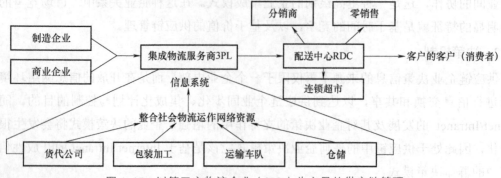

图 1-17　以第三方物流企业（3PL）为主导的供应链管理

香港利丰集团的全球供应链管理模式
——赚取零售价里的"软三元"

20 世纪 90 年代以来，越来越多的企业、公司将供应链管理的概念纳入战略议程，国际上一些著名的大企业，如惠普公司、IBM 公司、戴尔计算机公司等，在供应链管理实践中都取得了瞩目的成绩。在全球范围内，香港的利丰集团无疑是其中的佼佼者。美国哈佛商学院就对利丰的供应链管理实践做了多个商业案例分析，《哈佛商业评论》称利丰的供应链管理为"香港风格的供应链管理"，具有"快捷、全球化和创业精神"。

在竞争日趋激烈的国际市场环境中，利丰管理层极为重视"零售价里的软三元"，即一件商品在美国的零售价是 4 美元，其生产成本仅为 1 美元，要再减少已经非常困难，但另外 3 美元则是供应链各个环节的价值，包括产品设计、原材料采购、物流运输、批发零售、信息和管理等，在这方面企业有很多机会通过节省获利。传统的市场智慧是研究如何把这价值 4 美元的产品卖得更多，如何使产品卖价更高。但最好的办法是向供应链上的 3 美元增值入手。只要售价不变，来自供应链的收益，就可直接增加经济溢利，这就是冯氏兄弟（利丰集团掌门人）的经济哲学。因此，利丰积极拓展全球性的采购经销网络，通过不断改善供应链管理赚取这"软三元"。

为了能在全球范围内为客户制定最优化的供应链，利丰非常重视供应链各节点上企业的紧密合作。1992 年上市后，利丰贸易除积极在世界各地开设办事处外，相继展开一连串的横向收购，包括收购英之杰采购服务、太古贸易和金巴莉、Colby、Janco 等。经过多年努力，利丰贸易的采购网络已扩展到在全球 40 个国家和地区，设有超过 80 家办事处。一个庞大的、运作有效的全球性采购网络，有利于利丰各产品小组为特定的客户制定最优化的产品供应链，以最低成本向消费者提供最快捷的优质服务。

利丰通过其庞大的全球采购网络，与各种不同类型的生产商保持长期的密切合作，建立了互信关系，利丰能为其网络中的生产商带来一定数量、价格合理的订单，生产商也愿意在预订产能、快速生产和各种生产细节上与利丰配合，并提供最高的生产弹性，以便利丰能为客户度身打造最优化的供应链。

利丰供应链管理的思想，就是强调各企业核心能力要素的优化组合。由于企业的资源有限，企业要在各种行业和领域都获得竞争优势十分困难，因此它必须集中资源在某个有所专长的领域，即核心业务，才能在供应链上取得一个位置。企业具有在核心业务上出色的竞争能力是伙伴们愿意合作的前提。供应链管理强调的是企业根据自己的核心业务能力，在供应链上扮演一个专门的、不可替代的角色。只有这样，其他企业才无法轻易取而代之。

同时，企业应将非核心业务以外包的模式交给其他更专业的企业，使整条供应链发挥更大的效果。如果企业缺乏或者不理解自己的核心业务，或把资源分散到没有优势的业务上面，将难以在供应链上明确定位，亦会缺乏资源来不断强化其相关的核心竞争力，其在供应链上的位置便容易被其他企业取代。企业的核心业务由多项核心竞争力支持，这些核心竞争力需要企业不断维护和强化，以保持与竞争对手的距离。跨国界生产体现了各个企业依其核心竞争力进行分工的情况：将供应链分拆，让每个企业集中于其专长的某一个或几个环节或生产工序，通过有效率的运输，使生产活动得以在世界各个角落进行配置，联结成为一条有竞争力的供应链。企业应建立从采购到经销再到零售的一条完整供应链的组织管理架构，重视并不断强化各企业的核心业务和核心竞争力。

拓展阅读

全球供应链与 NIKE 公司的高速发展

在美国俄勒冈州 NIKE（耐克）总部，看不见一双鞋，员工们只忙两件事：①建立全球营销网络；②管理遍布全球的公司。一双 NIKE 鞋，其生产者只能获得几美分的收益；但 NIKE 公司凭借其全球网络却能获得几十甚至上百美元的利润。

在 20 世纪 60 年代，NIKE 公司创建之初，规模很小，随时都有可能倒闭。公司的两位创始人比尔·鲍尔曼和菲尔·奈特都要身兼数职，公司没有自己的办公楼和完整的经营机构。1985 年，NIKE 公司的全球利润为 1 300 万美元，1994 年公司的全球营业额达 48 亿美元之多；其市场占有率独占鳌头，为 24%，是位居第三的阿迪达斯公司的两倍多。许多华尔街投资商和分析家在 20 世纪 80 年代以前一直不看好 NIKE 公司："NIKE 没有多少发展的基础和前景。"如今他们解嘲道："上帝喜欢创造神话，所以他选择了我们意想不到的 NIKE。"这一切都与 NIKE 公司严密而又精确的供应链密不可分。

在服装业这种季节性很强的行业中，供应链所具有的决定性作用正得到加强，NIKE 通过对供应链系统的改造，创造了一个运动商品王国。

NIKE 的物流系统在 20 世纪 90 年代初期就已经非常先进，近年来更得到了长足的发展，可以说其物流系统是一个国际领先的、高效的货物配送系统。NIKE 在全球布局物流网络。它在美国有三个配送中心，其中有两个在孟菲斯。NIKE 位于田纳西州孟菲斯市的 NIKE 配送中心，运行于 1983 年，是当地最大的自有配送中心。作为扩张的一部分，NIKE 建立了三层货架的仓库，并安装了全新的自动补发系统，使 NIKE 能够保证在用户发出订单后 48 小时内发出货物。NIKE 公司在亚太地区生产的产品，通过海运经西海岸送达美国本土，再利用火车经其铁路专用线运到孟菲斯，最后运抵 NIKE 的配送中心。所有的帽子、衬衫等产品都从孟菲斯发送到美国各地。

在 2000 年年初，NIKE 开始在其电子商务网站上进行直接面向消费者的产品销售，并且增加了提供产品详细信息和店铺位置的功能。为支持此项新业务，NIKE 选择由 UPS 环球物流为其提供速递服务，将 NIKE 的产品从虚拟世界送到消费者家中。对于原来就比较注重物流，且物流基础设施完善的 NIKE 来说，它首先要做的是对其原有的物流系统进行改造，以适应新的业务需求。此外 NIKE 还将部分物流业务外包，其中重要的物流合作伙伴是 MENLO 公司和 UPS 公司，目标是在全世界建立综合高效的供应链。

如今，无论是从工作效率还是服务水平来说，NIKE 的供应链系统都是非常先进高效的。其战略出发点就是一个消费地域由一个大型配送中心来服务，尽量取得规模化效益。NIKE 还非常注重物流技术的进步，积极采用高效的新科技，科学的新管理方法，来降低成本，提高工作效率。

供应链小游戏	**供应链构建与"信息传递"游戏**

步骤一：前期准备（3～5分钟）

（1）物品材料：扑克牌一副，白纸与纸条若干。

（2）班级分组，每班分四组，每组8～10人，每组选出一名组长和一名监督员（监督其他组）。

步骤二：供应链组建（5～10分钟）

（1）所有组长到讲台前，统一由教师随机抽签给每组分配产品（汽车、服装、手机）。

（2）每组组长与组员沟通，结合产品快速组建一条供应链，其中包括2～3家关键物料的供应商、一家品牌制造商、两家分销商，每家分销商各有两家零售商。零售商由组长扮演，其他角色各安排一名组员扮演，其他同学观摩协助组长。

（3）确定方案后报告给老师，经老师同意并备案后，各组成员按供应链的上下游企业依次排列并背向讲台坐好，准备好后由组长向老师报告。

步骤三：供应链"供求信息"传递游戏（15～20分钟）

（1）第一轮（5～10分钟）：老师或监督员向组长派发两张扑克牌（或随机摸牌），每张数字代表不同零售商的需求量，由组长用肢体语言分别传递给两家分销商；分销商再用肢体语言向制造商传递自己的需求信息；制造商汇总两家分销商的需求信息，制订生产计划和采购计划，并用肢体语言向供应商分别传递需求信息。供应商明确信息后安排生产，在便条上写下具体产品名称及数量，签好名快速交付制造商；制造商根据材料到货情况快速组织生产，并在便条上写下具体产品名称及数量，签好名快速交付给分销商。分销商汇总交付给零售商，组长及监督员核对结果，结束第一轮计时。

（2）第二轮（5分钟）：讨论总结，重新开始比赛，看哪个组既准确又快。

步骤四：讨论总结（5～10分钟）

知识测试

一、判断题

1. 企业作为一种由不同的人组织起来的社会组织，和其他任何组织形式不同，它以营利为主要存在目标。 （　　）

2. 最常见的市场集中度衡量标准是赫芬达尔-赫希曼指数（Herfindahl-Hirschman Index，简称HHI），即企业市场份额平方之和。 （　　）

3. 新时代的企业之间的竞争已经由以前的"单打比赛"（指和其他对手竞争）转化成"团体比赛"，实质上是供应链与供应链之间的竞争。 （　　）

4. 2017年10月13日，我国国务院办公厅印发《关于积极推进供应链创新与应用的指导意见》，首次对供应链创新发展做出了全面部署，指出"供应链"是以客户需求为导向，以提高质量和效率为目标，以整合资源为手段，实现产品设计、采购、生产、销售、服务等全过程高效协同的组织形态。 （　　　）

5. 根据供应链的功能模式（物理功能和市场调节功能）可以把供应链划分为有效性供应链和反应性供应链。 （　　　）

6. 供应链结构直接影响供应链总响应时间，在其他条件相同时，水平层次少，垂直规模小的供应链结构类型对供应链总响应时间的影响最小，而水平层次多，垂直规模大的供应链结构类型对供应链总响应时间的影响最大，另外两种类型居中。

（　　　）

7. 供应链管理的发展源于两个动力：现代科学技术和现代管理理论。供应链的发展是它们相互作用的共同产物。 （　　　）

8. 我国著名的马士华教授认为供应链管理主要涉及供应、生产计划、物流和需求四个领域。

（　　　）

9. 供应链管理和任何其他的管理思想一样，都是要使企业在激烈的市场竞争中保持优势，在"TQCSF"等方面有上佳表现，其中S是指应变能力与灵活性。 （　　　）

10. 供应链管理是通过合作机制、决策机制、激励机制和自律机制等来实现满足客户需求、使客户满意以及留住客户等功能目标，并进而实现供应链管理的最终目标。 （　　　）

二、名词解释（写出中英文全称及含义）

SCP

三、简答题

1. 简要分析汽车行业的供应链结构简图、特征及发展趋势。
2. 简要分析服装行业的供应链结构简图、特征及发展趋势。
3. 什么是供应链？什么是供应链管理？
4. 供应链管理的目标与核心理念是什么？
5. 供应链管理的运行机制是什么？

实训任务 # 揭秘苹果手机高绩效的供应链管理

任务目标 | 请结合案例分析并回答问题。

（1）苹果公司成功的原因有哪些？
（2）为什么要精简供应链，苹果公司是如何践行供应链的极简主义的？
（3）苹果公司为什么要构建全球化供应链生态系统？
（4）请绘制苹果手机供应链结构简图，你认为供应链哪些环节的企业利益比较多？
（5）苹果公司推行"供应链战略"有哪些创新？请举例说明。

任务要求 | 分小组完成任务，并制作PPT汇报。

近年来，苹果公司取得的成就举世瞩目。这家创建于 1976 年的公司，成功推出 iPod、iPhone、iPad 系列产品，改变了人们的生活方式，重新"发明"了移动智能终端。苹果在"世界 500 强"中的排名不断攀升，2019 年已位列第 2 位。

苹果成功的秘密究竟是什么？一直以来，中国企业都慨叹：那是因为苹果拥有一位深谙商业哲学和引导消费者需求的天才——乔布斯。中国之所以没有出现苹果这样的企业，是因为不可能存在另一个乔布斯。这种观点有其合理性：领袖人物是无法复制的。

然而，苹果的成功实际上应归因于两点：一是革命性的创新产品，二是卓越的供应链管理。现代企业的竞争其实也是供应链之间的竞争。在 IT 产业的微利环境下，苹果能够独占鳌头，除了创新的产品设计之外，隐藏在幕后而未被人们广泛认知的是能够通过供应链管理实现优秀的软硬件集成，为消费者提供超乎想象的体验。业界公认，苹果产品采用的技术并不是概念性的技术变成现实，而是现实中已经存在的技术的集合。苹果能够将这些优秀的单个技术集成起来，渗透到手机上游所有元器件的开发、生产和制造的过程中，始终领先竞争对手一到两年，"大杀器"正是供应链管理。

作为一个供应链领域的后来者，苹果在短短几年内发展出了竞争对手羡慕不已的全球化供应链。其中，许多前瞻性的战略思维和大胆的做法都值得正学着建设全球化供应链的中国企业借鉴。即便无法"复制"乔布斯，中国企业仍然可以从苹果身上获得关于供应链管理的教益。

（一）供应链的极简主义

苹果产品的设计惊人地崇尚极简主义。供应链也如此。

简洁性是供应链设计的一个重要原则。一个复杂的供应链，再细心的管理也难免统筹不当，产生失误。为了使供应链具有灵活快速响应市场的能力，供应链的每个节点都应是精简的、具有活力的，能够实现业务流程的快速组合。尤其是对于苹果这样的产品形象高端、专注于产品差异化竞争优势的企业，供应链的灵活快速响应十分重要。

为了实现供应链的极简化，苹果采取了两个措施。

第一，简化公司业务。苹果以前是一个自给自足的保守者，自己生产芯片、主板等零部件，自己组装产品，但这种供应链在 IT 产业分工精密、技术和设备要求日渐提高，从纵向产业结构演化为横向产业结构的情况下早已不合时宜。在蒂姆·库克进入苹果之前，苹果公司库存臃肿、制造部门效率低下，1997 财年苹果损失超过 10 亿美元。

蒂姆·库克开始大规模减记公司的制造资产，将一些简单的非核心业务外包给其他公司。苹果过去一直生产 PC 机主板，但在 1998 年的调查中，苹果发现，一些生产商的主板已经好于苹果生产的主板。因此，苹果决定将这一业务卖掉，并将生产外包给这些生产商。

现在，苹果将全部精力投入整个产品链的设计和品牌两个关键环节，从世界各地网罗零部件厂商和组装厂商进行生产。这一举措不仅给苹果带来巨大利润，而且强化了苹果的竞争优势，使强者越强。

第二，简化产品线。1997 年乔布斯回归苹果时，苹果仅台式电脑就有 12 种。乔布斯将 12 种简化成 4 种。苹果还尽可能使用更多标准化部件，从而大大减少了产品生产所需的备用零部件数量和半成品数量，能够将精力集中于定制产品，而不是搬运存货。例如，iPod 使用了通用

IC，减少了准备元件的时间和库存。2007 年，苹果的存货周转水平达到 50.8，业绩增长 38.6%。

简化产品线有以下三个好处：

首先，至繁归于至简。产品线越简单，制造就越容易，供应链就越简洁，管理就越容易做好。从供应链管理的角度来看，产品简化之后，计划、执行、采购、物流等环节的管理也会随之简化。

其次，苹果产品高度定义，型号非常单一，让苹果能在供应链上获得其他厂商难以获得的规模优势，使其成为各个供应商的最高规格客户，议价权远高于其他订货商。得益于庞大的采购量，苹果在零部件成本、制造费用以及空运费用方面获得了巨大的折扣，从而获得了较高的利润率。

最后，客户需求是企业价值实现的源泉，是供应链一切活动的起点。供应链最难的是需求的预测和计划，远远不是目前的技术可以解决的。无论采用多么先进的模型和方法，都只能是获得接近准确的结果。而像苹果这样引领消费需求、产品线短、销量巨大的产品，销量的预测和计划就变得比较容易，剩下的只是低成本高效率地实现原材料的供应、产品生产和最迅速的全球铺货。

（二）构建全球化供应链的生态系统

苹果将制造等非核心业务外包后，初步建立起了一个全球化的供应链。但它并不满足，而是致力将供应链升级为一个竞争对手难以模仿的"生态系统"。这可以说是苹果供应链管理的一个核心智慧。供应链实际运行的效率取决于供应链合作伙伴关系是否和谐，因此建立战略伙伴关系的合作企业关系模型是实现最佳供应链管理的保证。只有充分发挥系统中成员企业和子系统的能动性和创造性，实现系统与环境的总体协调，供应链生态系统才能发挥最佳的效能。

分析苹果的全球化供应链，可以发现其供应链设计非常符合 IT 产业的现实环境。

首先，苹果实行单一制造策略，公司绝大部分的硬件产品都在亚洲制造。而目前，苹果产品的市场重心正是在新兴市场。在接近销售市场的地点，利用当地的廉价劳动力、土地等资源进行制造，辅以少数零部件的空运和海运，完全能够满足苹果的市场需求。这使得苹果可以大幅降低成本，而且只需在少数地点协调物流和出货业务。

其次，苹果公司的供应商遍布全球，主要分布在中国台湾地区和美国、韩国、德国等地。中国大陆主要是台资企业的生产基地，最后主要由富士康组装成机。即使在单一地区因缺乏某种关键组件而在全球造成整个系统中断的情况下，苹果这种分布式电子制造也能使其免受冲击。

再次，苹果也不是完全放弃本地制造。对于一些高端的定制产品，苹果使用位于爱尔兰的自有组装厂自己组装。事实证明，在满足非常个性化的高端需求方面，完全由自己掌控的制造单元能够保证产品完美的质量。

最后，苹果的供应链中包括三种类型的供应商——负责组装生产的富士康、负责生产 IPS 屏幕的供应商 LG 及夏普、负责 CPU 内存等配件生产的三星电子等。其中，富士康负责组装生产，但苹果其实把很多零部件的谈判权和定价权都交给了富士康，充分发挥了富士康集成组装的能力。因此，在苹果公布的全球 200 家官方产品和零部件供应商之外，还有很多我们看不见的供应商，有的甚至只生产一个螺钉或者一种特殊涂料。苹果通过这样有层次的供应链结构，减少了管控幅度和难度，提高了供应链的运行效率。

现在，苹果的供应链已经演化成一个由芯片、操作系统、软件商店、零部件供应厂商、组装厂、零售体系、App 开发者组成的高度成熟和精密的强大生态系统。在这个相对封闭的生态系统中，苹果几乎可以控制供应链从设计到零售的方方面面。那么，苹果是如何发挥系统成员企业的积极性和创造性，建立协调的伙伴关系的呢？其中的关键就是"共赢"。

一方面，对于供应商特别是中国的制造企业来说，打入苹果的供应链是一个了不得的成绩，是值得大书特书的。因为进入这个系统能够给企业带来很多好处。

首先，苹果将资金流前移，为供应商提供了足够的资金保障。这样一来，供应商就免除了设备和折旧的投资风险，消除了业务的不确定性。以富士康为代表的大型代工厂，70%～80%的设备是自费购买，而对于规模较小的代工厂商，苹果会购买其中 50%的设备，免费提供给这些代工厂使用。

其次，服务于苹果具有很强的稳定性。对于供应商来说，客户的稳定订单流至关重要。而苹果的销量很大，订单流比较稳定。尽管为苹果打工的利润较低，但是苹果的每一款产品的销售周期较长，因此一旦生产线开动，利润就源源不断，管理也更容易、更清晰。

再次，获得的利润较高。尽管苹果对供应链的整合给自身带来了巨大的利润，其代工厂商分得的利润份额相对较少，但在绝对额上并不低。实际上，苹果提供给供应商的价格都是允许他们有合理利润的价格。对于享有下层供应商谈判权的富士康，利润空间还要更大一些。

最后，和苹果这样的强者合作，能够大大提高供应商的水平。苹果通过严格的标准控制，提高了代工厂商的生产水平和技术开发水平，教会了他们如何生产高质量的产品。同时，与苹果合作将极大地提升厂商在业界的地位，所以也比较容易接到其他品牌的订单。

因此，不少元器件供应商由开始给苹果、三星、HTC 供货，变成最后"只给苹果一家供货"。每当苹果推出新产品之际，"苹果概念"就推动部分上市元器件厂商股价大涨。

另一方面，通过构建供应链生态系统，实现最靠近生产线的研发，苹果极大地降低了研发成本，快速将创新设计转化为产品，获得了强强联合的产业链创新优势。这让对手望而生畏。

苹果和富士康、三星、LG、TPK 等厂商合作多年，在许多技术上存在交叉授权，并共同开发出了一些短期内领先对手的生产工艺。

iPhone 的表面玻璃加工技术要求工艺非常高，中国湖南的蓝思科技和苹果一起开发出一套加工工艺，才有了 iPhone 4 这么漂亮的外壳。iPhone 的电容式多点触摸屏，背后是 TPK 宸鸿和苹果多年来通过交叉授权开发出的一系列专利。

苹果甚至与供应商一起研发制造设备。由于 MacBook 机身使用了 unibody 一次成型工艺，需要用一块完整的铝片制成，因此在生产这种新产品时，苹果的设计师与供应商共同开发了一种专用的新设备。这种专注于产品线并对设备进行定制的能力，成为苹果的一大优势。

在苹果的新产品研发中，大部分工作是供应商完成的。苹果自身的研发费用在整个 IT 业来看并不靠前。苹果的相对研发投入比例远远不及三星，绝对研发投入金额更比不上微软。

苹果的产品创新设计竞争优势必须通过供应链来实现，而领先市场的设计导致很多时候苹果产品的元器件要求超出了供应商的能力。供应商初期不仅需要大量的研发投入，而且良品率也很低，通常只有 20%左右。即使在苹果验收合格之后，良品率也只有 80%。以触摸屏为例，宸鸿的触摸屏刚投产时良品率仅有 8%，经过反复改良生产线，良品率也仅提升至 80%左右，其他厂商的良品率比这还要低得多，短期内很难达到同样的品质。而通过对供应商的设备投资，进行合作研发，苹果完成了不可能的任务，将在竞争对手看来还是概念的技术变成了商业化的现实。

1. 严格的管控

苹果的全球化供应链是一个层次分明的结构。苹果作为整个供应链的"链主"，主导着整个供应链的价值分配和运行协调。在保证供应链成员企业之间合作关系的基础上，苹果还有一整套管理和控制措施，以对整个供应链的运行质量和标准进行管理，帮助各个环节优化、创造价值。

从挑选代工制造商开始，苹果就秉持了极其审慎的态度和超高的标准。在选择供应商的时候，苹果美国总部会派出专门团队到工厂考察，考察项目众多，要求严格。供应商要具备一定的生产实力，且产量要稳定、充足。苹果只对占据所属加工业前五名地位的制造商感兴趣。苹果对企业是否注重信息系统建设很重视，因为如果一个制造企业有信息系统，那么就证明这个企业实力很强，对流程管控也比较重视。通过信息系统，苹果公司的美国总部就能通过远程控制获得工厂的产品信息。

一旦选择了供应商，苹果对代工厂商的控制力就开始体现出来。从厂房的规划建设到如何培训工人，再到生产监控所需的计算机系统和软件、原材料，代工厂都会得到苹果的建议，而且这种建议是带有强制性的。有时，苹果甚至会指定原材料的供应商和尾端外包的代工厂。

凡被苹果选中的代工厂商，必须使用苹果指定的生产设备，以保证每一个产品模具的质量。苹果选定代工厂商以后会进行试量产，每次试量产的时间持续长达两三个月，根据产品结果重复进行 4~5 次，以给代工厂商充裕的时间提升产品品质。

苹果相信，只有了解一线的情况，才能保证产品质量，并防患于未然，及时应对。苹果有一支非常庞大的驻厂工程师队伍，仅在富士康工厂就有近 5 000 名驻厂工程师负责保障苹果产品一流质量和生产效率。

每天，苹果的驻厂工程师都要到生产现场了解情况，与工厂的一线负责人实时沟通。为了保证工程师和工厂之间的顺畅沟通，在苹果位于中国的代工厂，驻厂工程师都是 30 岁以上的中国人，只有少数是新加坡等地外派来的。驻厂工程师的人数按照工艺的复杂程度配备，工艺较为复杂的生产环节会配备两到三名工程师，工艺简单的则只要一到两名。

每次供应商出现问题，苹果会要求他们在 12 小时内做出根本原因分析和解释。此时，供应商必须加班加点地解决问题。每个季度，苹果会对所有供应商进行打分、排名。排名靠后的，未来获得的订单配额将会越来越少。

由于苹果的研发是和供应商共同完成的，出于营销和保密的需要，代工厂所有人员都会被要求签署保密协议。从产品图纸到人员管控流程，尤其是产品外观这个苹果的最大秘密，都不能有丝毫泄露。

在供应环节，苹果做到了细节上的无缝把控。苹果在管理供应商的过程中遵循一个原则，即必须完全控制手机生产的每道环节，要了解每一个元器件的来源、研发、生产、测试等过程。

为使苹果和供应商能获得准确的信息流，苹果设置了与富士康等零部件供应商共享的关于生产计划和进程的数据库。信息的集成化打破了传统供应链的线性和多层结构，形成了一种端对端的、共享、动态的伙伴关系网络，极大地加速了苹果和供应商之间的沟通，使得苹果的供应链具备更大的伸缩性和敏捷性。

2. 占据专用性资源

IT 产业变化迅速，同时产品制造复杂精密，产业供应链中存在许多关键节点，这就产生了一种将供应链变成战略行动的可能：占据专用性资源，牢牢抓住供应商，并打击竞争对手。这就是苹果大手笔的供应链战略投资的动力所在。

专用性资源是指，只有当该项资源和某个特殊的用途结合在一起的时候，这种资源才是有价值的，否则它的价值基本上体现不出来；或者即使有价值，与为了获得这项资源所进行的投入相比，资源的所有者也是受损失的。资源的专用性越强，其所有者在和别人进行谈判时的"筹码"也就越少。在这种情况下，苹果就能抓住主动权。

苹果通过对创新节奏的把握牢牢控制了供应商。在新生产线量产后，根据苹果和供应商的协议，苹果可以低价采购。苹果不断推出新产品，对原有产品进行改进，在这一过程中，不但提升了用户体验，而且将供应商拉上了自己的战船。在技术更新换代迅速的 IT 产业中，放弃创新无异于等死。供应商不愿意放弃和苹果合作的机会，就必须投入非常大的力量来改善生产线，研发制造技术。如果苹果提出了下一代产品的要求，供应商必须集中精力到下一条生产线上。

最近几年，在库克的规划下，苹果正在供应链投资上不断加码。据专家预测，苹果对自身供应链的投资，再加上不断扩大的规模，以及为锁定内存和显示器等关键部件供应而预先付款这一惯常做法，意味着该公司每年的成本将减少 15%~20%。

而更妙的是，这些投资苹果都可以从竞争对手丢掉的市场上挣回来。

项目二
供应链合作关系协调

能力目标
---

1. 能够分析供应链中牛鞭效应的成因与解决对策。
2. 能够模拟啤酒游戏，提升团队沟通与应变能力。
3. 能够运用 CPFR 和管理工具改善供应链的合作关系。
4. 能够分析供应链合作的典范："宝洁-沃尔玛"模式。

项目思维导图

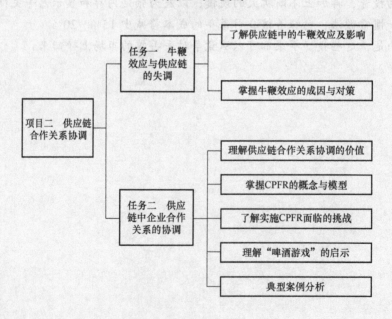

任务一 牛鞭效应与供应链的失调

情景导入

牛鞭效应对服装行业供应链的影响

服装行业具有流行性、时尚性的显著特点，其供应链具有独特的管理难题。牛鞭效应导致了服装行业供应链中需求信息的失真，其负面效应在于：①供应链中各节点会积压许多不必要的库存，这样会大量占用企业的资金，形成高额的库存成本，给企业的生产经营活动带来压力。比如这次美特斯·邦威的库存危机，积压大量过季产品占用了20多亿元的资金。②制造商通常依赖分销商的销售订单进行产品预测、设计生产能力、控制库存及安排生产时间，然而动荡起伏的需求变化致使制造商难以科学决策。③供应中发生延迟交货和缺货的可能性增加，经常会发生产品短缺和过剩交替或产品过时的现象，导致客户服务的水平降低。

服装行业牛鞭效应产生的原因如下：

1. 服装需求预测导致了牛鞭效应产生

服装行业的流行性、时尚性特点非常显著，零售商首先会预测消费者的需求数量和款式，从订货数量可以看出，零售商所下的订单与消费者的真实需求已经发生了一定的偏差，但是批发商却要以此作为预测依据，根据自身所掌握的需求信息进行调整，然后加上一定的安全库存后，向最终供货商发出订单。从整个过程来看，随着订单的传递，由于所掌握的需求信息不同，供应链各节点不断对需求信息加以修正处理，甚至严重偏离消费者的真实需求，正是这些原因最终导致了牛鞭效应。

2. 供应链的层级结构促进了牛鞭效应的产生

在服装供应链层级结构下，随着批发商、零售商数量的增多，供应链的水平层次和垂直规模不断加大，层级随之增加，各节点企业都追求自身的利益最大化，它们不断对信息进行加工，就有可能导致信息扭曲失真，最终导致牛鞭效应。

3. 服装价格的波动对牛鞭效应的影响

服装行业呈现的一大特点是销售价格波动幅度大，新款上市与打折促销的价格差异在一个销售期内可达60%。研究人员对巴黎、上海等十大城市的4 000名消费者进行了调查，结果表明，在各种促销活动中，以"换季""周年庆"等为名的打折、返利成为最受消费者青睐的活动，而在同一段时间内，降价促销的销售量是原价销售的5~8倍，甚至更多。

4. 信息传输对服装行业牛鞭效应的影响

在包括供应商、生产商、经销商、零售商、消费者的供应链中，各节点采用分散决策的机制，只有零售商能直接贴近消费者，了解真实的市场信息。其他节点依靠信息自下游向上游的传递，很容易造成信息偏差的逐级放大，从而产生牛鞭效应。

导入问题：

1. 什么是供应链中的牛鞭效应？
2. 牛鞭效应对服装行业的负面影响有哪些？
3. 服装行业牛鞭效应的产生原因有哪些？
4. 如何解决（消除或减少）牛鞭效应？

第一步 | 了解供应链中的牛鞭效应及影响

一、牛鞭效应的概念

牛鞭效应，又称为"需求变异加速放大原理"，是美国著名的供应链管理专家李效良（Hau L.Lee）教授对需求信息扭曲在供应链中传递的一种形象描述。它是指信息流从最终客户端向原始供应商端传递时，无法有效地实现信息的共享，使得信息扭曲逐级放大，导致需求信息出现越来越大的波动。这种信息扭曲的放大作用在图形显示上很像一根甩起的赶牛鞭，因此被形象地称为牛鞭效应。最下游的客户端相当于鞭子的根部，而最上游的供应商端相当于鞭子的梢部，根部只要轻微地抖动一下，末梢就会出现很大的波动。

供应链管理中的牛鞭效应（Bullwhip Effect）是指由供应链的下游上溯，即从零售商到批发商、制造商、供应商，订购量的波动幅度不断加大，形似一条美国西部牛仔所用的鞭子，故而得名。通常，消费者对某产品的实际需求与预测的需求之间存在一定的偏差，这样的偏差信息通过订货商向上游批发商、制造商传递。由于订货提前期和供应链结构问题，实际需求量与订货量之间的偏差随着向上游传递越来越大（或者越小）。我们将这种供应链中的下游企业的需求信息在向上游企业传递时发生的放大和缩小现象称为供应链中的牛鞭效应。

从长期来看，美国几个行业都出现了类似现象，即"繁荣和萧条"周期。此处以美国芯片的生产为例进行分析。1985—1998 年，至少有两个阶段的芯片价格波动较大，超过了平均价格的 3 倍，这种剧烈的价格波动是由生产能力的大量短缺或过剩引起的，而产能的短缺，会因抢购和超额订货而强化，随之而来的是需求的突然下滑，产能过剩。这其中的根本原因就是牛鞭效应。牛鞭效应反映出供应链上需求的不同步现象，它揭示了供应链库存管理中的一个普遍现象："眼见并不为实。"牛鞭效应扭曲了供应链内部的需求信息，不同阶段对需求状况有着截然不同的估计，其结果导致了供应链管理失调。因此，牛鞭效应是供应链管理失调的一个重要原因。

二、牛鞭效应对供应链管理带来的不利影响

牛鞭效应对供应链管理是不利的，它造成批发商、零售商的订单和生产商产量峰值远远高于实际客户需求量，进而造成产品积压，占用资金，使得整个供应链运作效率低下。供应链内的企业越多，这种效应越明显，整个供应链的管理会变得十分复杂困难。其中，比较典型的表现有以下几个方面：

1. 增加了生产成本

企业为了满足由于牛鞭效应产生的具有变动性的订单流，要么扩大生产能力，要么增加库存量。但这两种做法都会加大单位产品的生产成本。同时由于无法及时处理积压订单，增加了生产计划的不确定性，导致过多地修订计划，增加了采取补救措施的费用、加班费用和运输费用等，使单位产品的生产成本进一步加大。

2. 增加了库存成本

为了应对增大了的需求变动性，公司不得不保有比牛鞭效应不存在时还要高的库存水平。同时，高水平的库存还增加了必备的仓储空间，从而导致了库存成本的增加。有关研究表明，在整个供应链中，从产品离开制造商的生产线至其到达零售商的货架上，产品的平均库存时间超过 100 天。被扭曲的需求信息使供应链中的每个个体都相应地增加了库存。

3. 延长了供应链的补给供货期

由于牛鞭效应增加了需求的变动性，与一般需求相比，企业的生产计划更加难以安排，往往会出现当前生产能力和库存不能满足订单需求的情况，从而导致供应链内企业的补给供货期延长。

4. 提高了供应链的运输成本

企业在不同时期的运输需求与订单的完成密切相关。由于牛鞭效应的存在，运输需求将会随着时间的变化而剧烈波动。因此，需要保持剩余的劳动力来满足高峰时期的运输需求，从而增加了劳动力总成本。

5. 提高了供应链与送货（进货）相关的劳动力成本

企业送货的劳动力需求将随着订单的波动而波动，分销商和零售商进货的劳动力需求也存在类似的波动，为了应对这种订单的波动，供应链在不同阶段有不同的选择，或者保有剩余劳动力，或者实行变动劳动力，但是无论做出哪种选择，都会增加劳动力总成本。

6. 降低了供应链内产品的供给水平，导致货源不足的频率加大

订单的大幅度波动使得公司无法及时向所有的分销商和零售商供货，从而导致零售商出现货源不足的频率加大，供应链销售额减少。

7. 供应链上企业间互不信任，给运营带来负面影响

牛鞭效应给供应链每个节点企业的运营都带来负面影响，从而损害了供应链不同节点企业之间的关系，供应链内的每个节点企业都认为自己做得尽善尽美，而将这一责任归咎于其他节点企业。于是，牛鞭效应就导致供应链不同节点企业之间互不信任，从而使潜在的协调努力变得更加困难。

总之，供应链中的上下游企业为避免牛鞭效应，通常会备有过量的库存或扩大生产能力，既大量占用流动资金，降低设备利用率，又容易造成库存物品损耗和失效。牛鞭效应对于供应链管理的绩效会产生严重的负面影响，其直接后果就是库存积压，成本增加；需

求波动的增大迫使企业频繁调整生产计划，在其相应的机制不健全的情况下，极大地增加了运作成本，而且不能及时满足客户需求，致使服务水平降低。

第二步 ｜ 分析牛鞭效应产生的原因

国外对牛鞭效应研究最深入的学者是美国著名供应链管理专家李效良。李效良教授及其同事指出，牛鞭效应的产生原因有四个：需求信号的加工过程、限量供应、批量订货方式和价格波动，并且分别建立不同的模型来证明其观点。

国内对于牛鞭效应产生原因的研究可以总结为以下几点：

1. 供应链存在的不确定性

不确定性是引起供应链中牛鞭效应的主要原因之一，也是引起供应链管理复杂性的主要原因。供应链管理中不确定性的来源主要有三个：需求的不确定性、制造的不确定性和供应的不确定性。供应的不确定性主要是以提前期的不确定来体现的。目前大多数已有的供应链模型都是基于确定性提前期进行分析的，这样的假设在一些情况下是适用的，但对于许多产品（特别是创新型产品）——为了增加竞争优势，越来越多的传统功能型产品被赋予一些创新特征——提前期与供应商的生产能力密切相关，制造的不确定性会导致供应的不确定性，另外，地理位置、运送方式等也会影响提前期。因此在研究中，考虑提前期不确定的情况会得到更普遍的结论。在不确定性的三个来源中，最难控制的是需求的不确定性。采用适当的预测模型可以在一定程度上降低需求不确定的影响，但效果不是很明显（特别是对于创新型产品的需求，可预测性很差）。因此，设计合适的运作方式是降低需求的不确定风险与平衡供应能力的关键。

2. 对于需求预测的主观性

在供应链中，上游管理者总是将来自下游的需求信息作为自己需求预测的依据，并据此安排生产计划或供应计划。预测是导致产生牛鞭效应的重要原因之一。举例来说，作为一位决定订货数量的管理者，可使用一种简单的方法来进行需求预测，如用指数平滑法，当每日的新数据出现时，未来需求将呈现连续变化，送达供应者的订单既反映了满足需求的库存数量，也反映了必要的库存安全量。

3. 批量订货的影响

企业通常采用批量订货法，既能减少订货次数与订货成本，又可获得批量运输的费用折扣。然而，若下游企业孤立开展库存管理决策和批量订货，上游企业实际面对的是间歇型的批量订货，时而一个大订单，时而订货为零，属于扭曲和振荡波动的批量型需求，而不是实际的最终需求。

4. 价格波动的影响

若商品供应价格存在周期性波动，当价格较低时，零售商将大量购进和囤积商品，同时减少价格较高时段的采购，造成订货数量的周期性振荡。此外，若零售企业开展阶段性和季节性促销活动，或采用批量订货折扣定价法，通常也会导致需求的剧烈振荡。这对整个供应链而言，增大了系统的不确定性。

5. 短期博弈的影响

当零售商预期某种商品将出现供不应求和价格上涨时，会主动增加订货量。一旦商品短缺或供不应求的市场状况消失，零售商就会退回到正常订货数量状态。这种基于经济波动预期的企业行为，将导致供应链上各级企业供需关系的扭曲和波动。

6. 提前期的影响

提前期的可靠性与长度直接影响信息的扭曲程度，提前期过长也是产生牛鞭效应的原因之一。

7. 供应链结构的影响

对于整个供应链来说，供应链越长，供应商离消费者越远，对需求的预测越不准确，同时需求信息的扭曲程度越大，牛鞭效应也越明显。

在以上产生牛鞭效应的七个主要原因中，既有客观原因，也有决策者的主观原因。此外，还可能存在着其他一些未被人们发现的潜在因素，所有这些都造成了牛鞭效应。

第三步 | 掌握牛鞭效应的解决对策

牛鞭效应给供应链的运营带来很多负面影响。因此，必须对这种现象加以妥善解决，以确使供应链能够高效低耗地运行。消除牛鞭效应可以从如下几个方面着手。

1. 加强合作，实现信息共享

这是减少供应链牛鞭效应最有效的措施之一。供应链成员之间通过供应链信息共享平台来实时交流和共享信息，减少信息的不对称性。通过集中需求信息，可以减少整个供应链的不确定性，减少信息扭曲，以及需求被人为放大的影响，这样也能使企业更准确地了解这一环节的实际需求，从而可以减少牛鞭效应的影响。比如，供应链企业之间采用供应链管理（Supply Chain Management，简称 SCM）系统，通过联合预测、协同计划，进行预测与补货；利用供应商管理库存（Vendor Managed Inventory，简称 VMI）、联合管理库存、电子订货系统（Electronic Ordering System，简称 EOS）和准时生产方式，实时地获得下游节点企业真实的需求信息，及时准确地进行订货，并通过与下游客户的真实沟通，消除预测不准造成的牛鞭效应。

2. 提高预测精度

为了提高预测的精确度，需要考虑如历史资料、定价、季节、促销和新产品等多种因素。这些数据有些掌握在零售商和分销商手中，供应链上各节点企业必须互相合作，使得供应链上游企业及时获得这些数据和了解客户对未来的需求。目前，许多供应链正在采取合作预测的策略，即供应链上下游成员间分享预测数据并使用同样的预测工具，提高预测准确性。

3. 打破批量订购，拉动供应链循环

由于独立需求和相关需求是现实中客观存在的问题，直接面对客户的下游企业自然会按照批量大小，或定时，或定量进行采购。例如，以直销著称的戴尔公司，通过互联网、电话、传真等组成了一个高效的信息网络，客户可以直接向戴尔公司下订单，戴尔公司按客户的要求组装、供应计算机，实现了客户与供应商之间的直接贸易，有效地防止了牛鞭效应的产生。

4. 缩短订货提前期

一般来说，订货提前期越短，订货量越准确。前面我们已经知道延长提前期对供应链各阶段的需求变动性具有显著的影响。沃尔玛的实践表明，采用信息技术支持（商品条码技术、物流条码技术、电子订货系统、POS 数据读取技术、预先发货清单技术、电子支付系统、连续补充库存方式）的快速响应（Quick Response，简称 QR）系统，将会使预测误差大幅度减少。如果提前 26 周进货，需求预测误差为 40%；提前 16 周进货，则需求预测的误差为 20%，而在销售时节开始时进货，则需求预测的误差仅为 10%。因此，缩短提前期能够显著地减小牛鞭效应。

5. 采用业务外包，建立合作伙伴关系

外包服务也可以抑制牛鞭效应，例如，采用第三方物流策略既可以缩短提前期和实现小批量订货，无须再向一个供应商一次性大批订货，又减少了运输风险。通过实施供应链战略伙伴关系可以消除牛鞭效应。供需双方在战略联盟中相互信任，公开业务数据，共享信息和业务集成。这样，相互都了解对方的供需情况和能力，避免了短缺情况下的博弈行为，从而降低了产生牛鞭效应的机会。

6. 利用新一代信息技术，优化流程实现业务集成

信息技术是可以消除牛鞭效应的，如在企业内部采用企业资源计划（Enterprise Resource Planning，简称 ERP）系统和高级计划与调度（Advanced Planning and Scheduling，简称 APS）系统，在企业间采用供应链管理系统，运用互联网/电子数据交换（Electronic Data Interchange，简称 EDI）技术，开展电子商务，对各信息系统进行集成，实现企业间的业务数据集成和信息共享，应用供应链协同技术整合供应链上下游企业间业务流程，共同协作开展业务，都能有效地消除牛鞭效应。供应链成员间实现业务紧密集成，形成顺畅的业务流，这既能减少下游的需求变动，又能掌握上游的供货能力、安心享受供给保障，不再虚增需求。

🔵 拓展阅读

"要像送鲜花一样送啤酒"——青岛啤酒的供应链管理

供应链管理有一个难题，即市场需求的不确定因素。供应与需求如何达到平衡，是每个快速消费品企业都深感头痛的问题。尤其到了销售旺季，供应链中库存和缺货的波动都比较大。新鲜是啤酒品牌的竞争利器，注重口感的消费者如果碰上了过期酒，品牌忠诚度绝对会大打折扣。"要像送鲜花一样送啤酒"这个供应链管理的概念被引入青岛

啤酒（以下简称"青啤"），这家百年企业的变革也随之开始。

从变革一开始，青啤就狠心向服务商和经销商"动刀子"。经过严格的评估后，青啤几乎把运输服务商全部换掉，区域经销商则换掉了一半。这些改变可谓牵一发而动全身。虽然青啤拥有数十台大型运输车辆，但实际上是远远不够的，它需要大批运输服务商来解决运力问题。以前这些运输服务商都由青啤自己管理，耗费了大量的精力。而现在青啤通过评估挑选出了最优质的运输服务商，然后将运输业务交给招商物流来运作。物流公司对运输业务进行严格的监控，为每段运输路线都规划了具体的时间，将货物从甲地运到乙地，不仅有准确的时间表，而且可以按一定的条件，如客户、路线、重量、体积，自动给出车辆配载方案，提高配车效率和配载率，这都是之前无法实现的。

而对于区域经销商的要求，则是要有自己的仓库。青啤将各销售分公司改制为办事处，取消了原有的仓库及物流职能，形成统一规划的 CDC-RDC-FDC 仓库布局。可以说CDC-RDC-FDC 仓库布局重新规划了青啤在全国的仓库结构。青啤先设立了中央配送中心（Central Distribution Center，简称 CDC），又设立了多个区域配送中心（Region Distribution Center，简称 RDC）和前端物流中心（Front Distribution Center，简称 FDC），一改以前仓库分散且混乱的局面。这样，青啤从原先总部和分公司都有仓库的结构，变成了由中央配送中心运至区域配送中心，再送达直接供应商的仓库布局，形成了"中央仓－区域仓－客户"的配送网络体系，对原来的仓库重新整合。青啤不仅仓储布局发生了变化，还采用信息化管理系统进行库存管理。该系统具有商品的移仓、盘点、报警和存量管理功能，并能提供各种分析统计报表，例如商品进出存报表、库存异常表、商品进出明细表，还能进行货卡查询和物流跟踪等。由于注重对终端的有效维护，青啤能较为准确地做好每月的销售计划，然后报给招商物流。而招商物流会根据销售计划安排安全库存，这样也就减少了库存过高带来的危险。

可以说，从运输到仓储，青啤逐步理清头绪，并通过青啤的 ERP 系统和招商物流的SAP 物流管理系统的自动对接，借助信息化技术对订单流程进行全面改造，"新鲜度管理"的战略正在有条不紊地实施中。

在一系列的整合后，青啤每年亏损超千万元的车队转变成一个高效诚信的运输企业，而且就运输成本来说也有明显下降。青啤运往外地的速度也比以往提高了。

任务二 供应链中企业合作关系的协调

情景导入

供应链合作的典范——"宝洁-沃尔玛"模式

如果说，是两家公司使得"供应链协同"这个词家喻户晓，那这两家公司就是沃尔玛和宝洁。宝洁是全球最大的日用品制造企业，沃尔玛是全球最大的商业零售企业。它们之间的合作并非一帆风顺。曾几何时，有着"自我扩张欲的家伙"之称的宝洁与沃尔玛经历过长时间的"冷战"。宝洁总是企图控制沃尔玛对其产品的销售价格和销售条件，而沃尔玛也不甘示弱、针锋相对，威胁要终止宝洁产品的销售，或把最差的货架留给它。当然，双方很快认识到深度合作的好处。1987 年，为了寻求更好的手段以保证沃尔玛分店里"帮宝适"婴儿纸尿裤的销售，宝洁负责客户服务的副总裁拉夫·德雷尔（Ralph Drayer）和沃尔玛的创始人山姆·沃尔顿（Sam Walton）终于坐到了一起。那个时刻，被认为是协同商业流程革命的开始。

"宝洁-沃尔玛模式"的形成其实并不复杂。最开始时，宝洁给沃尔玛开发并安装了一套"持续补货系统"，具体形式是：双方企业通过 EDI 和卫星通信实现联网，借助这种信息系统，宝洁公司除了能迅速知晓沃尔玛物流中心内的纸尿裤库存情况外，还能及时了解纸尿裤在沃尔玛店铺的销售量、库存量、价格等数据，这样不仅能使宝洁公司及时制订出符合市场需求的生产和研发计划，同时也能对沃尔玛的库存进行单品管理，做到连续补货，防止出现商品结构性机会成本（即滞销商品库存过多，与此同时畅销商品断货）。

而沃尔玛则从原来繁重的物流作业中解放出来，专心经营销售活动，同时在通过 EDI 从宝洁公司获得信息的基础上，及时决策商品的货架和进货数量，并由 MMI（制造商管理库存）系统实行自动进货。沃尔玛将物流中心或者仓库的管理权交给宝洁公司代为实施，这样不仅沃尔玛不用从事具体的物流活动，而且由于双方企业之间不用就每笔交易的条件（如配送、价格问题）等进行谈判，大大缩短了商品从订货经过进货、保管、分拣到补货销售的整个业务流程的时间。

在持续补货的基础上，宝洁又和沃尔玛合力启动了协同计划、预测与补货流程（Collaborative Planning, Forecasting and Replenishment, 简称 CPFR）。这是一个有 9 个步骤的流程，它从双方共同的商业计划开始，到市场推广、销售预测、订单预测，再到最后对市场活动的评估总结，构成了一个可持续提高的循环。流程实施的结果是双方的经营成本和库存水平都大大降低，沃尔玛分店中的宝洁产品利润增长了 48%，存货接近于零。而宝洁在沃尔玛的销售收入和利润也大幅增长了 50% 以上。

导入问题：

1. 供应链合作关系有何重要性？
2. 为什么要实现"供应链协同"？
3. 什么是 CPFR？
4. "宝洁-沃尔玛模式"有何启示？

第一步 | 供应链合作关系的协调

供应链合作关系的协调具有重要意义，管理者可以采取行动以帮助克服供应链失调，从而达到供应链合作关系的协调。下面的管理行为可以增加供应链总利润并减弱信息扭曲。

一、使激励和目标一致

管理者可以通过使激励和目标一致来改进供应链的合作关系，供应链活动中的每个参与者通过共同努力可以使供应链总利润最大化。

1．协调供应链的目标

协调供应链合作关系要求供应链的每个环节都关注供应链的总利润或者整个"蛋糕"，而不是各自"蛋糕"的大小。若非如此，供应链的所有环节都将丧失赚取更多利润的机会。当每个环节仅关注自己的利润最大化时，供应链总利润将减少。供应链中的强势环节必须认识到，协调供应链合作关系的关键是找出能够实现双赢的机会，供应链总利润随着所有供应环节利润的增长而增长。

2．使各职能部门的激励目标保持一致

在公司内实现决策协调的关键是保证任何部门用来评估决策的目标与公司的目标保持一致。对所有决策的评估应该基于它们对利润的影响，而不是对总成本甚至是对局部成本的影响。这有助于避免制定降低运输成本决策却增加供应链总成本的情形发生。

3．实现协调的定价

如果制造商的生产批量有着较高的固定成本，它就可以使用基于批量的数量折扣为该产品实现协调定价。如果公司对某产品拥有市场权力，它就可以用两部定价法和总量折扣来实现协调定价。由于需求的不确定性，制造商可以利用回购合同、收入分享合同以及数量柔性合同来促使下游零售商选择一个使供应链整体利润最大化的订货量。

4．将销售人员的激励依据由购入量转变为售出量

改变销售人员向零售商强推产品的激励机制会减弱牛鞭效应。管理者应该将销售人员激励方案与零售商的售出量而不是购入量联系起来。此举可以消除销售人员鼓励零售商预先购买的动机，而消除预先购买有助于减小订单流的波动。如果销售人员的激励以滚动周期的销售量为依据，强推产品的动机还会进一步减少。这有助于减少预先购买，并减小订单波动。

二、提高信息的可见性和准确度

管理者可以通过提高供应链不同环节可获取信息的可见性和准确度来实现供应链协调。

1．共享 POS 机数据

供应链各环节共享 POS 机（销售点情报管理系统）数据有助于减弱牛鞭效应。信息扭曲的主要原因是供应链的每个环节都使用接收的订单数量来预测未来需求。由于不同环节接收的订单数量不同，因此不同环节的预测也不相同。实际上，供应链需要满足的唯一需求来自最终顾客。如果零售商与其他供应链环节共享 POS 机数据，所有供应链环节就可根据顾客需求来预测未来需求。共享 POS 机数据有助于削弱牛鞭效应，是因为所有环节现在只对相同的顾客需求波动做出反应。共享综合的 POS 机数据就足以削弱牛鞭效应，不一定要共享详细的 POS 机数据。使用适当的信息系统有助于实现此类数据的共享。

沃尔玛已按惯例与它的供应商共享 POS 机数据。戴尔与许多供应商通过互联网共享需求信息及零部件库存状态信息，因而有助于避免供应和订单的不必要波动。宝洁公司已经说服许多零售商共享需求信息，然后再与供应商共享这些信息，从而改善了供应链的协调性。

2. 实施协同预测和计划

在共享了 POS 机数据之后,为了实现完全协调,供应链各环节还必须协同预测和计划。没有协同计划,POS 机数据的共享并不能保证协调。

3. 设计补货的单环节控制

设计一条由单环节控制整条供应链补货决策的供应链有助于消除信息扭曲。正如我们先前所提到的,信息扭曲的主要原因是供应链的每个环节把来自下一环节的订单当作它的历史需求。因此,每个环节都认为自己的作用就是满足下一环节的订单需求。实际上,关键的补货发生在零售商处,因为那里是最终顾客购买产品的地方。当采用单环节控制整条供应链的补货决策时,多头预测的问题就可以消除,随之供应链的协调就可以实现了。

三、提高供应链整体运作绩效

管理者还可以通过提高运作绩效和为短缺情况设计适当的产品分配方案来减弱信息扭曲。

1. 缩短补货提前期

管理者可以在供应链的不同环节采取多种措施来缩短补货提前期。通过互联网或 EDI 的电子订单都可以明显缩短下订单和信息传递的提前期。在制造工厂,提高柔性和实行单元制造可以明显缩短提前期。减少信息扭曲会进一步缩短提前期,因为它平稳了需求,改进了生产计划。这一点对生产多样化的产品尤为正确。提前发货通知(Advanced Shipping Note,简称 ASN)可以用来缩短提前期,还可以减少收货工作。越库运输可以用来缩短在供应链不同环节之间运输产品的提前期。沃尔玛已经使用了许多先前提到的方法,从而明显缩短了供应链的提前期。

2. 减少补货批量

管理者可以通过减少补货批量、改进运作来减弱信息扭曲,并采取措施来减少每批产品的订货成本、运输成本及接收成本。沃尔玛和日本 7-11 便利店已经通过供应商的集中发货方式成功地减少了补货批量。

3. 共享信息,以限制博弈

为了缓解信息扭曲,管理者可以设计配给方案,以阻止零售商在供应短缺的情况下人为扩大订单。周转获利(Turn-and-Earn)方法就是根据零售商过去的销量而不是零售商目前的订单来分配供应。这种方法将配给与过去的销售联系起来,消除了零售商扩大订单的动机。通用汽车公司在供应短缺时一直使用这种机制分配产品。而其他公司,例如惠普,曾经根据零售商订单进行配给,现在也开始基于过去的销量进行配给。类似 Obermeyer 这样的公司为其大客户提供奖励,鼓励它们提前订购全年订货量的一部分。这种方法可以让该公司提高自己预测的准确度,相应地分配产能。一旦产能被适当地分配给各类产品,短缺情况就不太可能发生,从而抑制了人为扩大订单现象。柔性产能也可以阻止短缺情况发生，因为当某种产品的需求预期比另一种产品的需求低时，分配给它的产能可以很容易地转而生产另一种产品。

4. 设计定价策略以平衡订单

管理者可以通过设计鼓励零售商以小批量订购和减少预先购买的定价策略来缓解信息扭曲。此外，还可以通过取消降价促销和实施每日低价策略来削弱牛鞭效应，将基于批量的数量折扣转变为基于总量的数量折扣，基于总量的折扣带来了小批量，从而减少了供应链中的订单波动。惠普公司正在从基于批量的折扣向基于总量的折扣转变。

四、构建战略伙伴关系和信任机制

管理者会发现，当供应链内存在信任机制和战略伙伴关系时，先前讨论的管理杠杆更容易用来实现协调。共享各环节都信任的准确信息能更好地匹配整条供应链中的供给与需求，并降低成本。融洽的关系也能降低供应链各环节之间的交易成本。例如，如果供应商信任来自零售商的订单和预测信息，它就不必再进行预测了。类似地，如果零售商信任供应商的质量和发货，零售商就可以减少清点和验收工作。一般地，当存在信任和融洽的关系时，供应链的各环节可以消除重复工作。精确的共享信息降低了交易成本，又有助于加强协调。沃尔玛和宝洁公司一直在努力构建战略伙伴关系，以更好地协调它们的行为并且实现双赢。

库玛（Kumar，1996）的研究表明，零售商越信任它们的供应商，它们越不会开发替代供应商并且会极大提高现有供应商产品的销售量。一般来说，高水平的信任让一条供应链的响应性更高而成本更低。类似信息共享、激励改变、运作改进和价格稳定的行为，通常有助于提高信任水平。

第二步 | 认识 CPFR 的概念与模型

一、CPFR 的概念

联合计划、预测和补货（Collaborative Planning，Forecasting and Replenishment，简称 CPFR）是目前供应链管理中一个热门的研究领域。CPFR 是在要求供应链整合的背景下出现的一个新概念，是一种更高层次的基于合作的供应链管理技术，它既是一种管理理念，又是一系列活动和流程。CPFR 从开始提出发展到现在也经历了一个不断变革更新的过程。1995 年，北美跨产业商务标准自发联合会提出了"连续补货计划"，将经营视角从单一企业的库存，逐渐转移到如何提高整条供应链经营活动同步化的问题上来。

二、CPFR 模型

2000 年后，CPFR 委员会在全球商业规划协会（Global Commerce Initiative，简称 GCI）的积极赞助下，吸收了促销计划、例外处理、多层协作和同步化等经营理念，借鉴了 100

多个实施 CPFR 项目的经验，于 2002 年 6 月公布了 CPFR 模型。

CPFR 最早从公司持续补货而来，是沃尔玛与宝洁为合作解决婴儿尿布缺货问题而产生的，其基本模型如图 2-1 所示。

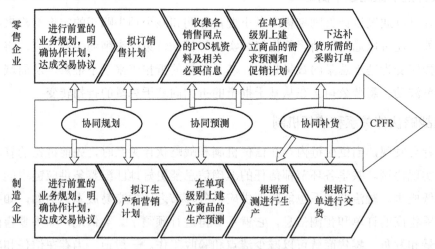

图 2-1　CPFR 的基本模型内容

CPFR 基本模型采用循序渐进的方法，先从协同规划开始，再经过协同预测，最终达到协同补货。三个阶段的具体情况如下：

阶段一：协同规划

这一阶段的主要目的是确定协同运作关系的基本参数、协同运作的商业流程，从而为后续各项工作的展开做好准备。

阶段二：协同预测

协同预测主要包括销售预测和订单预测。在预测工作责任之外，成员间必须共享信息，以求得对预测的共识。因此，必须在协同规划的架构下解决所有的分歧，达成需求和订单的共识。

阶段三：协同补货

在协同补货过程中，不论实际需求量如何，制造企业可以自行调整产量，以达到协同预测过程中共识的订单数量，为零售企业的实际采购订单做好先期准备。同时，这一过程也可确保零售企业的累积订单不会超过协议的总订单预测量。

第三步 ｜ 了解实施 CPFR 的工作步骤及挑战

一、实施 CPFR 的工作步骤

CPFR 的理论模型定义了协同供应链的框架结构，在此基础上的流程模型根据实施情况进行相应的调整。在协同规划、协同预测、协同补货三个阶段中，主要包括 9 个步骤。CPFR 的基本流程及实施步骤如图 2-2 所示。

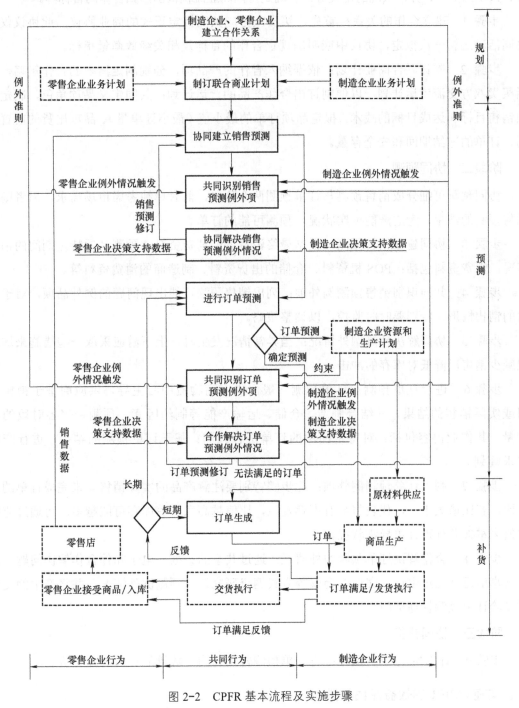

图 2-2 CPFR 基本流程及实施步骤

阶段一 协同规划

协同规划的目的是让供应链成员间的规划活动能取得一致的基本假设，以利后续各项合作活动的进行，共同的基本假设包括：①确定协同商务关系的基本参数，如协同合作的商品项目、共享的资料、异常状况的定义等；②确定协同商业流程范围，如合作的目标等。

步骤 1　建立合作的关系：首先，买卖双方应共同拟定正式的商业协议。此协议仅在协同活动之初一次拟定，协议中应明确规定合作的目标及相关绩效衡量指标。

步骤 2　制订联合商业计划：依据纳入合作的产品项，分别制定清晰的合作策略，包括买卖双方交流营运计划，以便制订出合作产品的营运计划；共同定义品项角色，制定品项销售目标和达成目标的战术；拟定品项订单的最小值（最小订单量）、品项出货的前置时间、订单的冻结期间和安全存量。

阶段二　协同预测

协同预测可细分成销售预测与订单预测两个阶段，前者单纯考虑市场需求，后者则以销售预测的结果，考虑产能现实状况，预测可能的订单。

步骤 3　协同建立销售预测：根据最终消费者的消费资料，预测品项特定期间的销售情况，消费资料包括：POS 机资料、仓储的出货资料、制造商的消费资料等。

步骤 4　共同识别销售预测例外项：列出销售预测可能出现问题的例外品项，对于异常的销售情形，特别要时时监控，以调整策略。

步骤 5　协同解决预测例外情况：当异常情况发生时，上下游应采取一些措施来增加或减少销售以降低对库存的冲击。

步骤 6　进行订单预测：订单预测一般由供应商物流中心主导，供应商基于销售预测或实际销售的结果，并结合制造、仓储、运输产能等制约因素，预测未来各时段的订单量，其作业内容包括：对特定品项的订单进行预测；基于订单预测的结果，进行产能需求规划。

步骤 7　列出订单预测例外项：此步骤特别要注意产品的实际销售与未完成订单的百分比，若比值大于一，代表将会有库存发生，比值越高意味着库存可能越多。可通过监控比值来掌握并处理订单异常状况。

步骤 8　合作解决订单预测例外情况：通过共享的数据、电子邮件合作解决问题。基于共享信息，通过电话、交谈、会议等方式调查研究订单预测例外情况，并将产生的变化提交给订单预测管理部门。

阶段三　协同补货

步骤 9　订单生成/交货执行：将订单预测转化为确定数量的订单，并交货。

二、实施 CPFR 的效益评估与挑战

1．实施 CPFR 的效益评估

CPFR 为供需双方带来的收益如表 2-1 所示。

表 2-1 CPFR 为供需双方带来的收益

受 益 者	应用 CPFR 带来的好处	百 分 比
供应商	库存降低	5%~30%
	无效运输费用减少	5%~10%
	仓库费用减少	5%~10%
	交货周期缩短	20%~50%
	客户满意度提高	10%
需求客户	库存降低	5%~10%
	销售增加	8%~10%
	服务费用减少	3%~4%
	交易成本降低	5%~8%

2. 实施 CPFR 面临的挑战

北美跨产业商务标准自发联合会（2004）认为，在供应链环境当中，CPFR 很可能会遭遇到一些挑战，主要有：

- 企业间对于分享敏感性的资料缺乏信任。
- 企业内部缺乏协同预测的基础。
- CPFR 相关的专业知识及科技成本过高，难以获得。
- 分享的信息标准过于零碎。

北美跨产业商务标准自发联合会（2004）认为，CPFR 通过交易伙伴的资料交换、例外管理以及结构化的协同合作活动连接供给与需求，但是要导入 CPFR 必须注意以下几个问题：

- 选择导入 CPFR 的伙伴及产品。
- 确定定期衡量绩效的原则。
- 承诺大规模导入 CPFR。
- 将公司的哲学与 CPFR 哲学联系起来。
- 做出必要的组织结构改变。

总之，实施 CPFR 并不是单独一家企业的事，而是该企业与其供货商或是其顾客共同的问题。当要进行协同合作活动时，企业之间难免会因为涉及利益问题而迟迟无法取得共识。即使在利益分配或者绩效衡量指标上取得了共识，但因为协同合作活动需要企业改变自身的规划、预测、制造或补货等流程，也会使得企业裹足不前。北美跨产业商务标准自发联合会（2004）提出的这几点挑战，并非凭空想象，而是经过产业调查的结果。当企业有意愿与其他企业合作时，必须先考虑双方的互信程度。信任不足时，后续的各种活动都只是空谈；相反，建立了信任之后，才能开始进行规划、预测与补货的工作。

拓展阅读

雀巢公司与家乐福的供应链合作关系协调

雀巢公司与家乐福确立了亲密伙伴关系，雀巢在此基础之上，采用各种信息技术，为家乐福管理它所生产产品的库存。雀巢为此专门引进了一套供应商管理库存（Vendor Managed Inventory，简称 VMI）系统，家乐福也及时为雀巢提供其产品销售的 POS 机数据和库存情况，通过集成双方的管理信息系统，经由互联网，运用 EDI 技术交换信息，就能及时掌握客户的真实需求。为此，家乐福的订货业务情况为：每天 9 点 30 分以前，家乐福把货物售出与现有库存的信息以电子形式传送给雀巢公司；9 点 30 分～10 点 30 分，雀巢公司将收到的数据合并至供应链管理系统中，并产生预估的订货需求，系统将此需求量传输到后端的 APS/ERP 系统中，依实际库存量计算出可行的订货量，产生建议订单；10 点 30 分，雀巢公司再将该建议订单以电子形式传送给家乐福；然后在 10 点 30 分～11 点，家乐福公司确认订单并在对数量与产品项目进行必要的修改之后，将订单回传至雀巢公司；最后在 11 点～11 点 30 分，雀巢公司依照确认后的订单进行拣货与出货，并按照订单规定的时间交货。这样，由于及时地共享了信息，上游供应商对下游客户的需求了如指掌，无须再放大订货量，有效地消除了牛鞭效应。

"宝洁-沃尔玛"共建协同供应链

在持续补货的基础上，宝洁又和沃尔玛合力启动了 CPFR 流程。它从双方共同的商业计划开始，到市场推广、销售预测、订单预测，再到最后对市场活动的评估总结，构成了一个可持续提高的循环。

宝洁和沃尔玛接下来在信息管理系统、物流仓储体系、客户关系管理、供应链预测与合作体系、零售商联系平台以及人员培训等方面进行了全面、持续、深入而有效的合作，宝洁公司甚至设置了专门的客户业务发展部，以项目管理的方式密切与沃尔玛的关系，以求最大限度地降低成本、提高效率。灵活高效的物流配送使得沃尔玛在激烈的零售业竞争中技高一筹。沃尔玛可以保证，商品从配送中心运到任何一家商店的时间不超过 48 小时，沃尔玛的分店货架平均一周可以补货两次，而其他同业商店平均两周才补一次货；通过维持尽量少的存货，沃尔玛既节省了存储空间，又降低了库存成本，最终使得沃尔玛的销售成本比行业平均标准低了近三个百分点。而更大的利益其实是软性的。宝洁和沃尔玛的合作已经超越了单纯的物流层面，它们开始共享最终顾客的信息和会员卡上的资料。宝洁可以更好地了解沃尔玛和最终客户的产品需求，从而更有效地制造产品。例如沃尔玛提出宝洁的产品容易失窃，宝洁便及时将玉兰油的包装盒改成蛤状，这样就更难打开；将佳洁士的美白牙贴也做大，并加上一层额外的塑料层。同时，宝洁还特意为沃尔玛设计了一些产品，比如中档咖啡 Veneto，因其与其他公司的产品显著不同，也取得了不错的效果。

总而言之，供应链协同管理模式大大降低了整条供应链的运营成本，提高了对顾客需求的反应速度，更好地保持了顾客的忠诚度，为双方带来了丰厚的回报。

趣味小游戏	**"啤酒游戏"的角色模拟与体验**

一、游戏简介

该游戏是在生产与配销单一品牌啤酒（情人啤酒）的产销模拟系统中进行的。参加游戏的学员各自扮演不同的角色：零售商、批发商和制造商。他们只需每周做一个决定，那便是订购多少啤酒，唯一的目标是尽量扮演好自己的角色，使利润最大化。

二、游戏目的

此游戏是在出货时间延迟、资讯不足的产销模拟经济系统中进行的。在该游戏中，消费者需求的小幅变动通过整个系统的加成作用将产生很大的危机，首先是大量缺货，整个系统订单都不断增加，库存逐渐枯竭，欠货也不断增加，随后好不容易完成订单，大批交货，但新收到的订货数量却开始骤降。

通过该游戏，学员们能够认识到以下几点：

（1）时间滞延、资讯不足对产销系统的影响。

（2）信息沟通、人际沟通的必要性。

（3）扩大思考的范围，了解不同角色之间的互动关系，认识到自己若想成功，必须其他人也能成功。

（4）突破习惯性思维，只有进行结构性或系统性的思考，才能找到并解决问题。

三、角色设置

游戏中，教师扮演司机和消费者，并负责适时发布一定的信息。分组方案根据班级学生数量灵活确定。一条最简单的啤酒供应链包括一个制造啤酒企业（比如青岛啤酒）、三个批发商（分区）和九个零售商（每个代理商分别对应三个零售商，共九个），共需要13位学生进行角色模拟。一个班可以分两组，可以增加不同企业的助理角色，尽量安排所有学员参与模拟。

四、时间安排（90～120分钟）

（1）赛前准备：设定情景与规则3～5分钟；角色分工5～10分钟；明确角色任务10～15分钟。

（2）竞赛模拟：60分钟；进行8～9周的数据模拟（第一周、第二周大约10分钟一轮，后面加快速度）。

（3）数据统计分析与小组总结反思：20～30分钟。

五、教学要点

（1）保证分组与角色安排合理，模拟角色之前先将规则讲解清楚。

（2）尽量简化规则，教师带领模拟第一周的情形，建议所有角色提前期统一简化为一周，所有零售商面临一样的市场需求量（由教师每周随机给出）。

（3）数据设置合理，比如零售商、批发商、制造商初始安全库存分别为20箱、60箱和200箱；低于安全库存量不计库存持有成本，制造商一条生产线的初始最大产能为300箱，每期可以考虑是否增加生产线，并决策计划产出量。

（4）对市场需求量变化的幅度把握非常关键，比如第一周市场需求量为20箱，第二周、第三周、第四周市场需求依次增加（40、60、80、100），前四周不追求变化的不可预测性，重点在于引导学生熟悉规则和流程及表单处理，沟通处理一些意外加急订单情形。

（5）从第五周开始，可以适度增加订单的变动幅度或意外情况，重点引导学生理解市场需求的不可预测性，掌握对极端异常情况的应变策略；第六周以后，可以根据情况变化急剧减少市场需求订单量。请将每周的数据填至表 2-2、表 2-3、表 2-4 中。

（6）控制进度，防范个别学员的不配合带来的时间延误，做好总结反思。

表 2-2　零售商情况统计总表

周　　次	期初库存	批发商送货量	批发商欠货量	啤酒市场需求量	实际销售量	期末库存量	期末订货量	本期利润
1								
2								
3								
4								
5								
6								
7								
8								
9								
10								

表 2-3　批发商情况统计总表

周　　次	期初库存	制造商送货量	零售商订单量	啤酒市场需求量	实际销售量	期末库存量	期末订货量	本期利润
1								
2								
3								
4								
5								
6								
7								
8								
9								
10								

表 2-4　制造商情况统计总表

周　　次	期初库存	制造产出量	批发商订单量	本期发货量	本期欠货量	期末库存量	计划生产量	本期利润
1								
2								
3								
4								
5								
6								
7								
8								
9								
10								

知识测试

一、判断题

1. 不确定性是引起供应链中牛鞭效应的主要原因之一，也是引起供应链管理复杂性的主要原因。 （　　）

2. 提前期过长也是产生牛鞭效应的原因之一。一般来说，订货提前期越短，订货量越准确。 （　　）

3. 供应链成员间实时交流和共享信息，可以减少"牛鞭效应"的影响。 （　　）

4. 管理者不能通过提高供应链不同环节可获取信息的可见性和准确度来实现供应链协调。 （　　）

5. 在共享了 POS 机数据之后，供应链各环节没有协同计划，也能保证协调。 （　　）

6. CPFR 最早从持续补货而来，是沃尔玛与宝洁为合作解决婴儿尿布缺货问题而产生的。 （　　）

7. CPFR 基本模型采用循序渐进的方法，先从协调预测开始，经过协同规划，最终达到协同补货。 （　　）

8. 协同规划的目的是让供应链成员间的规划活动能取得一致的基本假设，以利后续各项合作活动的进行。 （　　）

9. 实施 CPFR 是核心企业为主推动的，不是供应链其他成员面临的共同问题。 （　　）

10. 宝洁公司与沃尔玛的合作，改变了两家企业的营运模式，实现了双赢。 （　　）

二、名词解释

1. 牛鞭效应
2. CPFR
3. SCM

三、简答题

1. 简述牛鞭效应的概念、影响、成因与解决对策。
2. 简述供应链协同的价值。
3. 简述 CPFR 的工作流程。
4. 简述"宝洁-沃尔玛"供应链协同模式的具体做法与启示。

实训任务　小米手机的供应链协同

任务目标｜请结合案例回答问题。

（1）描绘小米手机供应链结构简图。

（2）分析小米手机供应链的特点。

（3）简要分析小米手机供应链协同的具体做法。

（4）请举例说明小米公司成功的经验与启示。

任务要求｜分小组完成任务，并制作 PPT 汇报。

谈到小米的成功，大部分人都会将其归结于小米出色的营销能力。然而，作为一家新兴的互联网公司，其供应链管理也有很多鲜为人知却值得称道的亮点。小米手机与传统手机的供应链对比如图 2-3 所示。

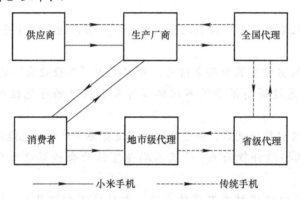

图 2-3　小米手机与传统手机的供应链对比

"直销"是互联网公司的利器，在互联网上，它有个专用名词——B2C。小米自然也不例外。小米将传统手机供应链上的渠道商全部砍去，直接面对供应商和消费者。通常，传统手机厂商的销售渠道大多是从全国代理逐级往下细分到省级代理、地市级代理，至少要经过三级铺货，最终才能到达消费者的手中，这个过程往往需要两个月。这意味着供应链上的信息流、资金流和实物流都要经过这个长链条流通再反馈回来。链条很长会给决策者造成很多错觉，觉得卖得好就马上追加订单，但其实货都压在渠道里。不准确的市场预测给生产计划带来了挑战，也使供应链产生了巨大的风险。

小米省略了中间几个环节，可实时反馈销售数据，再根据准确的销售数据预估订单。这种信息反馈的优势可以帮助小米手机的供应链团队在需求发生变化的时候快速做出反应。小米手机的供应链协同如图 2-4 所示。

如图 2-4 所示，每周二中午 12 点，小米网商都会开放在线抢购，具体型号和数量提前在论坛公布。事实上，这个数字是由小米六大仓储中心反馈的库存数据决定的，多一部也不卖。在此三天前，小米位于北京、上海、深圳、成都、沈阳和武汉的六大仓储中心，会将统计好的库存量发给小米网的同事，这就是小米论坛上预告销售量的来源。在每周二中午 12 点之前，有购买意愿的消费者都需要填写一份包括姓名、联系方式、收货地址、想要抢购的产品型号的预约信息，然后方能在当天进行抢购。这个预约数字是小米制订生产计划的重要参考指标之一，它将影响三个月之后的产量和开放购买的数量。

小米成立之初，雷军、林斌、黎万强、周光平每周都要凑在一起开一个小型生产会。这个会议召开的时间不定，通常不会超过半个小时，却十分重要，目的是确定三个月之后的订单量。这四名联合创始人是这样分工的：黎万强负责小米网电商和仓库，周光平负责供应链管理，林斌负责采购核心元器件，雷军作为 CEO 则负责统一协调。小型会议的当天下午，雷军签过字的生产计划表就会送到小米的供应链部门。这个团队要保证小米手机 600多个元器件能在规定的时段内到达仓库，然后送上生产线。而他们所用的工具不是传统制造业普遍使用的 ERP 软件，只是一张简单的 Excel 表。每个细节都有专人负责，包括零部件的采购、下单时间、下单数量、每个批次的最优包装、运输时间、元器件到厂后的抽检。小米手机要用到 600 多个元器件，大到屏幕小到按键，所有元器件都是小米自己采购的。相比之下，手机行业内更普遍的做法是找一家外包的中间商来代替企业完成采购。

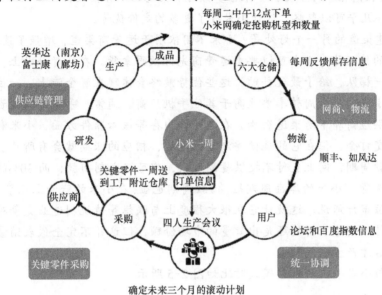

图 2-4　小米手机的供应链协同

采购部依据四人小组会议上产生的订单数据采购元器件，并将其送到主要代工厂附近的仓库用于生产。小米手机的生产由英华达南京工厂和富士康廊坊工厂来完成，从采购备货到出货的时间大约为 3 个月，之后这些手机将会被送到北京、上海、深圳的仓储中心。小米通过自己开发的仓储管理系统清点当周的库存量，然后把数据发送给小米网的同事，通过小米论坛告知"米粉"下周二开放抢购的具体机型和手机数量。

小米重新设计产业链，减少中间环节，大幅削减成本，加快资金流转，采用先亏损后盈利的定价方式，这种盈利模式也可以为我们带来更多思考。传统手机厂商通常高于成本30%定价，然后随着成本与价格下降趋同，一个产品的生命周期就结束了，只有通过不断推出新品，才能保证利润。而小米先保证性价比，以此吸引用户，形成规模效应之后，成本曲线就会向下倾斜。产品生命周期越长，卖得越久，累计利润也就越多。这是互联网模式对价值曲线的一个改变。这需要一个盈亏平衡销量点，比如 100 万部。小米在达到这个销量之前，不仅面对上游厂商时话语权弱，而且成本分摊也很要命。

然而，这种定价模式吸引了大批的粉丝，随着小米销售量的迅速增长，它与供应商谈判的能力也在不断增强。在手机产业，元器件的价格相对透明，规模越大，价格越低，对小米来讲更重要的是优先级的变化。根据小米提供的数据，它在 2013 年 11 月的出货量是 200 万台，其中 70%通过电商渠道销售。每周二的抢购按照仓库的库存量销售，数量为 30 万～40万台，手机的库存周期大约是 10 天，配件类大约是 3～4 周。没有库存积压就意味着节省了仓储成本。小米手机的主要渠道成本就是运输成本，平均每台手机的渠道费用是 20 元左右。

在传统手机制造业，手机厂商的渠道费用通常占到手机售价的20%～30%。这意味着，与小米同价位的手机中，有400多元要支付给渠道。此外，传统手机厂商通常还要花一笔营销成本，为售价的10%～20%，而小米则主要借助自己的论坛。它目前的会员总数约1 000万，日发帖量50万，总帖子1.5亿。小米很少做传统渠道的广告投放，在新媒体社交平台上的营销成本很低，几乎可以忽略，这让小米有了更多的定价优势。

同时，自建渠道的另一个好处是，小米不用依附于运营商渠道，增强了谈判的话语权。一个经过证实的情况是，小米可以要求运营商先付款再拿货。在话费补贴上，运营商也把小米放到了第一梯队，给予最优补贴。这些优势最终会体现在资金流上。一位普华永道的审计师认为，小米的资金周转率要远高于其他手机厂商。通常，手机厂商的资金周转周期主要受到上游供应商和下游渠道影响。在芯片和内存等核心器件方面，小米和其他手机厂商一样需要先交订金，但在它的规模逐渐变大之后，相应的账期就会有所延长。小米主要缩短了销售回款周期，网上支付不提供货到付款，都可以立刻回款；而30%的运营渠道也是要先付款后拿货。"小米的库存周期短，回款周期也短，在小米的账面上几乎不会出现'应收账款'。"一位审计师说。这就让它在很大程度上与联想等传统制造业竞争对手拉开了距离。要知道，传统制造业拼的还是出货量的市场份额，但这并不完全代表销量，而只有当应收账款回收后才产生利润。

传统手机与小米手机的盈利模式对比如图2-5所示。

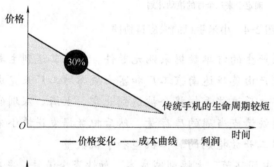

传统手机厂商通常高于成本30%定价，然后随着成本与价格下降趋同，一个产品的周期就结束了，只有不断推出新品，才能保证利润。一款产品的销售高峰期在半年左右。

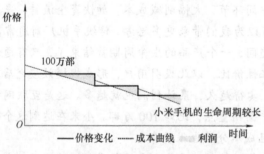

小米是先亏后赚的模式：以小米2为例，2012年8月16日，小米发布小米2，售价1 999元；此后，在保持售价或稍有降价的前提下，通过提升关键部件的方式，保持价格不变，生命周期可延长至一年多。

图2-5　传统手机与小米手机的盈利模式对比

直销带来快速反应能力，高库存周转带来良好现金流，全球采购带来价格优势，物流网络采用垂直结构。小米通过与上下游的协同，通过独特的定价和盈利模式，构建起了很难被传统手机公司所复制的供应链竞争壁垒。

项目三
供应链管理的策略性抉择

能力目标
---

1. 能够比较分析推式供应链、拉式供应链、推-拉结合的供应链。
2. 能够合理设计推-拉边界，选择适宜的策略。
3. 能够比较分析 QR、ECR 的异同。
4. 能够运用费舍尔模型，选择适宜的供应链管理策略。
5. 能够对供应链管理策略案例的得失进行点评分析。

项目思维导图

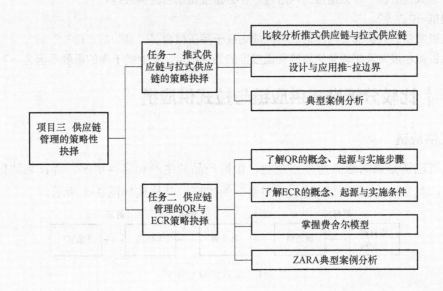

任务一　推式供应链与拉式供应链的策略抉择

情景导入

"戴尔为什么走上了下坡路？"——推-拉边界决定成败

戴尔的直销模式在成品层次是典型的拉式供应链，不见订单不组装；但在零部件阶段，却是典型的推式供应链，因为这些原材料就如小饭馆的豆角，通用性高，用量可预测。惠普有名的延迟战略也是同理：产品的共同部分好预测，用推式生产，以取得规模效益、降低成本；差异化部分用拉式生产，以降低需求变动带来的库存风险。直销模式和延迟战略的成功，就在于完美结合"推"与"拉"。

推-拉边界不是一成不变的。即使在同一个行业、同一个公司，这一结合点也可能随产品的生命周期而变化。戴尔刚创立直销模式时，计算机是创新型产品，机型配置多、成品降价速度快，成品层次的预测准确度低，库存风险成本高，直销模式是总成本最低的供应链模式。但是，这些年计算机成为大众商品，配置越来越标准化，预测的准确性也越来越高，推拉的最优结合点从生产商转移到零售商，即生产商按照预测批量生产，批量供货给零售商，在零售商处变为"拉"。这种方式最大限度地发挥了规模效益，所以整体供应链成本最低。相反，戴尔的直销模式还是单件生产、单件递送，在计算机库存风险成本显著降低的情况下，高昂的运营成本再也没法通过库存风险成本节支来抵消，直销模式的总成本不再最低。戴尔这几年江河日下，一个根本原因就是没法有效转型供应链，实现推拉的最优组合，以支持产品战略。当然，这背后还有很多原因，限于篇幅暂不详表。

导入问题：

1. 什么是推式供应链，什么是拉式供应链，什么是推拉结合的供应链？
2. 什么是推-拉边界？
3. 为什么说戴尔的直销模式与延迟战略的成功在于完美结合了"推"与"拉"？
4. 为什么说戴尔没有及时调整供应链实现推拉的最优结合，是业绩下滑的重要原因之一？

第一步 ｜ 比较分析推式供应链与拉式供应链

一、推式供应链

推式供应链是以制造商为核心企业，根据产品的生产和库存情况，有计划地把商品推销给客户，其驱动力源于供应链上游制造商的生产。其模式如图 3-1 所示。

图 3-1　推式供应链模式

推式供应链的生产基于对未来长期的预测。通常，制造商根据经销商的库存状态来预测需求。因此，在推式供应链中，制造商需要花更长的时间对变化的市场做出反应，对市场变化反应迟钝。

推式供应链是最传统的供应链模式，在这种模式下，供应链上游根据客户的需求预测提前组织采购、生产、囤积库存，并根据销售计划将库存推向下游市场。许多传统制造企业的供应链管理模式通常都是所谓的"推式"，这是从福特在 1913 年开创"T 型车大规模制造模式"时兴起的。大规模的推式生产有效地提高了企业的供应链运营效率，在提高产量的同时大幅度地降低了成本、提升了质量，直到今天，它依旧是企业进行供应链管理架构时的标准选项之一。然而，我们常常说"万事俱备，只欠东风"，这种根据计划提前触发采购制造和备货的供应链模式，最大的风险就是"欠东风"，这里的"东风"就是客户的需求。一旦客户需求与销售预测不匹配，就会出现缺货待料或者物料呆滞等问题。

二、拉式供应链

拉式供应链以客户为中心，比较关注客户需求的变化，并根据客户需求组织生产。如图 3-2 所示。

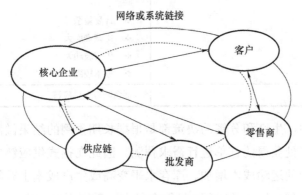

图 3-2　拉式供应链模式

在这种运作方式下，供应链各节点集成度较高，有时为了满足客户差异化需求，不惜追加供应链成本，属买方市场下供应链的一种表现。这种运作方式对供应链整体素质要求较高，从发展趋势来看，拉动方式是供应链运作方式发展的主流。

拉式供应链与推式供应链正好相反，在这种模式下，供应链下游由客户的真实需求所驱动，将需求信息转化为拉料和补货的信号，并将这种信号向供应链的上游传递，上游在收到补货信号后，将其转换成采购、生产、发货等信号，从而满足客户的实际需求。拉式供应链最典型的例子就是丰田所倡导的"即时生产模式"以及"看板管理模式"。为了追求零库存，工厂里看不到制造企业里常见的仓库，最引人注目的就是那些开着小车忙忙碌碌不断为各个工位进行补货、回收周转箱的工人，为了保证补货的效率，他们动作熟练，甚至还在某些地方小跑几步。别小看这几步小跑，只要提高了补货的速度和效率，也就降低了库存。这就是丰田所追求的"极致零库存"。美资企业里也讲零库存，但要做到如此极致的态度，丰田可谓技高一筹。

三、推式供应链和拉式供应链的比较

任何事物都有两面性，与推式供应链一样，拉式供应链也并非完美无瑕。它为供应链带来高柔性、低库存的同时，也增加了供应链的管理复杂性。这体现在上下游计划和执行的总体协调，对合作伙伴之间信任关系的建立和维护，也从某种程度上推高了供应链的协调成本。推式供应链和拉式供应链的优缺点如表 3-1 所示。

表 3-1　推式供应链和拉式供应链的优缺点

推式供应链	拉式供应链
优点： ❖　规模效应 ❖　便于计划 ❖　供应稳定 ❖　成本优势	优点： ❖　柔性高 ❖　批量小 ❖　反应快 ❖　不容易产生呆滞库存
缺点： ❖　柔性差、缺货 ❖　批量通常比较大 ❖　反应比较慢 ❖　容易产生呆滞库存	缺点： ❖　计划复杂 ❖　协调难度大 ❖　供应波动大 ❖　成本较高
适合经济型供应链	适合响应型供应链

在推式供应链中，生产和分销的决策都是根据长期预测的结果做出的。准确地说，制造商是利用从零售商处获得的订单进行需求预测。因此在推式供应链中，经常会出现由于紧急的生产转换引起的运输成本增加、库存水平变高或生产成本上升等情况。推式供应链对市场变化做出反应需要较长的时间，可能会导致一系列不良反应。比如在需求高峰时期，难以满足顾客需求，导致服务水平下降；当某些产品需求消失时，会使供应链产生大量的库存，甚至出现产品过时等现象。

在拉式供应链中，生产和分销是由需求驱动的，这样生产和分销就能与真正的顾客需求而不是预测需求相协调。在一个真正的拉式供应链中，企业不需要持有太多库存，只需要对订单做出反应。拉式供应链具有以下优点：①通过更好地预测零售商订单的到达情况，可以缩短提前期。②由于提前期缩短，零售商的库存可以相应减少。③由于提前期缩短，系统的变动性减小，尤其是制造商面临的变动性变小了。④由于变动性减小，制造商的库存水平将降低。⑤在拉动型的供应链中，系统的库存水平有了很大的下降，从而提高了资源利用率。当然，拉式供应链也有缺陷，最突出的表现是由于拉动系统不可能提前较长一段时间做计划，因而生产和运输的规模优势也难以体现。

第二步 ｜ 设计推-拉结合的供应链

一、为什么要设计推-拉结合的供应链

拉式供应链虽然具有许多优势，但要获得成功并非易事，需要具备相关条件：其一，必须有快速的信息传递机制，能够将顾客的需求信息（如销售点数据）及时传递给不同的供应链参与企业。其二，能够通过各种途径缩短提前期。如果提前期不太可能随着需求信息缩短，拉动式系统是很难实现的。推式供应链和拉式供应链各有利弊，推-拉结合的供应链避免了各自的缺点，既能快速响应市场需求变化，又能降低库存，实现规模效应等，有利于更好地解决库存与外部需求不确定性的关系，减少牛鞭效应的影响。

1．拉式供应链更适合响应型供应链，而推式供应链更适合经济型供应链

响应型供应链匹配的是创新型产品，创新型产品的客户需求变化大，采用推式供应链很难进行灵活调整，因此拉式供应链更为适合；经济型供应链匹配的是功能型产品，这类产品需求稳定，采用推式供应链可以提高效率、节约成本。

2．在成本允许的情况下，能"拉"尽可能"拉"，"拉"不动就只能靠"推"

为什么我们强调在设计供应链的时候，不是一上手先设计推动部分，而是从拉动部分入手，能"拉"尽可能"拉"？因为我们知道，随着物质产品的逐渐丰富，客户的需求也变得越来越多样、越来越难以预测，这是社会发展的必然趋势。在这种趋势之下，采用以推为主的供应链会变得反应迟钝。相比之下，拉式供应链更能体现精益的精神，库存低、反应快、柔性高，但同时设计难度也更大。

二、什么是推-拉边界

什么是推-拉边界？在推拉式战略中，供应链的某些层次，如最初几个层次以推动的形式经营，同时其余的层次采用拉动战略。推动层和拉动层的接口处被称为推-拉边界，如图 3-3 所示。

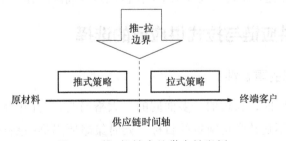

图 3-3　推-拉结合的供应链举例

推动式与拉动式的分界点也常被称为顾客需求切入点（CODP），如图 3-4 所示。

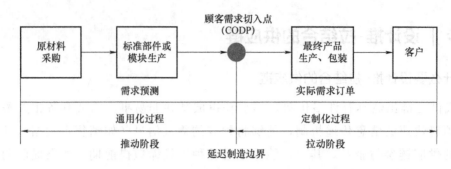

图 3-4　顾客需求切入点示意图

顾客需求切入点是供应链产品增值过程的分岔点，前后活动在驱动源、产品性质、市场定位、生产类型等方面有明显区别。切入点前追求的是低成本，最大限度地发挥规模效应；切入点后追求的是产品柔性，最大限度地满足顾客个性化需求。延迟制造是以切入点的选择来进行前后平衡，决定"规模"与"变化"的程度，实现供应链整体效应的最大化。

三、推-拉边界的设计原则

推-拉边界选择适当，会有效地平衡供应链的响应速度、成本和服务水平。相反，推-拉边界选择失当，则会造成诸多问题，增加供应链的总成本。

1. 定制化程度越高，预测准确度越低，推-拉边界离最终客户越远

例如，在多种少量的设备行业，产品配置多样化，制造商主要依赖客户订单来驱动生产组装，推-拉边界在零部件采购环节——对于通用零部件，制造商会按照预测驱动供应商生产（"推"），等到客户订单来了，再进行最后产品的组装（"拉"）；对于通用程度低的零部件，制造商往往等到客户订单后再给供应商下单，推-拉边界离客户更远。相反，标准化程度越高，预测准确度越高，推-拉边界就与最终消费者越近。

2. 对产品的时效性要求越高，推-拉边界就离消费者越近

例如大型设备的关键备件，一旦停机待料，损失就非常大，所以在很多行业，备件供应链的推-拉边界就设在客户的生产设施附近。若库存离消费者太远，就没法满足客户需求。将库存"推"到客户附近，提高了服务水平，代价就是很高的库存水平，很低的库存周转率。

第三步 ｜ 推式供应链与拉式供应链的选择

一、供应链战略匹配的重要性

策略的本质是弹性的、长远的、多面向的、大格局的。它们强调的是如何成长或扩大利润这类的成果，而不是某个可衡量的目标。同时策略所提供的是一个大方向，而非达到成功的唯一方式。供应链战略属于业务战略，整合了传统的采购、销售、生产、运输与仓储战略，需要技术、信息、组织、财务与人员战略的支持，强调供应链中各职能战略的协同。任何一家公司要想成功，其供应链战略与竞争战略必须相互匹配。

战略匹配是指竞争战略与供应链战略拥有相同的目标。也就是说，竞争战略设计用来满足顾客的优先目标与供应链战略旨在建立的供应链能力目标之间相互协同一致。获取战略匹配，是供应链的战略或设计阶段的一项重要内容。供应链战略执行的成败与以下两个关键要素密切相关。

（1）竞争战略与所有职能战略必须相互匹配，以构成一个协调一致的总战略。每一项职能战略必须支持其他职能战略并帮助公司实现竞争战略目标。

（2）公司的不同职能部门必须恰当组织其流程与资源，以便成功实施这些战略。公司失败的原因，或者是由于战略不匹配，或者是因为流程与资源的组合不能形成支持预期战略匹配的能力。首席执行官的首要任务是，协调核心职能战略与总体竞争战略之间的关系，以获取战略匹配。如果不能在战略层取得协调一致，不同的职能战略的目标便会发生冲突，并导致不同职能战略以不同的顾客群为优先目标。

要获取供应链战略与竞争战略之间所有重要的战略匹配，公司需要做些什么？竞争战略或简要或精确地说明，公司希望满足的是一个或多个顾客群。为实现战略，公司必须确保其供应链能力能够支持其满足目标顾客群的能力。获取战略匹配的三个基本步骤如下：

第一步，理解客户。公司必须理解每一个目标客户群的顾客需要，它能帮助公司确定产品成本和服务要求。通常，不同顾客群的顾客需要在多个方面表现出不同的特性。如：每个客户群中所需产品的数量；客户愿意忍受的反馈时间；要求的服务水平；产品的价格；预期的产品创新周期；潜在需求不确定性，是指要求供应链满足的需求部分存在的不确定性。

第二步，理解供应链。供应链有很多种类型，每一种都设计用来完成不同的任务。公司必须明确其供应链设计用来做什么。在理解了公司的顾客需求特点之后，下一个问题是：公司怎样才能满足上述需求。创建供应链战略，使之能最好地满足公司目标客户群特定类型的需要，是建立战略匹配的全部内容，其实质就是在供应链反应能力与赢利水平之间进行权衡，找到最佳结合点。供应链反应能力包括很多方面。如：对大幅度变动的需求量的反应、满足较短供货期的要求、提供多品种的产品、生产具有高度创新性的产品、满足特别高的服务水平的要求等。供应链拥有的上述能力越多，供应链的反应能力就越强。然而，反应能力是有代价的。例如，要提高对大幅度变动的需求量的反应能力，就必须提高生产能力，产品成本就会随之增加。成本的增加则将导致供应链的赢利水平降低。每一种提高反应能力的战略，都会付出增加的成本，从而降低赢利水平。所以，在给定成本与反应能力达到平衡的情况下，确定供应链的反应能力水平，是任何一条供应链都必须做出的重大战略抉择。

第三步，获取战略匹配。概言之，获取战略匹配，也就是确保供应链的运营与目标顾客的需要协调一致，并且供应链反应能力的高低应该与潜在需求不确定性吻合。潜在需求不确定性增加，则要求相应的反应能力增加，反之亦然。

要实现全面的战略匹配，公司必须考虑价值链中的所有职能战略彼此相互协调，并支持公司的竞争战略目标。抛开竞争战略，就不存在正确的供应链战略。对于给定的竞争战略，存在正确的供应链战略。获取战略匹配的驱动力量应该源于最高级的组织机构。而实际上，在许多公司中，竞争战略和职能战略是由不同的部门制定的。在这种情况下，如果没有适当的沟通，诸如首席执行官这样的高层管理者之间如果缺乏协作，这些战略可能很难实现匹配。对于大多公司来说，获取战略匹配的失败，是企业失败的主要原因。

二、供应链的推拉策略矩阵

和自制或外购决策（Make or Buy）一样，推与拉是供应链管理最根本的决策之一。推式生产有规模效益，但库存风险大；拉式生产降低了库存风险，但同时也丧失了规模效益。片面宣传任何一种方式，尤其是这些年对拉式供应链的热捧，都忽视了供应链管理的根本准则，误导大过指导。这也要求职业人能够透过现象看本质，不但能理解"是什么"，而且要明白"为什么"，就如密歇根大学的华莱士 J. 霍普（Wallace J. Hopp）教授在《供应链科学》（*Supply Chain Science*）一书中说的，要理解供应链的科学部分，关键要合理地结合推与拉策略。在实践中，供应链的推拉策略，可以借助图 3-5 辅助决策。

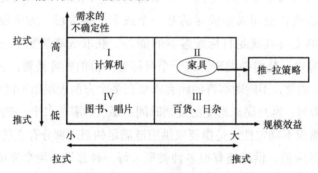

图 3-5　推式供应链与拉式供应链策略选择矩阵

对一个特定的产品而言，应当采用什么样的供应链战略呢？企业应该采用推动战略还是拉动战略？在实际的供应链管理过程中，不仅要考虑来自需求端的不确定性问题，而且还要考虑来自企业自身生产和分销规模经济的重要性。

在其他条件相同的情况下，需求不确定性越高，就越应当采用根据实际需求管理供应链的模式——拉动战略；相反，需求不确定性越低，就越应该采用根据长期需求预测管理供应链的模式——推动战略。同样，在其他条件相同的情况下，规模效益对降低成本起着重要的作用，如果组合需求的价值越高，就越应当采用推动战略，根据长期需求预测管理供应链；如果规模经济不那么重要，组合需求也不能降低成本，就应当采用拉动战略。

三、典型行业的应用案例

1. 汽车供应链的推-拉边界

汽车制造业的生产线流程可以分为设计、采购、生产、装配、库存和销售这几个步骤。这几个步骤形成一条完整的供应链。在这条供应链中，客户订单流程从销售环节往上推进，企业的产品生产流程从设计环节往下推进，客户订单流程与汽车生产流程汇合的点，即为供应链中的推-拉边界。拉动流程经常受限于推动阶段的库存和生产能力决策。考虑供应链设计的策略决策时，就需要找出推-拉边界，使供应链能够实现供给与需求的有效匹配。

汽车制造业的推拉策略如图 3-6 所示。

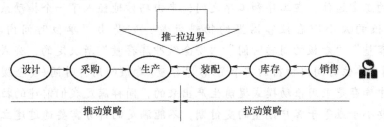

图 3-6　汽车制造业的推拉策略

2. 服装供应链的推-拉边界

时尚行业的推-拉边界应该在哪里？在品牌商处。因为品牌商设计时装，对流行时尚的理解最深，而且可以整合不同经销商的需求，需求预测的准确度更高。这道理其实也不难，深受订货会之苦的时尚行业也懂得。订货会之所以存在，是因为经销商、品牌商是不同的业务实体，有不同的利益诉求，订单是经销商对品牌商的承诺，是双方博弈的结果。但从供应链的角度看，这种博弈的结果是次优化的，会造成品牌商、经销商的双输局面。

拓展阅读

丰田汽车生产中的推-拉模式

众所周知，丰田的零库存是通过准时制生产方式（JIT）和"看板"（Kanban）管理结合的管理模式来实现的。丰田汽车生产中的推-拉模式如图 3-7 所示。

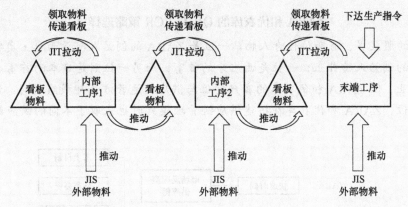

图 3-7　丰田汽车生产中的推-拉模式

JIT 和看板管理模式是典型的需求拉动模式。JIT，即只在需要的时候提取恰当数量的物料，而这个恰当的数量是通过"看板"来实现的。"看板"规定了所生产的零件及其数量。后道工序根据实际的用量向前道工序提取物料，并通过"看板"将需求信息传递给上一道工序，通过这样的方法，一道一道地由后道工序向前道工序传递需求指令。在 JIT 和看板管理模式下，计划部门只对最后一道工序下达生产指令，而不会将主生产计划按照物料清单分解到各个工序。

从表面上看，JIT 和看板管理模式是一种单纯的拉动模式，但事实上，为了维持这个拉动系统的正常运作，在工序和工序之间，丰田巧妙地植入了一个推动系统，即看板的大小。看板的大小即看板容器里的物料数量，它是由"单位时间内物料的需求量""容器容量""看板的周转时间""安全缓冲库存量"所决定的，公式如下：

看板大小=单位时间内物料的需求量/容器容量×看板的周转时间+安全缓冲库存量

安全缓冲库存是采用推动模式提前生产出来的，同样满足我们前述的拉动原则，即拉动的周期要小于或等于客户期望的交付期，不能满足的部分需要通过建立缓冲库存来进行补偿。这里客户期望的交付期是"即时供应"，随时取随时有，但客户会按照一定的间隔时间进行取货，而不是一直不停地取货。因此，我们就必须在这个客户期望的间隔时间段内准备好足够的库存，实现所谓的"即时供应"。

事实上，丰田还存在着另外一种拉动模式，即"JIS"和"E-看板"配合模式。顺序生产方式（Just in Sequence，简称 JIS）即顺序供应生产方式，是指根据车辆的生产计划，得到虚拟的车辆生产顺序，由此来预测未来各个工序车辆部件的使用顺序和时间，并由此指导部件厂商的顺序供应。由于是基于虚拟的生产顺序生成的拉动信号，因此这种看板信号被称为"E-看板"。

任务二　供应链管理的 QR 与 ECR 策略抉择

情景导入

ZARA 和优衣库的 QR 与 ECR 策略选择

在当今的服装界，有两位传奇人物。一位是 ZARA 的创始人阿曼西奥·奥特加，另一位是优衣库的创始人柳井正；一位是西班牙的首富，而另一位则是日本的首富。虽然都是经营服装企业，但 ZARA 和优衣库的客户定位与供应链运营方式却截然不同。为了满足不同的客户定位，ZARA 和优衣库在搭建供应链管理模式时也采取了不同的供应链策略。如图 3-8 所示。

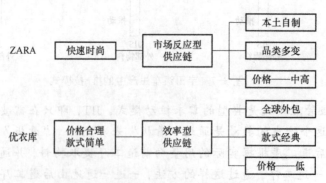

图 3-8　ZARA 和优衣库的供应链管理策略

ZARA 面对的是热衷时尚的客户群体，他们追逐潮流、喜新厌旧，乐意为了时尚而多付出一些成本，却又不愿意为了只穿几次的衣服而花费巨资；ZARA 所销售的服装是典型的创新性产品，具有不确定性高、生命周期短、可预测性差、过时风险高、缺货损失高等特点。为了匹配这种需求特点，ZARA 搭建了所谓的"极速供应链模式"，这是一种典型的市场反应型供应链：采用小批量、多频次、快速补货的方式，来满足客户对于时尚产品的需求，同时降低高库存所带来的风险。

优衣库的产品以百搭和休闲为主。相较于 ZARA 而言，优衣库的产品更倾向于功能型产品。我们在优衣库往往会重复购买同样款式的产品，这些产品由于重复购买量大、预测准确性高、生命周期长，且不容易过时。为了匹配功能型产品的需求特性，优衣库搭建的是效率型供应链，它强调的是高效且成本低廉。为了降低成本，优衣库采用全球外包的模式，但是外包的最大挑战是供应商的管理难度大、供应的不确定性也很高。为了降低供应的不确定性，优衣库采用了标准化的产品设计方案，无论是产品的款式还是面料，在保证品质的前提下，优衣库都尽可能地推行标准化。标准化的产品降低了供应商制造加工的难度，降低了供应的不确定性，同时也为优衣库推行全球外包带来了诸多的便利。当然，也正是因为优衣库销售的主要是功能型产品，这种标准化的方式才有可能大规模地实现。

导入问题：
（1）什么是 QR?
（2）什么是 ECR?
（3）ZARA 采取了哪种供应链运作模式和管理策略，为什么？
（4）优衣库采取了哪种供应链运作模式和管理策略，为什么？

第一步 | 了解 QR 产生的背景、含义及实施步骤

一、QR 产生的背景

20 世纪六七十年代，美国的服装行业面临着国外进口商品的激烈竞争。国外进口的服装占据了美国市场的 40%。面对与国外商品的激烈竞争，纺织与服装行业在 70 年代和 80 年代采取的主要对策是在寻找法律保护的同时，加大现代化设备的投资。1984 年，美国服装、纺织以及化纤行业的先驱们成立了一个"以用国货为荣委员会"，该委员会的任务是为购买美国生产的纺织品和服装的消费者提供更大的利益。该委员会拿出一部分经费，研究如何长期保持美国的纺织与服装行业的竞争力。

1986 年，Kurt Salon 协会进行了供应链分析。结果发现，尽管系统的各个部分具有较高的运作效率，但整个系统的效率却十分低。于是纤维、纺织、服装以及零售业开始寻找那些在供应链上导致高成本的活动。结果发现，供应链的长度是影响其高效运作的主要因素。整个服装供应链，从原材料到消费者购买，时间为 56 周。只有 1 周在制造车间，40 周在仓库或转运，15 周在商店。这么长的供应链不仅导致各种费用增多，更重要的是，建立在不精确需求预测基础之上的生产和分销，因数量过多或过少造成的损失非常大。整个服

装供应链系统的总损失每年可达 25 亿美元，其中 2/3 的损失来自零售商或制造商对服装的降价处理以及在零售环节的缺货。进一步的调查发现，消费者离开商店而不购买的主要原因，是找不到合适尺寸和颜色的商品。

这项研究导致了快速反应（Quick Response，简称 QR）策略的应用和发展。零售商及其供应商密切合作应用快速反应策略。零售商和供应商通过共享 POS 系统信息，联合预测未来需求，发现新产品营销机会等，对消费者的需求做出快速的反应。从运作的角度来讲，它们要用 EDI 来加快信息的流动，并共同重组业务活动，以缩短订货前导时间，使成本降低。在补货中应用 QR 策略可将交货提前期缩短 75%。

二、QR 的含义

中华人民共和国国家标准《物流术语》（GB/T 18345—2006）给快速反应（Quick Response，简称 QR）下的定义是："供应链成员企业之间建立战略合作伙伴关系，利用 EDI 等信息技术进行信息交换与信息共享，用高频率小批量配送方式补货，以实现缩短交货周期，减少库存，提高顾客服务水平和企业竞争力为目的的一种供应链管理策略。"

虽然 QR 是从美国纺织服装业供应链管理实践中发展起来的一种方法，但随着竞争的全球化和企业经营的国际化，QR 系统管理迅速在其他行业得到广泛应用。QR 的重点是对客户需求做出快速反应，通过提高供应链整体运作效率，减少供应链总体反应时间，可以减少库存，降低成本。

三、实施 QR 的益处

成功实施 QR 的收益很大，远远超过其投入，可以节约销售费用，并且大幅度增加销售额和提高商品周转率，降低需求预测误差。具体来说，实施 QR 后的效果主要体现在以下几个方面：

1. 提高销售额

条码和 POS 扫描技术使零售商能够跟踪各种商品的销售和库存情况，这样零售商就能够准确地了解存货情况，在库存真正降低时才订货，缩短订货周期。零售商采用自动补货系统，能够保证在客户需要商品时可以得到现货。

2. 降低管理费用，减少损失及流通费用

因为不需要手工输入订单，所以采购订单的准确率提高了。额外订货和发货的减少降低了管理费用。在货物发出之前，仓库对运输标签进行扫描并向零售商发出预先发货清单，这些措施都降低了管理费用。需求预测误差可减少到 10% 左右，使得库存商品能够最大限度地满足客户的需求，减少了客户需求不足的商品的库存，从而减少了削价的损失。同时由于集成了对客户需求的预测和生产规划，就可以提高库存周转速度，需要处理和盘点的库存量减少了，从而降低了流通费用。

3．提高客户服务水平

由于相应成本的降低、流通速度的加快，生产商和零售商能够及时把握客户的实际需求，并按需求生产，所以能够在最短的时间内满足客户的需求，并且由于流通成本降低，最终使得客户也能从中获益。

4．更好地计划生产

由于可以对销售进行预测并能够得到准确的销售信息，生产商可以准确地安排生产计划。

5．加快库存周转

实施 QR 后，生产商按市场需求生产，零售商按客户需求订货，可以根据需求随时补充货源，从而加快了库存的周转。

四、QR 的实施条件与步骤

美国学者布莱克本（Blackburn）在对美国服装行业 QR 研究的基础上总结出 QR 成功实施需要具备的五个前提条件：

（1）改变传统经营方式、经营意识和组织结构。

（2）开发和应用现代信息处理技术。

（3）与供应链成员建立战略合作伙伴关系。

（4）充分的信息共享。

（5）供应商必须缩短生产周期，降低商品库存。

在具备以上五个基本条件后，可以按图 3-9 的六个步骤实施 QR 系统。

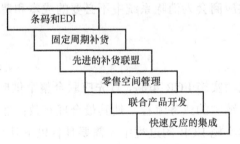

图 3-9　实施 QR 系统的六个步骤

每个步骤需要以前面的步骤作为基础，而且往往后面的步骤比前面的步骤有更高的回报，但是需要额外的投资。

第二步 ｜ 了解 ECR 产生的背景、含义及实施条件

一、ECR 产生的背景

进入 20 世纪 80 年代，特别是到了 90 年代以后，零售商和生产商之间为取得供应链的主导权展开了激烈的竞争。这种竞争使得供应链各个环节间的成本不断转移，导致供应链

整体成本上升。在这期间，从零售商的角度来看，随着新的零售业态，如仓储商店、折扣店的大量涌现，它们能以相当低的价格销售商品，从而使日杂百货业的竞争更趋激烈。而从生产商的角度来看，日杂百货商品的技术含量不高，大量无实质性差别的新商品被投入市场，使生产商之间的竞争趋同化。生产商为了获得销售渠道，通常不惜牺牲自身的利益而采用直接或间接的降价方式作为向零售商促销的主要手段。因此，如果生产商能与供应链中的零售商结成更为紧密的联盟，将不仅有利于零售业的发展，同时也符合生产商自身的利益。另外，从客户的角度来看，过度竞争往往会使企业在竞争时忽视客户的需求。客户不能得到他们需要的商品和服务，他们得到的往往是高价和不满意的商品。对于这种状况，客观上要求企业从客户的需求出发，提供能满足客户需求的商品和服务。

在上述背景下，美国食品市场营销协会联合包括可口可乐、宝洁公司等六家企业与流通咨询企业科特·塞门一起组成研究小组，对食品业的供应链进行调查、总结、分析，于1993年提出了改进该行业供应链管理的详细报告。该报告系统地提出 ECR 的概念体系。经过美国食品市场营销协会的大力宣传，ECR 的概念被零售商和制造商接纳并被广泛地应用于实践中。几乎同时，欧洲食品杂货行业为解决类似问题也采用 ECR 策略，并建立了欧洲 ECR 委员会以协调各国在实施 ECR 过程中的技术和标准等问题。

二、ECR 的含义

有效客户反应（Efficient Consumer Response，简称 ECR）是一种以更好、更快并且成本更低的服务满足客户为目的的供应链管理战略。ECR 通过生产商、批发商和零售商等组成供应链的各方成员相互协调和合作，达到商品供应流程和服务最优化。比如在食品杂货分销系统中，批发商和供应商会为消除系统中不必要的成本和费用，给客户带来更大效益而进行紧密合作。

三、ECR 的实施条件

要在供应链系统中成功实施 ECR 策略，首先应联合整个供应链所涉及的供应商、批发商以及零售商，改善供应链中的业务流程，使其最合理有效；然后以较低的成本，使这些业务流程自动化。在具体实施 ECR 的过程中还需要具备以下几个方面的前提条件：

1. 为变革创造氛围，赢得公司高层支持

对大多数组织来说，改变对供应商或客户的内部认知过程，即从敌对态度转变为将其视为同盟的过程，将比实施 ECR 策略的其他相关步骤更困难，时间花费更长。为创造实施 ECR 策略的最佳氛围，可以进行内部教育以及通信技术和设施的改善，采取新的工作措施和奖惩机制，同时必须赢得公司高层领导强有力的支持。

2. 建立战略同盟关系

对于大多数刚刚实施 ECR 策略的公司来说，建议成立 2~4 个初期同盟。每个同盟都应首先召开一次会议，来自各个职能区域的高级同盟代表将对 ECR 策略及怎样启动 ECR 策略进行讨论。以上计划的成功将增强公司的信誉和信心。

3．开发支持 ECR 的信息技术

信息技术的应用可以发挥 ECR 系统的优势。这些技术包括条码技术、EDI 系统、POS 系统和计算机辅助订货系统等。把这些技术集成起来，在供应链（从生产线直至付款柜台）之间建立一个无纸系统，可以确保产品能不间断地由供应商流向最终客户，同时信息流能够在开放的供应链中循环流动。

四、ECR 的核心要素

ECR 以信任和合作为基础，以创造消费者价值为目标。整个系统包含四大核心要素，分别是：有效的店内空间布局、有效的商品促销、有效的新产品导入和有效的商品补货。ECR 四大核心要素如图 3-10 所示。

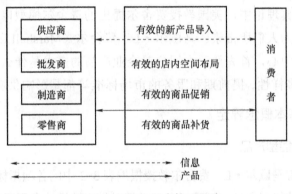

图 3-10　ECR 四大核心要素

1．有效的店内空间布局

实施这种策略目的是通过有效地利用店铺的空间布局来最大限度地提高商品的获利能力。零售商已通过计算机化的空间管理系统来提高货架的利用率。有效的商品分类要求店铺储存客户需要的商品，把商品范围限制在高销售率的商品上，这样可以提高所有商品的销售业绩。企业应经常监测店内空间分配，以确定产品的销售业绩。优秀的零售商至少每月检查一次商品的空间分配情况，有的零售商甚至每周检查一次。通过分析各种商品的投资回报率，可以帮助企业了解商品的销售趋势。了解商品的销售趋势有助于企业对商品的空间分配进行适当的调整，以保证商品的销售能够实现事先确定的投资收益水平。

2．有效的商品促销

实施这一策略的目的主要是简化贸易关系，将经营重点从采购转移到销售。快速周转的消费品行业现在把更多的时间和资金用来促销，并对促销活动的影响进行评估，客户将从这些新型的促销活动所带来的低成本中获利。

3．有效的新产品导入

通过信息共享，及时准确分析消费者的需求趋势，正确制定产品价格策略，向市场推出新产品。

4. 有效的商品补货

有效的补货可以降低系统的成本，从而降低商品的售价，其目的是将正确的产品在正确的时间和正确的地点，以正确的数量和最有效的方式送到客户手中。因此，供应商采用连续补货计划系统工具来进行有效的补货。有效补货借助的技术有：POS 机扫描、店铺商品预测系统、电子收货系统、商品的价格和促销数据库、动态的计算机辅助订货系统、集成的采购订单管理系统、厂商订单履行系统、动态的配送系统、仓库电子收货系统、直接出货系统、自动化的会计系统等。

第三步 | 掌握费舍尔模型

供应链管理的经典理论中，美国教授费舍尔提出的费舍尔模型以其简单明了的表述和对公司的准确定位而为人们所推崇。马歇尔·L. 费舍尔（Marshall L. Fisher）认为，供应链的设计应以产品为中心，首先要明白用户对企业产品的需求是什么。此外，产品寿命周期、需求预测、产品多样性、提前期和服务的市场标准等都是影响供应链设计的重要因素。

一、费舍尔模型的基本概念界定

（一）创新型产品与功能型产品

欧洲商业管理学院马歇尔·L. 费舍尔教授根据表 3-2 中的各项指标，判断客户需求的产品是创新型产品还是功能型产品。不同的产品类型对供应链设计有不同的要求，边际利润高、需求不稳定的创新型产品的供应链设计就不同于边际利润低、需求稳定的功能型产品。

表 3-2　功能型产品与创新型产品各项指标对比

需 求 特 征	功能型产品	创新型产品
产品寿命周期	超过两年	一年
边际贡献	5%～20%	20%～60%
产品多样性	低（每一目录 10～20 个）	高（每一目录上千）
预测的平均边际错误率	10%	40%～100%
平均缺货率	1%～2%	10%～40%
预测的平均季节降价率	0	10%～25%
按订单生产的提前期	6 个月至 1 年	1 天至 2 周

由表 3-2 可以看出，功能型产品一般用于满足客户的基本需求、变化很少、具有稳定可预测的需求和较长的寿命周期，但它们的边际利润较低。为了避免低边际利润，许多企业在式样或技术上革新以寻求客户的购买，从而获得较高的边际利润。这种创新型产品的需求一般不可预测，寿命周期也较短。

（二）效率型供应链与反应型供应链

为什么不同的产品类型需要不同的供应链？主要是因为供应链起作用的方式不同。按照物理调节功能可以将供应链划分为效率型供应链和反应型供应链两种类型。

效率型供应链主要体现供应链的物理功能，即以最低的成本将原材料转化成零部件、半成品、产品，并交付给最终消费者；实质上就是选择了供应链管理策略中的 ECR，管理侧重减少成本和消除供应链的浪费，提高供应链整体运行效率。

反应型供应链主要体现供应链的市场中介功能，即将产品分配到满足客户需求的市场，对未预知的需求做出快速反应等，实质上就是供应链管理策略中的 QR，管理侧重缩短时间，快速响应客户需求。

二、费舍尔模型与策略匹配矩阵

费舍尔教授的模型将需求的性质和供应链的功能联系在一起，矩阵的四个部分代表供应链类型和产品类型组合的 4 种可能，如图 3-11 所示。根据产品需求的性质，可以把需求分为两类，即可以预测的功能型产品的需求和不可预测的创新型产品的需求；而根据供应过程的侧重点，供应链也可分为两类，即追求成本最小的效率型供应链和追求反应速度最快的反应型供应链。

费舍尔建立如图 3-11 所示的策略匹配矩阵，帮助企业判断供应链类型与产品类型是否匹配，方便进一步改善供应链管理策略与投资计划。

	功能型产品	创新型产品
效率型供应链	匹配	不匹配
反应型供应链	不匹配	匹配

图 3-11 费舍尔模型的策略匹配矩阵

企业可以利用这个矩阵来为它们的每一个产品族设计一种供应链战略，首先应该标绘出每一个产品族在矩阵中实际的位置，然后决定产品族在矩阵中应该占据的位置，最后根据这些定位制订建立合适的产品供应链的计划。矩阵的四个方格代表了两种产品类型与两种供应链类型的组合。

1. 功能型产品与效率型供应链的匹配

对功能型产品来说，高效的供应链是一个很好的搭配。由于需求可以预测，市场协调很容易，企业可以仅仅集中于最小化实物成本，因为大多数功能型产品都具有价格敏感性，所以这一点是至关重要的。对于功能型产品，由于边际贡献率低，平均缺货率也不高，产品的寿命周期长，生产这类产品的企业所在的供应链系统，选择 ECR 供应链管理策略构建效率型供应链是合适的（战略匹配），管理优先考虑消除浪费，提高供应链效率，减少成本可以为客户创造价值。企业如果采用 QR 供应链管理策略就可能不合适（不匹配），因为提高供应链的市场反应速度必然会导致投入额外巨资，增加成本，这与产品对应的目标客户需求特征不一致，是得不偿失的。如宝洁公司的许多产品属于功能型产品，公司采用了供应商管理存货和天天低价的策略，使库存维持在较低水平，降低成本，公司和顾客都可从中受益。企业通常只要制订一个合理的最终产品的产出计划，并借助相应的管理信息系统协调客户订单、生产、采购，就能使得供应链上的库存最小化，提高生产效率，缩短提前期，从而增强竞争力。

对于一种典型的边际效益为 15% 的功能型产品，1% 的平均脱销率意味着，因缺货而造成的利润损失仅为销售量的 0.15%（15%×1%），这个成本可以忽略，因此不值得花大把的钱去提高反应速度和灵活性。比如金宝汤罐头汤，虽然艺术家安迪·沃霍尔（Andy Wahol）将它变成了一门创新的艺术，但是对大多数人来说，它只是一种汤罢了，很少有行业能比食品行业更具实用性。金宝汤的产品中每年仅有 5% 是新创的，现有的产品大多数都已经上市多年了，销售量是高度可预测的，这使得金宝汤可以通过存货迅速满足 98% 的需求，而且即使是少数新产品，也很容易经营，它们有一个月的补充供货期，并且最短有六个月的市场生命周期。当推出一种新产品时，在头一个月里，金宝汤会部署足够多的供应，以保证能满足最乐观的预测需求量。如果产品销售得好，在存货售完之前，会有更多的供应来补充；如果销售不好，在最坏情况下 6 个月也能让公司有足够的时间去售完多余的存货。金宝汤满足市场需求的水平已经高达 98%，这意味着金宝汤在市场协调成本方面做出改进的空间已经很小了，因此将继续集中精力来提升运输的效率。

2. 创新型产品与反应型供应链的匹配

对于创新型产品来说，关于存货和生产能力的决定，不是要最小化成本，而是应该在供应渠道的某个环节上设置战略储备和超额的生产能力，来更好地防范需求的不确定性，根据速度和灵活性来选择供应商。对于市场反应不明确的创新型产品来说，缺货和供应过度的风险是相当高的。虽然提高供应链的反应速度导致了额外投资，但由于创新型产品在上市初期的边际利润贡献率（超过 40%）较高，快速抢占市场获得超额利润可以覆盖额外的支出，还是有利可图的。相反，生产创新型产品的企业若采取 ECR 供应链管理策略，就是不合适的（不匹配），因为过度注重成本的降低，必然会牺牲供应链反应速度，往往会导致新产品上市速度变慢。这样一来，市场变化和新替代产品进入的风险非常大，所以是不适合的。例如，欧美、日本等不少发达国家将基本的功能型产品放在低成本的发展中国家生产，而将时尚流行性或生命周期短的产品放在本土生产，虽然有可能增加劳动力成本，但通过对市场的快速反应而获得的利润足以抵消这种不利影响。

考虑一种典型的创新性产品，边际收益为 50%，平均脱销率为 20%。由于缺货致使利润损失是巨大的，相当于销售量的 10%（50%×20%），这一数字通常超过公司的税前利润。比如康柏公司就做出了一个明智的选择，自己生产某种变化多、产品生命周期短的集成电路，而不是到低成本的亚洲国家采购，这个决定背后的原因是，这样可以使公司提高灵活性，缩短供货期。另一个例子是日本服装制造商 World 公司，它在低成本的中国工厂生产一些基本的样式，而在本国生产时髦的样式，这使其对新出现的服装潮流能快速做出反应，这种优势足以弥补日本劳动力成本高昂的不足。

三、常见的不匹配情形及对策

功能型产品需要一个高效的供应过程，而创新型产品需要一个快速的供应过程，当一个产品族在矩阵中处于右上角或者是左下角，意味着在某一方面出了问题。

1. 矩阵右上角：创新型产品与效率型供应链的不匹配

现实中最常见不匹配的情形中是矩阵右上角，生产功能型产品的企业常常过度创新，但经营体系和理念还是未变，就导致了矩阵右上角不匹配的情形。由于功能型产品需求稳定容易引起竞争，这是符合逻辑的。广泛竞争的结果就是低利润率，为了避免低利润率，公司引入创新机制，给顾客一个购买本公司产品的理由，并且证明更高的定价是合理的，其中时装和计算机最为典型。但是，有时候我们会在一些意想不到的领域见到成功的创新，例如在食品行业，典型的生产功能型产品的公司，如 Ben and Jerry's、Mrs. Fields 和星巴克（Starbuck），都想通过产品的多样性和创新性，来赢得竞争优势。创新可以使公司获得更高的利润，但也正是由于创新性产品的"新"，而使得产品需求更加难以预测，而且创新性产品的生命周期短，通常只有短短的几个月，还会有仿制者来侵蚀现有创新性产品的竞争优势，因此企业必须有稳定的创新源泉。

由于这些变化都是慢慢发生的，所以企业往往意识不到这些变化，而继续强调供应链的高效，结果就出现了需求的性质与供应链的侧重点不相匹配的情况。这些不匹配发生的概率有多高呢？很少有美国公司归入矩阵的左下角，它们会设计功能型产品与快速的效率型供应链搭配。然而很多美国公司归入了右上角，它们的产品是创新型的，但是供应链却追求高效和低成本，而不是反应速度。

在这种情况下，管理者一定很早就注意到了这个问题，但为什么要用如此长的时间来做出反应呢？一方面，不匹配的成本往往是不可见的，它并不是看得见、摸得着的东西，管理者们看到的是他们满足消费的水平神秘地下降了，或者是存货水平到了警戒线。这时候他们只能羡慕那些并没有改变产品战略的竞争对手，这些对手存货水平很低，但满足需求的水平很高。他们甚至会将对手分管后勤的副总裁挖过来，认为如果聘请对方的后勤副总裁的话，自己也会降低存货水平，提高满足需求的水平。新的副总裁同样是根据以前的环境来制订改善计划，也就是削减存货，要求营销人员把需求预测固定下来，然后和供应商们一起建立固定、及时的运送计划。可能发生的最坏的情况就是，他真正成功地实施了这个计划，因为相对于公司面临的不可预测的环境而言，这是完全错误的战略。

先来解决创新型产品与侧重于高效的供应链之间的不匹配。换句话说，我们首先来解决如何走出右上角误区的问题。如果处于右上角，此时有两种选择，可以往下移，使供应链反应敏捷，或者往左移，重新使产品成为功能型产品。这样的例子很多，如计算机、包装好的消费品、汽车等行业，因为竞争者数目的不断增加，现有竞争者不断努力提高利润率，所以企业都尽力把传统的功能型产品转化为创新型产品，但它们的重点仍然放在供应链的节约成本上。这样，它们最终的位置，还是回到了右上角，并且正是在这些行业中，受过专业培训的经理人处于过剩的状态。

戴尔公司通过往下移动建立快速供应链，实现了产品类型与供应链类型的匹配。它建立了一个反应高速敏捷的个人电脑的定制程序，消费者可以通过互联网根据自己的喜好定制一台戴尔电脑。处于右上角的公司，克服不匹配的另一个方法就是使产品重新成为功能型产品。

如何确定企业是要向左移动还是向下移动呢，正确的方法取决于利润率的大小，如果可以由产品创新得到足够多的额外盈利，来弥补建立快速供应链的成本，企业就应该向下移动；相反，向左移动的标志是一条产品线的产品种类很多，但是利润率低，牙膏就是一个很好的例子。在当地的超级市场里，只挑一个品牌的牙膏，可能有 28 种不同的牙膏，每一种的配料都基本相同，区别都是装饰性的，大部分都在包装上。宝洁公司一直在精简许多产品线和定价策略，管理者得出结论，牙膏这类产品也许应该向左移动才更合理，至少在削减大部分并不会给顾客带来什么好处的新产品种类的意义上是这样。

2. 矩阵左下角：功能型产品和反应型供应链的不匹配

这种情形并不多见，因为实际上这是对资源的一种浪费。这种情形通常发生在一些刚刚起步的公司，它们没有足够的业务去利用全部的生产能力；或者是那些日趋衰落的公司，它们的生产能力过剩。比如在医疗领域中常发现类似的例子，美国人有时仅仅因为一些常见的疾病如感冒而去急诊室就医。可以将急诊室比作反应型供应链，它应该能对各种未知的问题做出快速的反应，但是与其他医疗形式相比，这是一种非常昂贵且没有效率的形式。真正的急症就像一种创新型产品，它们需要急诊室能快速做出反应，急症发作的时候如果得不到治疗，就相当于缺货一样，可能造成死亡，这也跟创新型产品一样，缺货的成本是很高的。另一方面，治疗感冒等其他常见的医疗程序可以被比作功能型产品，在反应迅速的急诊室里治疗感冒，就像我们看到的反应型供应链和功能型产品不匹配的例子。

费舍尔的理论在很大程度上为许多企业的产品和供应链设计提供了方向，但在现实中，我们发现很多费舍尔认为不匹配的企业获得了比那些恪守理论原则的公司多得多的利润增长。最明显的一个例子就是一向以特立独行而著称的苹果公司，按照费舍尔模型，苹果属于生产创新型产品却追求高盈利水平的不匹配状态，但正是这种状态让苹果公司从 iPod、iPhone 以及苹果电脑的全球热销中获得了巨大的利益。而对于生产功能型产品的企业来说，由于竞争对利润的挤压已接近极限，因此另辟蹊径在售后服务等环节提高反应能力反而成了新的业务增长点。

拓展阅读

创新型产品需要有缓冲的存货来应对需求的不确定性

一项针对某汽车巨头开展的调查表明，如果考虑颜色、内部组成和其他变化的话，这家工厂可以提供 2 000 万种不同样式的小汽车，但是因为定制一辆汽车需要等待 8 个星期，90%以上的顾客都选择在现场购买。代理商现在有两种可供选择的样式，如果与顾客想要的规格不一致的话，他可以从费城地区的其他代理商那儿弄到顾客想要的样式。费城地区共有 10 家代理商，假设其余的代理商也都有两种样式的存货的话，顾客最多只能从 20 种样式中选择，而这种汽车本该有 2 000 万种样式可供选择，所以汽车供应渠道的形状就像沙漏，而代理商处于瓶颈的位置。在瓶子的顶部，即工厂，每年都有创新，几乎可以提供各种类型的样式，瓶子的底部代表许多不同品味的顾客，他们本应该能从变化中受益，但是由于代理商处于瓶颈的位置，所以他们实际上并不能得到多少好处。如何来解决这个问题呢？

许多关于这方面的建议都没有切中要害，因为它们仅为整个行业提供了一个解决方案，而忽略了这样一个事实，一些汽车，如福特是功能型产品，而另外一些汽车，如宝马 Z3 是一种创新型产品。这些不同种类的汽车要求不同的供应渠道，低成本、高效率的供应渠道对于功能型汽车来说是完全合适的，但是对创新型汽车来说就完全不恰当了。对于创新型汽车的制造商来说，转而使用在 20 世纪 80 年代各汽车厂商竞相采用的准时制生产系统就是错误的。

创新型产品需要有缓冲的存货来应对需求的不确定性，如果要在创新型产品的供应链上找一个最有效的环节来存储缓冲存货的话，这个环节就是零部件，这与准时制生产系统是直接矛盾的。事实上，汽车行业经常出现的一个反常现象就是准时制生产系统，将工厂零部件的存储时间削减到了只有几个小时，此时存货的成本是相对较低的，同时代理商的存货时间却延长到了 90 天左右，对于他们来说，存货的成本是非常高的。

最大的问题就是有些公司企图对两种产品仅使用一条侧重点相同的供应链，他们应该特别小心，区分两种不同类型的产品和不同的供应要求。如果能这样做的话，一家工厂同时生产功能型产品和创新型产品也确实可以运作得很好。由于功能型产品拥有很长的生命周期和可以预测的需求，企业在销售之前就可以安全地生产和储存产品。这意味着企业在销售创新型的产品时，可以迅速腾出足够的生产能力去生产，然后在创新型产品的需求低迷时，又转向生产功能型的产品，这样企业就可以最有效地利用工厂的生产能力。

拓展阅读

"松下" National Bike 自行车通过减少不确定性实现快速供应

对创新型产品来说，不确定性应该被认为是一种好现象。如果产品的需求可以预测的话，那么这种产品可能就不够创新，从而无法实现很好的利润。驾驭风险通常就是减少风险、避免风险和防范胜于风险三者的结合。"松下" National Bike 自行车（以下简称"National Bike"）为我们提供了一个通过避免不确定性实现快速供应的典型例子。

多年来，National Bike 一直兴旺发达，虽然规模小，但是运作得很成功。而到了 20 世纪 80 年代中期，它陷入了困境。在日本，自行车作为交通工具，仅仅是一种廉价的功能型产品，也就是一种在价格较低的情况下才能卖得出的商品。日本的劳动力成本很高，这使得 National Bike 竞争不过便宜的中国自行车和韩国自行车。1986 年，为了改变这种状况，松下公司任命了一位新总裁 Makoto Komito。"松下" National Bike 自行车有一条高盈利的产品线，专门生产以娱乐为目的的运动型赛车，消费者多为富有之人。Makoto Komito 认为，National Bike 最好集中精力深耕这一部分细分市场，利用公司的力量去开发一条快速供应链。

我们一起来看看 National Bike 的供应链。先从 10 种不同类型的钢管说起，10 种钢管可以被切割、焊接成 300 种不同的框架，每种框架可以选用的油漆颜色有 70 种，于是就有了 21 000（300×70）种框架。此外，还有不同类型的零部件，例如车轮、车链、车闸等，平均每种零部件有 10 种样式，这样一来，组合的数目就更大了。一般来说，每种漆过的框架可以采用 100 种不同类型的组合装配，这意味着工厂可以生产 200 万种自行车。为什么到了零售商这一环节时，产品的样式达到了 30 亿种呢，是零售商对自行车做了某些改动吗？答案是否定的。但是我们可以把地域看成是另一种变化形式，因为 National Bike 有 1 500 位零售商，考虑到地域因素，产品样式的数目就是 30 亿种（1 500×200 万）。

要处理如此复杂的事情一定很难。但 National Bike 的供应链在种类增多的点上反应很快，使得它能够顺利地解决这个问题。我们来重新看一下它的供应链。National Bike 获得钢管和零件需要大约 40 天，除此之外，其他任何更进一步的加工都不超过两天，因为钢管和每一种零部件都只有 10 种样式，各节点可以存储一部分钢管和零件，以便在供货期很长的情况下也能立即组织生产，而且因为供应链上的每个节点反应都很快，种类的多样性并不会带来坏处。总的原则就是，在供应链的每一个点上，要么供货期很短，要么变化的种类不多。最显而易见的办法就是要么缩短供货期，要么削减变化的种类，但是还有不那么显而易见的办法。例如，当一个供货期短、变化种类多的步骤后面跟着一个供货期长而变化种类并没有增多的步骤时，可以通过改变次序来提高反应的敏捷性。National Bike 采用的计划被称作"全面定做"，也就是通过大量产品的定做来使公司有能力以接近批量生产的价格来提供定做产品，许多公司已经采用了批量定做战略。

批量定做并不一定便宜，National Bike 的定做生产需要的劳动力比装配线生产多三倍。劳动力成本的差额与 20 世纪初亨特·福特遇到的情形是一样的，只不过他采用了相反的策略，从单个生产变成了批量生产，因而将劳动力成本降至原来的 1/3。那现在发生了什么样的变化使得定做生产重新变得可行了呢？

因为客户变了，现在我们拥有更多的愿意为创新产品支付高价的富有客户。创新型产品需要一个比功能型产品"T 型车"更昂贵、反应更迅速的生产过程。再次回顾控制不确定性的三种方式，National Bike 是一个很好的例子。

知识测试

一、判断题

1．推式供应链以客户为中心，比较关注客户需求的变化。　　　　　　　（　　）
2．拉式更适合反应型供应链，而推式更适合效率型供应链。　　　　　（　　）
3．CODP 切入点后追求的是低成本，最大限度地发挥规模效应。　　　（　　）
4．CODP 切入点前追求的是产品柔性，最大限度地满足顾客个性化需求。（　　）
5．定制化程度越高，预测准确度越低，推-拉边界离最终客户越近。　　（　　）
6．对产品的时效性要求越高，推-拉边界就离消费者越近。　　　　　（　　）
7．功能型产品一般用于满足客户的基本需求、变化很少、具有稳定可预测的需求和较长的寿命周期。   （   ）

8．对于创新型产品，产品生命周期短，市场变化快，改善供应链的市场反应能力就非常重要。   （   ）

9．现实中最常见的不匹配情形是矩阵右上角（创新型产品与效率型供应链），企业常常过度创新，但经营体系和理念还是未变。   （   ）

10．费舍尔模型中右上角不匹配的情形，确定企业是要向左移动还是向下移动，正确的方法取决于利润率的大小。   （   ）

二、名词解释

1．CODP

2．QR

3．ECR

三、简答题

1．比较推式供应链和拉式供应链的优劣。

2．如何设计推-拉结合边界？

3．简述 QR 的含义和实施步骤。

4．简述 ECR 的含义和实施条件。

5．简述费舍尔模型的策略矩阵及核心思想。

6．简述常见右上角不匹配情形的原因及对策，举例说明。

实训任务　ZARA 的极速供应链

任务目标｜分析案例并回答问题。

1．了解 ZARA 公司概况（战略定位、产品特点、目标消费者行为）。

2．分析 ZARA 所在的服装供应链结构。

3．ZARA 的极速供应链主要绩效指标有哪些？

4．ZARA 公司是如何打造极速供应链的？（详细举例说明）

任务要求｜小组合作制作 PPT 汇报。

ZARA 是西班牙 Inditex 集团旗下的一个子公司，它既是服装品牌，也是专营 ZARA 品牌服装的连锁零售品牌。2014 年，ZARA 实现销售收入 116 亿欧元。目前，它在全球各地拥有 2 000 家专卖店。在其他时尚品牌纷纷陷入利润下滑的时候，ZARA 的利润不但没有下滑，反而以两位数的速度在增长，被誉为"快"时尚的领导品牌。那么，ZARA 获胜的秘诀是什么呢？简单地说，那就是：感知市场、极速响应、以快为命。

快时尚以"快"为命（时尚服装的流行周期为 2 个月左右）。当其他公司从设计到生产平均需要 4～6 个月的时候，ZARA 的平均生产周期是 2 周，最多不会超过 4 周，这就超出了竞争对手一大截。ZARA 不仅响应速度快，而且品种更新也非常快。它每年设计和投入市场的服装新款大约 12 000 种，平均每款有 5～6 种花色、5～7 种型号（不同于国内一些服装企业，一款就有几十甚至上百个规格，极易形成大量不必要的库存）；每年投产的产品类型约有 30 万个，不重复出样。如此高效的全球化运营模式，主要得益于 ZARA 的极速供应链系统，其系统结构和运作模式有如下几个方面的特点。

"纵向一体化+横向一体化"的混合供应链系统

ZARA 的供应链可划分为四大阶段，即产品组织与设计、采购与生产、产品配送、销售与反馈。ZARA 为保证其供应链的快速响应能力，在供应链系统的组建上，采取了与众不同的模式。

首先，ZARA 将生产时尚产品的基地设在西班牙。ZARA 公司在生产基地拥有 22 家工厂，其所有产品的 50%通过自己的工厂来生产，以保证绝对的快速。然后，ZARA 把人力密集型的缝制工作外包给其生产基地周边的 400 多家代工厂，虽然这些小作坊的劳动力在欧洲是很廉价的，但还是比中国同行高出 6～16 倍。尽管外包给西班牙本地的厂家成本很高，但是这意味着更快速的运营效率，不仅比竞争对手高出几个量级的速度，还省掉了预测顾客偏好的麻烦。

为了提高生产过程中的物流效率，减少半成品在各个环节的等待时间，ZARA 花费巨资在西班牙方圆 200 英里（1 英里≈1.609 千米）的各个生产单位之间架设地下传送带网络。地下传送带网络将染色、裁剪中心与周边缝制加工工厂连接起来进行流水式传送，保证了运输的高效快速性和生产的连贯性，极大地缩短了服装的生产周期。

产品组织与设计

ZARA 的开发模式基本上是基于模仿，而不是一般服装企业所强调的原创性设计或开发。所以，ZARA 设计师的主要任务不是创造产品，而是在艺术指导决策层的指导下重新组合现有产品，诠释而不是原创流行。

ZARA 主要利用以下方式整合流行信息：

（1）根据服装行业的传统，高档品牌时装公司每年都会在销售季节前 6 个月左右发布时装信息，一般是 3 月发布秋冬季时装，9 月发布春夏季时装。这些时装公司会在巴黎、米兰、佛罗伦萨、纽约、伦敦、东京等世界时尚中心发布它们的新款服装，而 ZARA 的设计师就坐在 T 台旁边的观众席，他们从这些顶级设计师和顶级品牌的设计中获取灵感。

（2）ZARA 在全球各地都有极富时尚嗅觉的买手，他们购买当地各高档品牌或主要竞争对手的当季流行产品，并把样品迅速集中返回总部做"逆向工程"。

（3）ZARA 有专人搜集时装展示会、交易会、咖啡馆、餐厅、酒吧、舞厅、大学校园等场所和时尚杂志以及街头艺人、影视明星、街头行人展示的流行元素与服装细节。例如 2001 年 6 月麦当娜到西班牙巴塞罗那举行演唱会，为期三天的演出还在进行中，就发现台下已经有观众穿着麦当娜在演唱会上穿的衣服，之后西班牙大街上更是迅速掀起了一股麦当娜时装热，而服装都来自当地的 ZARA 专卖店。

（4）ZARA 全球各专卖店通过信息系统返回销售和库存信息，用于总部分析畅销/滞销产品的款式、花色、尺码等特征，以供完善或设计新款服装时参考。另外，各专卖店可以通过系统把销售过程中顾客的反馈意见，或者它们自己对款式、面料或花色的一些想法和建议，甚至是来自光顾 ZARA 专卖店的顾客的可模仿元素等各种信息反馈给 ZARA 总部。

ZARA 的总部有一个由设计专家、市场分析专家和买手（负责采购样品、面料、外协和生产计划等）组成的专业团队，一起探讨将来可能流行的服装款式、花色、面料等，讨论大致的成本和零售价格等问题，并迅速达成共识。然后，由设计师快速手工绘出服装的样式，再进一步讨论修改。设计师利用计算机进行设计和完善，以保证款式、面料纹路、花色等搭配得更好，并给出详细的尺寸和相应的技术要求。最后，这个团队进一步讨论、确定成本和零售价等问题，决定是否投产。在产品组织与设计阶段，ZARA 与大多数服装企业不同的是：它是从顾客需求最近的地方出发并迅速对顾客的需求做出反应，始终迅速与时尚保持同步，而不是去预测 6～9 个月后甚至更长时间的需求。

采购与生产

确定设计方案并决定投产后，马上就开始制作样衣。由于面料和小装饰品等辅料在 ZARA 仓库里都有，因此制作样衣只需要很短的时间。

同时，生产计划和采购人员开始制订原材料采购计划和生产计划。首先是依据产品特点、产品投放时间的长短、产品需求的数量和速度、专业技术要求、工厂的生产能力、综合性价比、市场专家的意见等，确定各产品是自己生产还是外包出去。

如果决定自产，且有现成的面料库存，那就直接领用面料开始生产；如果没有现成的面料，那就可以选择采购已染色的面料生产，或采购/领用原纱（一般提前 6 个月就从西班牙、印度、远东和摩洛哥等地买来原坯布——未染色的织布，放在仓库里面），然后进行染色后整理再生产。一般内部工厂只安排生产下一季预期销量的 15%，这样为当期畅销产品补货预留了大量产能。ZARA 公司自己的工厂生产产品时，其面料和辅料尽量从 Inditex 集团内相关厂家购买，其中有 50% 的布料是未染色的，这样就可以迅速应对市场上花色变换的潮流。为了防止对某个供应商的依赖，同时鼓励供应商更快做出反应，ZARA 剩余的原材料供应来自附近的 260 家供应商，每家供应商的份额最多不超过 4%。面料准备好以后，则会下达生产指令，用高速裁床按要求迅速裁剪面料。裁剪好的面料及配套的拉链、纽扣等被一同通过地下传送带（长达 200 多英里）运送到当地外协缝制厂，这样所有的缝制工作全部外包。这些外协缝制厂所雇用的绝大多数员工都是非正式的工人，ZARA 为这些工厂提供了一系列容易执行的指令，一般一段时间内一个工厂集中做一款服装，以减少差错。因此，其他公司需要几个月时间的工作，ZARA 在几天内就能完成。外协缝制厂把衣服缝制好之后，再送回 ZARA 进行熨烫、贴标签和包装等处理并接受检查，最后送到物流配送中心。

如果从公司内部的工厂不能获得满意的价格、有效的运输和质量保证或者产能有限，那么采购人员可以选择外包。

产品配送

产品包装检查完毕以后，每个专卖店的订单都会独立放在各自的箱子里，通过大约 200 英里的地下传送带运送到物流配送中心。为确保每一笔订单准时、准确到达其目的地，ZARA 没有采取耗时较多且易出错的人工分拣方法，而是借用激光条码读取工具（出错率不到 0.5%），它每小时能挑选并分拣超过 80 000 件衣服。

　　为加快物流周转，ZARA 总部还设有双车道高速公路直通物流配送中心。通常，配送中心收到订单后 8 个小时以内就可以将货物运走，每周给各专卖店配货两次。物流配送中心的卡车都按固定的发车时刻表不断开往各地。货物从物流配送中心用卡车直接运送到欧洲的各个专卖店，然后利用附近的两个空运基地运送到美国和亚洲国家，再利用第三方物流的卡车送往各专卖店。这样，欧洲的专卖店可在 24 小时内收到货物，美国的专卖店可在 48 小时内收到货物，日本的专卖店可在 48～72 小时之内收到货物。

销售与反馈

　　通过产品组织与设计、采购与生产、产品配送这些环节的快速、有效运转，ZARA 虽然不是时尚的第一倡导者，却是以最快的速度把潜能变成现实的行动者。有人称 ZARA 是一个怪物，是设计师的"噩梦"，因为 ZARA 的模仿无疑会使他们的创造性大大升值。大多数服装企业从了解顾客的需求到做出反应这个周期长达 6～9 个月甚至更长，所以，他们都不得不努力去预测几个月后会流行什么、销售量会有多大，而一般提前期越长，预测的误差就越大，最终的结果往往是滞销的产品剩下一大堆，畅销的又补不上，只能眼看着大好的销售机会流逝。

　　ZARA 的各专卖店每天把销售信息发回总部，并且根据当前库存和近两周内的销售预期每周向总部发两次补货订单。为了保证订单能够集中批量生产，减少生产转换时间和降低成本，各个专卖店必须在规定时间前下达订单，如果错过了最晚的下订单时间，就只有等到下一次了。ZARA 对这个时间点的管理是非常严格的，因为它将影响供应链上游多个环节。

　　总部拿到各专卖店的销售、库存和订单等信息后，会分析判断各种产品是畅销还是滞销。如果滞销，就会取消原定生产计划（因为 ZARA 只生产下一个季度出货量的 15% 左右，而大多数服装企业已经生产了下一个季度出货量的 45%～60%），这样 ZARA 就可以把预测风险控制在最低水平。如果有产品超过 2～3 周的时间还没销售出去，就会被送到所在国某专卖店进行集中处理，在一个销售季节结束后，ZARA 最多有不超过 18% 的服装不太符合消费者的口味，而行业平均水平约为 35%。

　　若产品畅销，且总部有现存的面料，则迅速通过高效的供应链体系追加生产、快速补货，以抓住销售机会；若没有面料，则会停产。一般畅销品最多也就补货两次，一方面是为了减少同质化产品的产生，满足市场时尚化、个性化的需求；另一方面是为了制造一些人为的"断货"，因为顾客知道有些款式的衣服还会补货时，就有可能犹豫着下次再买。此外，一年中 ZARA 也只在两个明确的时间段内进行有限的降价销售，折扣一般是八五折以上，而不是业内普遍采用的连续降价方法，最后平均只有六至七折。

　　ZARA 完全打破了传统服装品牌惯有的运作模式，走的是一条完全不同的破坏性创新之路，构建了具有独特竞争力的极速供应链运作体系，这是它能够在激烈的时尚产品市场竞争中始终占据制高点的核心。

第二部分　业务执行

项目四
供应链需求管理与商业模式创新

―――― 能力目标 ――――

1. 能够初步运用需求预测方法进行需求分析。
2. 能够进行用户研究描绘典型用户画像。
3. 能够理解并运用商业模式画布。
4. 能够分析典型案例的商业模式创新。

项目思维导图

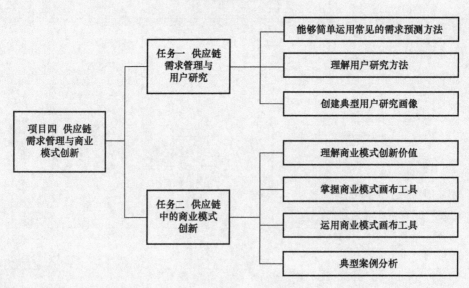

任务一　供应链需求管理与用户研究

情景导入 ▓▓▓▓▓

传音手机凭什么卖遍非洲

深圳有一家企业在非洲手机市场占有很高的市场份额。它就是传音。为什么是这家企业？虽然很多企业都可以做手机，但它结合非洲消费者的特点、生活习惯开发手机的功能。拍照，它比三星更能拍出当地人的风采；音乐一打开，就能营造出令非洲人喜欢的舞蹈气氛。这也是创新。

传音 2015 年在尼日利亚等重点国家的市场占有率已达 40%。传音成为"非洲之王"的秘诀是本地化、差异化、贴近消费者需求、长跑心态等。

为了发展出适合黑肤色用户的美肌模式，传音特别成立工作小组，大量搜集当地人的照片，进行脸部轮廓、曝光补偿、成像效果的分析。与一般手机拍照时通过脸部识别不同，传音手机通过眼睛和牙齿来定位，在此基础上加强曝光，帮助非洲消费者拍出更加满意的照片。贴近消费者需求是很多企业都明白的道理，但传音的做法有些特别。传音发布的 Boom J8 手机主打音乐功能，并随机赠送一个定制的头戴式耳机。这款手机在喜欢音乐的非洲用户中广受欢迎。

传音打开非洲市场的利器之一是在国内市场并不稀奇的双 SIM 卡手机。2007 年，传音在非洲市场试水，其旗下的 TECNO 第一款双卡双待手机 T780 成为非洲手机市场的第一款品牌双卡手机。2008 年是传音正式进入非洲市场的第一年，TECNO 第一部四卡机器 4Runner 上市，广受好评。非洲消费者大多有数张 SIM 卡，却没有消费多部手机的能力。正是看准了这种刚需，传音率先在非洲推出双卡手机，不出意料，产品很受欢迎。2011 年，TECNO 被誉为"非洲双卡手机第一品牌"，当时距离传音正式进入非洲市场不过 3 年。传音在全球累计已售出超过 2 亿部双卡手机，在非洲积累了数以亿计的粉丝。

如何深度了解非洲消费者的需求？据介绍，传音不仅在深圳、上海、北京拥有研发中心，在法国巴黎拥有合作的设计团队，而且在非洲第一人口大国尼日利亚的拉各斯、肯尼亚的首都内罗毕设立了研发中心，后两个研发中心主要是进行本地化的工作，致力改善 APP 功能应用等，以提升用户体验。令人关注的是，传音还开发了全球唯一跨所有手机平台的即时聊天工具 Palmchat，注册用户已超过 1.1 亿。Palmchat 的"奇葩"之处在于，它是一款针对功能机开发的即时聊天工具，为了让一些使用它的功能机用户更换智能机后也能继续使用，保持用户黏性，传音又开发了安卓智能手机、苹果手机都可以使用的 Palmchat 版本。

导入问题：

1. 什么是用户研究？用户研究为何重要？
2. 传音手机是如何深度了解非洲消费者需求，成为非洲手机市场之王的？

第一步 │ 了解供应链中的需求管理方法

一、需求管理工作内容

需求管理作为供应链管理的关键一步，会对供应链关键绩效指标带来重大的影响和显著的收益。由于市场竞争的加剧，产品生命周期不断缩短，配置化产品持续增值影响了供应链的财务绩效。因此，将市场和客户的需求纳入供应链加以重点考虑，并迅速满足这些需求是企业成功的基础。

需求管理主要由需求预测、需求计划、需求分析报告、需求监控与关键绩效评估四个部分组成。

1. 需求预测

需求预测是成功实现需求管理的第一步，它是制订需求计划的依据和基础。它的精确度越高，需求计划的可靠性和可行性也就越高。

2. 需求计划

需求计划用来实时支持供应链目标，掌握、协调和控制需求计划，可以协调与需求相关的其他业务环节，并使它们之间不断交流信息，达成一致。

3. 需求分析报告

需求分析报告通过其基于 Web 的报告应用工具，将客户创建定制的报告与 Excel 或其他第三方报告工具集成，或自行定义一套可由所有客户访问的通用异常事件报告集。实时提供需求分析输出报告，可以使管理者及时了解需求变化的情况。

4. 需求监控与关键绩效评估

需求监控与关键绩效评估可以为管理人员进行例外分析和发布消息提供帮助，它与供应链管理其他部分集成，使用多维的功能为需求管理提供所需的关键信息，监控和评估需求计划的执行进程，并对例外情况发出预警，及时通知管理人员防止意外发生。

以上四个部分是相互关联和相互影响的，每个部分对于做好需求管理工作都是必要的。在进行需求管理的过程中，最主要的是做好需求预测和需求计划。

二、需求管理的难题

需求管理是企业所有计划的驱动源，供应链运作参考模型（Supply-Chain Operations Reference-model，简称 SCOR 模型）中第一大模块就是计划（Plan），因此需求管理在企业运作体系中占有举足轻重的地位。同时，企业直接通过需求管理协调外部市场和内部运作，需求管理既需要面对复杂多变的市场环境，又需要兼顾标准化、规范化的内部流程，特别是在供应链逐渐由链式向网式发展中，需求管理越来越复杂化，因而现代企业面临着各种需求管理的难题。

难题一：如何进行有效的需求预测

需求预测是需求管理的基础。一般认为，需求预测越准确越好。其实不然，预测的误差是无法避免的，需求预测的目标应该是努力将误差控制在合适的范围内，而不是追求零误差。因此，实行有效的需求预测流程及选择合适的需求预测方法就显得尤为重要，这也是企业在进行需求管理的时候需要解决的最基本的问题。当然，随着定制化的兴起，也有一种论调强调不进行准确的需求预测，而是依赖供应链的快速响应，实时对市场变化做出反应。但实际上由于生产时间和配送时间的客观存在，是无法达到在同一时刻同时完成从原材料生产到最终客户交付的全部流程的。因此快速响应供应链的基础并不是不进行需求预测，而是尽量缩短需求预测的时间跨度，当跨度足够短时，一般认为可以通过科学的方法使预测需求近似等于真实需求，将库存积压的风险降到最低。

难题二：如何平衡推动式生产和拉动式生产

推动式生产（Push Production）是指按照 MRP 的计算逻辑，各个部门都按照公司规定的生产计划进行生产。在这种模式下，上道工序无须为下道工序负责，生产出产品后按照计划把产品送达后道工序即可。推动式生产以较为精确的需求预测为基础制订需求计划，以库存满足市场需求，能够最大限度地发挥生产的规模效应，但必然造成对市场变化反应的滞后，可能造成大量的库存积压浪费。

拉动式生产（Pull Production）就是指一切从市场需求出发，根据市场需求来组装产品，借此拉动前面工序的零部件加工。每个生产部门、工序都根据后向部门及工序的需求来完成生产制造，同时向前向部门和工序发出生产指令。在拉动式生产方式中，计划部门只制订最终产品计划，其他部门和工序的生产是按照后向部门和工序的生产指令来进行的。根据"拉动"方式组织生产，可以保证生产在适当的时间进行，并且由于只根据后向指令进行，因此生产的量也是适当的量，从而保证企业不会为了满足交货的需求而保持高水平库存产生浪费，但也在一定程度上牺牲了规模效应，增加了运作成本。

因此，制造企业普遍采用推拉结合的方式，来平衡推动式生产的低成本、高效率和拉动式生产的柔性、快速响应。推动式生产和拉动式生产对需求管理的不同要求，也使得推拉分界点的确定，成为如何使需求管理效益最大化的一个难题。

难题三：如何解决牛鞭效应？

1995 年，宝洁公司管理人员在考察婴儿一次性纸尿裤订单分布规律时发现，供应链中存在需求变化放大的效应。它类似于挥动鞭子时手腕稍稍用力，鞭梢就会出现大幅度摆动的现象，因此被称为牛鞭效应。简单地讲，牛鞭效应就是指供应链下游消费需求轻微变动而导致的上游企业生产、经营安排的剧烈波动的现象。当市场上一种商品的消费需求发生细微变动时，这种波动会沿着零售商、批发商、分销商直至制造商逆流而上，并逐级扩大，在需求资讯达到最终源头时，供应商获得的需求资讯和实际消费市场中的顾客需求资讯发生了很大的偏差，需求资讯严重扭曲或失真，这就是牛鞭效应。"牛鞭效应"的存在给企业造成严重的后果：由于要保持比实际需求大得多的库存，导致企业产生经营风险加大、库存成本上升、利润下降、产品积压、占用资金等问题，从而削弱企业的竞争力。同时，它也导致了整个供应链的运作效率低下。

三、需求预测方法的合理选择

供应链中的需求不同于经济学中的需求，除了消费者对产品需求量和价格信息外，还需包含消费者需要的产品类别、规格、型号、质量，以及需求时间、地点等信息。精确的需求预测是提高整个供应链效率的关键。因此，需求预测已经成为供应链管理的一个重要领域，需求预测也是成功实现需求管理的第一步。

影响需求预测准确性的因素有很多，包括市场变化、供给、产品等相关因素。所以需求预测的结果一定是不准确的，但预测不准确并不意味着不能采取某些手段来提高预测的准确性。这就要求企业组建有力的团队，识别并把握主要影响因素，并选择合适的预测方法来进行需求预测。

在做预测时，对于不同的需求问题需要采用不同的预测模型、方法和工具。常见预测方法可以分为定性预测方法（基于判断和直觉）和定量预测方法（应用数学模型和相关的历史数据进行预测）两大类。最近的一份研究显示，在被调查者中，有60%的企业都经常使用时间序列分析方法进行预测。其他流行的预测方法是移动平均法和简单趋势法。在被调查者中，有24%的企业使用相关模型预测，其中简单回归分析方法的应用最为普遍。

1. 定性预测方法

定性预测方法基于评估和判断，多用于数据有限、不可获得或者不直接相关的情况。调查发现，当没有可供参考的数据的时候，8%的企业应用定性预测方法。这种方法成本低，预测的有效性取决于预测者的经验和技巧及相关信息的数量。定性预测方法经常用于对未来形势的估计，特别是当现有数据不太有用，或者推出新产品没有可供参考的现有数据时。下面介绍四种定性预测方法。

（1）集体讨论法。集体讨论法是指召集在市场、竞争对手、商业环境方面具有丰富经验的一组高级部门主管围绕特定问题展开讨论，汇总所需要的信息进行预测的一种方法。这种方法的优势在于几个经验丰富的人在一起工作，如果其中一人的看法可以左右讨论的话，那么讨论结果的价值和可靠性就会减弱。这一技巧适用于制定长期规划及新产品的引入。例如对时尚服装市场进行预测，因为没有历史数据可供参考，所以预测准确的风险比较大。公司通过采购委员会成员的一致意见来预测需求，但因为委员会中一名成员的意见具有主导性，所以预测的结果具有潜在的偏差和不准确性，公司应将每名成员的预测平均后形成总体需求预测。

（2）德尔菲法。采用该方法时调查小组成员不需要实际见面，以避免某个或某几个专家在讨论中起主导作用。总的调查结果通过每一轮的结果累加得出。然后预测领导小组将结果反馈给每个参与的专家，这样每个专家也可以根据专家组的汇总意见修正自己的看法。这个过程会不断重复直到达成一致意见。这种方法耗时间、费用高，预测的质量主要依赖于参与专家的知识，适用于高风险技术的预测、大型项目的预测，或者是主要的新产品推介。

（3）销售人员意见汇集法。销售人员的意见在很大程度上可以反映市场情况。这种预测方法建立在销售人员对市场的认知和对客户需求的预期基础之上。由于销售人员最接近客户，这种预测应该比较可靠，但个人认识上的偏差可能会对这种方法产生不利的影响。例如，如果实际销售超过预测能得到奖金，那么预测的数字可能会偏低。

（4）消费者调查法。针对顾客设计一份调查问卷，就一些主要问题了解顾客未来的购买习惯、对新产品的设想、对现有产品的看法。通过电话、信件、互联网或者当面交流来完成调查工作。将收集到的数据通过统计工具进行分析和判断，形成一套有指导意义的结果。例如，世界第九大制药公司惠氏制药就是应用这种市场调研方法来预测新产品。这种方法面临的难题是如何从广大的人群中选取有代表性的调查对象，并可以确保在一定的期限内完成该项调查任务。

2．定量预测方法

定量预测模型应用数学方法对历史数据和相关变量进行分析，形成需求预测。常用的两种方法是时间序列预测法和相关预测模型法。

（1）时间序列预测法。时间序列预测法基于一种假设，即未来是过去的延续，因此可以用历史数据来预测将来的需求。时间序列预测法中的一些具体方法包括：简单移动平均法、权重移动平均法、指数平滑法和趋势调整指数平滑法。具体的应用参见有关参考书，在本书中不做具体介绍。

（2）相关预测模型法。相关预测模型法假设一个或更多的因素（自变量）与需求有关，可以用来预测将来的需求。一般应用回归分析方法预测将来的需求。确定一个或几个与需求有关的外部变量用来预测需求，一旦变量和需求之间的关系确定就成了预测模型。一些常用的预测模型有：简单变量回归预测模型、多变量回归预测模型等。

因为定量预测方法完全依赖过去的需求数据，而且变量之间关系非常复杂，干扰项多，所以当预测的时间跨度很大时，定量分析就不是很准确。因此当参考长时间跨度进行预测时，推荐使用定量和定性相结合的方法进行分析。

第二步 ｜ 掌握用户研究

一、用户研究的概述

1．用户研究的定义和特征

用户研究是以用户为中心的设计流程（UCD）中的第一步。它是一种理解用户，将用户的目标、需求与企业的商业宗旨相匹配的理想方法。用户研究的首要目的是帮助企业定义产品的目标用户群，明确、细化产品概念，并通过对用户的操作习惯、知觉特征、认知心理特征的研究，使用户的实际需求成为产品设计的导向，使企业的产品更符合用户的习惯、经验和期待。

用户研究与一般性市场调研之间存在一定的区别。用户研究强调，对于不同文化背景的用户根据系统的心理模型研究定位产品设计方向，关注用户的价值观、基本的知觉特性、操作习惯和思维方式。这些因素是稳定的、可持续的，能够真正对产品的开发有用。一般的市场调研关注产品现有的销售情况、使用优缺点、用户现有的态度和看法，关注用户行为数据的收集，这些因素容易受外界因素的影响而变化，是不稳定的，难以对未来的设计和产品开发起指导作用。

2．用户研究的价值

用户研究不仅对公司设计产品有帮助，而且能让产品的使用者受益，是对两者都有利的。对公司设计产品来说，用户研究可以节约宝贵的时间、开发成本和资源，创造更好更成功的产品。对用户来说，用户研究使得产品更加贴近他们的真实需求。通过对用户的理解，我们可以将用户需要的功能设计得有用、易用并且强大，能解决实际问题。要实现以人为本的设计，必须把产品与用户的关系作为一个重要研究内容，先设计用户与产品关系。

3．用户研究的内容

一般来说，用户研究应该了解的内容包括以下几点：

场景：用户与目标产品发生接触的典型情形。

行为：用户使用目标产品时的行为表现。

动机：行为想要达成的目的，即行为背后最直接的心理动因。

需求，尤其是未满足需求：用户内心较普遍和稳定的需要（需要是更深层的心理驱动力）。要区分软件工程中的需求（Requirements）和用户研究中的需求（Needs）的差别，在与多方沟通时千万不要混淆。

痛点：用户在产品使用中遇到的常见的问题、麻烦，现有情况下无法解决。（产品创新的机会所在，为用户解决现有问题。）

相反，以下内容通常不适合通过用户研究来直接获取，这也是很多人误用用户研究的地方：

偏好：偏好类问题受个体差异影响很大，所谓萝卜青菜各有所爱，除非有较大的样本，否则意义不大，甚至可能会产生误导。

对想象中的产品的评价：用户没有能力对想象中的产品做出评价，其结果也可能产生误导。使用原型给用户评价会缓解这一问题，但还是需要谨慎。

对功能的期望：用户的期望包含了比较多的随意臆想的成分，不能以此为依据来设计功能，而是应从对用户现有行为的分析中挖掘机会点。

具体的设计建议：用户不是设计师，设计师也不该由用户来教导怎么做设计。所以，不应由用户给出具体的设计建议。工作中经常遇到这样的情况，设计师或者产品经理会让用户研究人员向用户"转达"有关具体设计建议的提问，但其实这是不妥当的，因为这等于是把产品设计的复杂性传递给用户，让用户来化解这种复杂性。例外的情况是，如果是对使用经验十分丰富且对该产品领域有深入研究的专家用户，可以进行以上提问。这也是MIT创新管理学教授埃里克·冯·希普尔的观点，他认为越来越多的企业通过让专业级的用户参与到设计中来可以让企业获益良多。但是，对于一般的用户而言，询问有关如何设计某个产品的问题是不合适的。

二、用户研究的步骤、方法与目的

用户研究的步骤、方法与目的如表 4-1 所示。

表 4-1　用户研究的步骤、方法与目的

步　骤	方　法	目　的
前期用户调查	访谈法（用户访谈、深度访谈）；背景资料问卷	目标用户定义；用户特征设计；客体特征的背景知识积累
情景实验	验前问卷/访谈、观察法（典型任务操作）、有声思维、现场研究、验后回顾	用户细分；用户特征描述；定性研究；问卷设计基础
问卷调查	单层问卷、多层问卷；纸质问卷、网页问卷；验前问卷、验后问卷；开放型问卷、封闭型问卷	获得量化数据，支持定性和定量分析
数据分析	单因素方差分析、描述性统计、聚类分析、相关分析等数理统计分析方法 主观经验测量（常见于可用性测试的分析）、Noldus 操作任务分析仪、眼动绩效分析仪	用户模型的建立依据；提出和设计简易解决方法的依据
建立用户模型	任务模型；思维模型（知觉、认知特性）	分析结果整合，指导可用性测试和界面方案设计

三、用户研究的基本文档

问卷调查：《问卷设计报告》《问卷调查表》《问卷调查结果分析报告》

用户访谈：《被访用户筛选表》《访谈脚本》《配合记录表》《被访用户确认联系列表》《访谈阶段总结报告》

焦点小组：《焦点小组用户筛选表》《焦点小组执行脚本》《焦点小组参与用户确认联系列表》《焦点小组影音资料》

项目最后：《用户研究分析报告》

第三步 ｜ 典型用户画像——Persona 的创建

一、什么是 Persona

Persona 就是一个虚拟的人物，这个人物代表了企业的产品或者服务的主要用户群（注意：主要用户群未必就是数量上最庞大的用户群）。Persona 是虚构出的一个用户，用来代表一个用户群。一个 Persona 可以比任何一个真实的个体都更有代表性。一个代表典型用户的 Persona 的资料包括名字、照片、好恶、习惯、背景、期望和其他可以帮助开发团队去认同用户的信息。最重要的是，Persona 列出了用户的关键目标。

二、如何获得建立 Persona 的信息

通过分析从用户调研中所掌握的信息，就可以定位主要用户群。然后选取最能代表一个用户群的性格特征，利用这些性格特征去创建 Persona。平时常用的用户调研方式有：情境访谈（观察法）、单独访谈（访谈法）、在线调查、焦点小组访谈、可用性测试等。

三、Persona 的描述方式

一个 Persona 包括一个虚构的名字和一系列特征，这些特征描述了所定位的主要用户群。

范例：珠宝网购典型用户角色

姓名：××× 人物类型：主要用户	【关键差异】 ● 购买用途：结婚 ● 购买品种：戒指（婚戒），钻石定制 ● 有网购经验 ● 喜欢货比三家 ● 有较强的消费能力 ● 注重款式、售后服务

【人物简介】

　　×××是一名经理助理，在贸易公司上班，今年27岁。以前在戴维尼珠宝购物网站购买过手镯。比较喜欢也经常网购，喜欢比较，有一定的消费能力

　　与男友相识数年，如今正准备挑选一款结婚戒指。因为男友最近工作比较忙，而且去商铺挑选比较麻烦，于是决定网购钻戒

　　×××想要购买一款结婚戒指，材质以钻石为主，定制婚戒，款式要求比较时尚精致

【个人信息】	【用户行为】	【用户态度和观点】
● 职业：行政/管理人员 ● 公司：外贸公司 ● 年龄：27岁 ● 学历：本科 ● 收入：2 001～5 000元	● 预计花费：3 001～7 000元 ● 珠宝网购的时间：1～2年 ● 使用过的珠宝网购平台：其他 ● 网购频率：半年及以上 ● 网购珠宝的种类：戒指 ● 网购珠宝的材质：钻石 ● 网购珠宝的用途：结婚	● 网购珠宝的关注点：款式、安全、信誉口碑、售后服务 ● 网购珠宝的原因：方便、好奇 ● 网购珠宝的满意度：不错 ● 网购珠宝担心的问题：商品质量、商品配送 ● 珠宝电子商务的劣势：信心不足、知名度不高、安全性 ● 认为最好的珠宝网站：×××
【计算机和互联网经验】 ● 配置：Windows XP IE 浏览器 ● 计算机水平：熟练 ● 上网经验：8年以上 ● 主要使用方式：信息浏览、资料搜索 ● 每天上网时间：8小时以上	【用户目标】 ×××访问网站是为了： ● 购买戒指 ● 购买材质：钻石（选择钻饰成品或者送钻石、嵌式定制） ● 购买价格：3 001～7 000元	● 可能会继续网购珠宝 ● 会购买的珠宝品牌：国内知名品牌，门店多，价格较贵 【网站目标】 我们想让该用户： ● 购买钻石钻饰：戒指 ● 定制戒指 ● 成为婚钻卡会员 ● 购买项链、首饰等其他产品

四、建立用户原型 Persona 的价值

　　建立用户原型 Persona 的价值包括以下几点：①用户的目标和需求变成了团队的共识；②团队可以集中精力为一组可管理的 Persona 进行设计，并且知道 Persona 代表了一群什么样的用户。③经常问问"××会不会用这个呢？"可以避免团队跌入陷阱，这个陷阱就是有时用户咨询的功能未必是他使用的功能。④可以根据 Persona 排出优先级；⑤在参考 Persona 时会挑出设计决策的不一致意见；⑥可以使用 Persona 来评价设计，在可用性测试

中找到更好的设计方案。

　　根据 Forrest 的调查，福特汽车、微软等众多公司都开发和使用 Persona，他们也从中受益良多：能够更好地理解客户，缩短了设计周期，改进了产品质量。

拓展阅读

全球首款 3D 打印汽车 Strati 与红点设计冠军车型

　　红点设计大奖（Red Dot Award）源自德国。起初，它纯粹只是德国的奖项，可以一直追溯至 1955 年，但它逐渐成长为国际知名的创意设计大奖。现在，可以说红点设计大奖已是与 iF 奖齐名的一个工业设计大奖，是世界上知名设计竞赛中最大最有影响的竞赛之一。每年，由设在德国的 Zentrum Nordhein Westfalen 举办的"设计创新"大赛进行颁奖。评委们对参赛产品的创新水平、功能、人体功能学、生态影响以及耐用性等指标进行评价后，最终选出获奖产品。红点设计大奖与德国"iF 奖"、美国"IDEA 奖"并称为世界三大设计奖。红点设计大奖素有设计界的"奥斯卡"之称。能够获得红点设计大奖的汽车都不一般。红点设计大奖评选的标准极为苛刻，评选会严格按照"通过筛选和展示认定资格"的标准进行，只有上市不到两年的产品才具备参选资格。同时，形成参选产品与同类产品的区别，为设计者提出了更高的要求。所以，任何获得过红点设计大奖的汽车都是经典之作！

　　2014 年 10 月，美国亚利桑那州的 Local Motors 汽车公司用 3D 打印机"造"了一辆车，名为"Strati"。整辆车的材料成本仅为 3 500 美元（约合人民币 2.2 万元），打印时间长达 44 小时，是全球首款能开上路的 3D 打印汽车。

　　Strati 只有 40 个零部件。除了动力传动系统、悬架、电池、轮胎、车轮、线路、电动机和风窗玻璃外，剩余的包括底盘、仪表板、座椅和车身在内的零件均由 3D 打印机打印。其打印设备能够打印约 90 厘米×152 厘米×305 厘米的零部件，打印材质为碳纤维增强热塑性塑料。人类的思维意识总是有着跳跃性的特点，十几年前你用诺基亚手机的时候或许不曾想象如今智能手机的功能竟可以如此强大，汽车也是一样。

　　Local Motors 是美国亚利桑那州的一家汽车公司，公司包括首席执行官在内只有 10 名正式员工，与福特、通用、克莱斯勒等汽车巨头相比，Local Motors 简直微不足道。虽然没有规模化的研发中心，没有装配车间与营销团队，但该公司却秉承着"开源造车、个性化定制"的理念，打造了具有颠覆性的汽车产品。2010 年 10 月 16 日，目击者拍到了由该公司的"微型工厂"（Micro-Factory）生产出来的汽车，这款汽车凝聚了全球大约三万研发人员、技师和制造商的共同心血，车身及底盘由 Local Motors 本身制造，其余配件皆由本田、通用和大众提供。他们通过 Local Motors 网络社区进行设计交流，并于 2014 年芝加哥国际制造技术展览会上展示了他们利用 3D 打印技术制作(仅限于车身与底盘，其他材料依旧采用传统工艺)的设计比赛冠军车型 Strati。这不仅是云制造模式转化为产品的现实案例，更是运用用户研究和互联网技术对资源协同创新的有力论据。

任务二 供应链中的商业模式创新

▨▨▨▨▨ 情景导入 ▨▨▨▨

比亚迪的低成本商业模式创新

因为沃伦·巴菲特（Warren Buffett）购入了比亚迪公司 10%的股份而让比亚迪成为 2009 年各界热议的公司。公司创始人王传福深谙低成本创新之道，但他的许多想法与做法都是反传统的。比如他雇用大量工人以替代自动化机器，他对于公司多元化的行业选择，还有他巧妙模仿竞争对手的本领很强。沃伦·巴菲特却认为"这家伙，集托马斯·爱迪生（Thomas Edison）和杰克·韦尔奇（Jack Welch）于一身"。这里，我们将比亚迪公司的商业模式进行分解，总结出四大特征，以此解释了王传福的低成本创新之道。

第一，避免陷入"卓越制造孤岛"和"卓越技术孤岛"

只有明确了真实市场的存在，并确认资本投入有助于消除产业价值链隔阂时，其所产生的成本节约与效率提升，才可能从根本上提升公司的毛利率水平与长期利润率。反之，任何专注于自身业务环节生产状态改善的资本投入或成本控制策略，都只能改变公司自身经营性毛利率水平与绝对成本。

第二，提升技术创新能力

比亚迪专注于模具开发及应用技术研究，实质上提升了公司市场快速响应能力。从市场应用性的角度逆向思考自身研发投入和方式，可以使传统制造型企业避免陷入"卓越技术孤岛"的境地。实际上，在消费者对于弹性制造能力需求越来越高的今天，制造商都在思考如何把一项卓越技术快速转化为价格可以令消费者接受的商品。尽管基础研究十分重要，但依靠灵活的生产工序，在短时间内能够向市场提供多元化产品选择的技术创新能力，也是十分重要的。

第三，注重质量

显然，低成本创新并不意味着质量欠佳；相反，质量提升应成为创新效果的体现。注重质量包括两个层面：①产品质量稳健、可信；②产品供给灵活多变且及时。

第四，业务模式让位于商业模式

鉴于大多数产业的制造过程充满了分工协作精神，一味追求相关多元化或纵向一体化的业务模式都不是最佳商业选择。比亚迪也是一样，从长期来看，公司依然存在退出"卓越制造孤岛"和"卓越技术孤岛"逐渐消失的业务领域。对于大多数制造商而言，业务模式创新体现了其对产业链剩余价值的获取手段与能力，像比亚迪一样，可以借助低成本创新实现公司价值增长。

导入问题：

1. 什么是商业模式？
2. 商业模式创新有何价值？
3. 比亚迪的商业模式创新之处是什么？
4. 如何运用商业模式画布解构案例？

第一步 ｜ 了解商业模式创新的含义及价值

一、什么是"商业模式"

要理解什么是商业模式创新，首先需要知道什么是商业模式，虽然最初对商业模式的定义有争议，但到 2000 年前后，人们逐步形成共识，认为商业模式概念的核心是价值创造。商业模式，是指企业价值创造的基本逻辑，即企业在一定的价值链或价值网络中如何向客户提供产品和服务并获取利润，通俗地说，就是企业是如何赚钱的（蒂姆，1998；林德等，2000；Rapper，2001）。商业模式不仅仅是一个解释模型，更是一个指导工具，可以帮助你设计商业模式，或者创新现有的商业模式，以便制定更好的商业策略。

《哈佛商业评论》发表的论文《如何重塑商业模式》对商业模式的定义如下：商业模式就是创造和传递客户价值与公司价值的系统。这篇文章的作者是马克·约翰逊、克莱顿·克里斯坦森和孔翰宁，其中约翰逊是 Innosight 公司的联合创始人和董事长，克里斯坦森是哈佛大学教授，"颠覆性创新之父"孔翰宁则是 SAP 公司的联席首席执行官。文章指出，商业模式由四个密切相关的要素构成：客户价值主张、盈利模式、关键资源和关键流程。其中，客户价值主张是指企业为客户创造的不可替代的价值；盈利模式是指企业如何从为客户创造价值的过程中获得利润；关键资源是企业竞争力的表现，企业利用内部关键资源来为客户提供价值；关键流程不仅指企业的工作流程，还指企业的可持续发展流程，企业的内部制度和文化应保持创新，以实现其客户价值。客户价值主张和盈利模式分别明确了客户价值和公司价值，关键资源和关键流程则描述了如何实现客户价值和公司价值。

就创新而言，商业模式创新是指企业以新的有效方式获取利润，比产品创新和服务创新更为重要，因为它涉及整个公司的价值创造系统。真正的变革绝不局限于伟大的技术发明及其商业化，它们的成功在于把新技术和恰到好处的强大商业模式相结合。

二、商业模式创新的价值

同样是创新，从 1997 年到 2003 年，苹果侧重于产品创新，虽然也获得了消费者的认可，但体现在公司市值方面却不甚理想。到了 2003 年以后，由于苹果开始创新自己的商业模式，创造了一个商业史上的奇迹。苹果正是把新技术、新产品和新商业模式完美结合的典范。

商业模式创新可以改变整个行业格局，让价值数十亿美元的市场重新洗牌。这种创新由来已久，无论是沃尔玛还是百思买，无论是西南航空还是亚马逊，都是商业模式创新造就成功的典范。从 1998 年到 2007 年，成功晋级《财富》世界 500 强排行榜的企业有 27 家，其中有 11 家认为它们的成功关键在于商业模式的创新。高原资本公司创始人鲍勃·希金斯在谈及自己从业 20 年的体会时说："回顾公司的发展，我认为每次失败都归于技术，每次成功都归于商业模式。"我国著名企业家任正非也说过："公司运转依靠两个轮子，一个轮子是商业模式，另一个轮子是技术创新。"

三、如何创新商业模式

商业模式涉及公司的方方面面——包括战略、运营、人力资源、创新、财务等，因此创新商业模式是一个系统工程，其难度也要比单一功能的创新难得多。在设计或者创新商业模式时，应该以"客户价值主张"的创新为核心，以关键资源和关键流程为依托，以盈利模式为财务安全的基准线，寻求各个方面的协调发展，这样才能获得长期的成功。

如何创新自己公司的商业模式呢？正如苹果公司做的那样，第一步就是要明确客户主张。也就是说要明确：客户到底需要什么？关于这一点，管理大师德鲁克有句名言："企业的目的不在自身，必须存在于企业本身之外，必须存在于社会之中，这就是造就顾客。顾客决定了企业是什么，决定企业生产什么，企业是否能够取得好的业绩。由于顾客的需求总是潜在的，企业的功能就是通过产品和服务的提供激发顾客的需求。"

这就意味着，企业要去发现一个新的市场，这个市场往往不是通过市场调查得出来的。哈佛商学院市场营销学教授西奥多·莱维特（曾担任《哈佛商业评论》主编）曾告诫他的学生："顾客不是想买一个 1/4 英寸的钻孔机，而是想要一个 1/4 英寸的钻孔！"在明确客户主张的时候，首先要问对问题。比如说，用户买 iPad 仅仅是为了买一台平板电脑吗？答案绝对是否定的！那些客户之所以想要买 iPad，除了被那些炫目的功能吸引之外，阶层认同感也是一个重要的因素。

用《蓝海战略》中的价值创新理论（这个理论最早也是发表在《哈佛商业评论》上的）去解读客户价值主张，往往会有异曲同工之妙。利用价值创新曲线，重新审视对消费者真正有诱惑力的价值主张，并用自己的资源和流程去满足消费者，就完全有可能创造出一个新的市场。创新商业模式的企业往往不会选择一个现有的市场和竞争对手火拼，而是重新审视消费者的价值主张，选择提供一个和现有产品不同价值主张的产品，从而创造一个新的市场。

第二步 | 理解商业模式画布

一、商业模式画布的含义

商业模式画布是一种用来描述商业模式、可视化商业模式、评估商业模式以及改变商业模式的通用语言与工具。《商业模式新生代》一书的作者亚历山大·奥斯特瓦德和伊夫·皮尼厄则把商业模式分成九个要素：价值主张、客户细分、渠道、客户关系、核心资源、关键业务、重要伙伴、收入来源和成本结构。分析这九个要素，就会发现价值主张和客户细分关系到客户价值主张，成本结构和收入来源关系到盈利模式，其他五个要素则可以分别归结为关键资源和关键流程。其中"客户价值主张"是商业模式的核心要素，也是其他几个要素的预设前提。商业的本质是价值交换，要交换价值就得首先创造价值，因此有两个问题创业者一定要搞清楚：你的目标客户是谁？你能为他们提供什么价值？

二、商业模式画布九要素的含义

商业模式画布包括九个要素，其含义如下：

1．价值主张

价值主张，即企业为特定客户细分创造价值的系列产品和服务。价值主张要素包括：①新颖，产品或服务满足客户从未感受和体验过的全新需求。②性能，改善产品和服务性能是传统意义上创造价值的普遍方法。③定制化，以满足个别客户或客户细分群体的特定需求来创造价值。④把事情做好，可通过帮客户把某些事情做好而简单地创造价值。⑤设计，产品因优秀的设计脱颖而出。⑥品牌/身份地位，客户可以通过使用和显示某一特定品牌而发现价值。

2．客户细分

客户细分，即企业想要接触和服务的不同人群或组织。客户细分群体类型包括：①大众市场。价值主张、渠道通路和客户关系全都聚集于一个大范围的客户群组，客户具有大致相同的需求和问题。②小众市场。价值主张、渠道通路和客户关系根据某一小众客户群的具体要求量身打造，企业产品或者服务满足的是一小部分人群的某种或者某一类特定的需求。

3．渠道

渠道，即企业接触其客户细分并传递其价值主张的途径。渠道类型包括：①自有渠道-直接渠道：自有店铺、销售队伍、在线渠道。②合作伙伴渠道-非直接渠道：合作伙伴店铺、批发商。

4．客户关系

公司与特定客户细分群体建立的关系类型。

5．关键业务

关键业务，是指企业为确保其商业模式可行，必须做的最重要的事情。关键业务类型包括：①制造产品。与设计、制造及发送产品有关，是企业商业模式的核心。②平台/网络。网络服务、交易平台、软件甚至品牌都可以看成平台，与平台管理、服务提供和平台推广相关。③问题解决。为客户提供新的解决方案，需要知识管理和持续培训等业务。

6．核心资源

核心资源，即让商业模式有效运转所必需的最重要因素。核心资源类型包括：①实体资产，包括生产设施、不动产、系统、销售网点和分销网络等。②知识资产，包括品牌、专有知识、专利、版权、合作关系和客户数据库。③人力资源，在知识密集型产业和创意型产业中，人力资源至关重要。④金融资产，包括金融资源或财务担保，如现金、信贷额度或股票期权池。

7．重要伙伴

重要伙伴是指企业让商业模式有效运作所需的供应商与合作伙伴的网络。合作关系类型包括：①在非竞争者之间的战略联盟关系。②竞合。在竞争者之间的战略合作关系。③为开发新业务而构建的合资关系。④为确保可靠供应的购买方-供应商关系。

8. 收入来源

收入来源是指公司从每个客户群体中获取的现金收入（包括一次性收入和经常性收入）。收入来源包括：①资产销售收入。②使用收费。③订阅收费。④租赁收费。⑤授权收费。⑥经纪收费。⑦广告收费。

9. 成本结构

成本结构，即运营一个商业模式所引发的所有成本。

三、商业模式画布九要素的相互关系

商业模式画布九个要素的逻辑顺序与相互关系，如图 4-1 所示。

重要伙伴 7	关键业务 5	价值主张 1	客户关系 4	客户细分 2
谁是我们的核心合作伙伴	我们的价值主张需要通过哪些关键业务来体现	我们要帮助客户解决他们的哪些问题？或客户的哪些需求是我们能满足的	我们怎样来接触、保持和扩大用户群	我们为哪些用户解决问题或满足哪些用户的需求
	核心资源 6	我们的具体新产品和服务是什么	渠道 3	谁是我们的用户？我们的价值定位能满足他们的需求吗？
	哪些是我们价值主张需要的核心资源（供应商等）	我们的哪些功能能满足客户的需求	我们要通过哪些渠道来覆盖我们的用户	我们面对的是单边市场还是多边市场
成本结构 9			收入来源 8	
在我们的商业模式中哪些是最重要的成本			收入模式是怎样的？定价策略是什么？提供什么样的价值用户愿意买单	

图 4-1　商业模式画布九个要素的逻辑顺序与相互关系

第三步 | 运用商业模式画布解构典型案例

一、特斯拉新能源汽车的商业模式创新

特斯拉在初期主要是定位在高端市场。按照特斯拉的车型开发规划，其第一阶段先推出豪华型纯电动车，售价约 10 万美元；第二阶段将会推出年产 2 万辆、售价 7 万美元的 Model S 车型；第三阶段才是普及期，推出价格亲民的普通家用车，预计年产 50 万辆。

由于目前电动汽车锂电池的成本较高，相比普通的燃油汽车，需要一定的补贴才能大规模推广，因此，特斯拉公司首先主打豪华车市场，通过环保理念和品牌，吸引有环保意识的高收入人士和社会名流，特别是硅谷的青年才俊和好莱坞的明星——这也是早期特斯

拉公司 Roadster 和目前 Model S 跑车的用户定位。

除了针对欧美的富人阶层，在 2013 年年初，特斯拉还联合富国银行、美国合众银行推出了 Model S 的车贷产品，并提供回购业务。两家银行将为购买者提供首付 10% 的车贷。由于美国不同州的消费者可享受 7 500 美元到 1.5 万美元不等的政府补贴（包括联邦补贴和各州补贴），该补贴足以覆盖首付金额。扣除节省的油钱等因素，消费者每月最低仅需支付 500 美元就可以拥有 Model S。而三年以后，如果购买者愿意把车转售给特斯拉，将按奔驰 S 级轿车的折旧率得到现金返还。这也被视为是特斯拉在拓展消费人群方面的一个突破性举措。

1．客户细分

毋庸置疑，在传统汽车向新能源汽车过渡的初期，能主动去接受新能源汽车的大部分都是环境保护意识更强的人群，而这部分人群往往资产净值也较高，富人居多。再加上困扰电动车发展的"充电困难""里程焦虑"等问题依然棘手，电动车也彻底沦为"富人们的玩具"。而特斯拉的商业模式是激进型的，以纯电动车为主。所以，特斯拉第一款量产电动跑车 Roadster 客户群体瞄向了富人。Model S 系列也进行了高配、中配、低配三档划分，基本上满足了中高端客户的不同需求。偏重于商务用车的 Model X 系列已经开始接受预订，以大众消费为目标的 Model 3 已于 2017 年正式推出，特斯拉从豪华品牌入手，逐渐向中低端品牌渗透。

2．价值主张

特斯拉有别于传统的汽车产业区域布局，它选址于 IT 圣地美国硅谷，因而其商业模式中数字化色彩浓烈，强调以数字化为核心。

特斯拉致力提高续航里程、降低造价，打造性价比高的电动车。全新特斯拉 Model S 电动车（高配版）的电池组由 8 000 个电池单元组成，续航里程可达到 483 千米。由于电池组安放在座舱下，相比传统内燃机汽车更容易放大座舱空间。车头的"发动机舱"被作为行李舱使用，乘客舱可轻松容下五位成人，甚至还能增添两个向后的儿童座椅。新车的外形设计动感又不失优雅，线条流畅自然，带有一些捷豹 XFL 的风韵。Model S 电动车的性能以及续航里程大幅提升，售价也极具竞争力。Model S 低配版补贴前售价为 6.875 万美元，高配版为 8.975 万美元，加上联邦政府退税、州地方政府补贴以及极低的保养支出和燃料费用，这一切使得 Model S 的竞争力大增。

3．客户关系

特斯拉更多的是提供了全产业链服务模式，直接打消了消费者从买车到使用，再到保修以及增值等所有环节的顾虑。

综合来看，特斯拉已经帮助消费者考虑了从买车到用车、从保修到充电等各个环节的所有问题，消费者需要做的就是付钱提车而已。

4．渠道

特斯拉在营销方面效仿苹果的直销模式，由于电动车有别于内燃机汽车，其产品讲解、销售、保养都需要专业人员负责。作为小众品牌，直营店可以提供更专业的服务以及更好的品牌展示。特斯拉更讲究体验，有别于传统的 4S 店经营模式。同时，特斯拉同样仿效苹果模式，通过体验店的方式发展网上销售端，从渠道来看，销售模式及方式与传统的汽车 4S 店模式大相径庭。

5. 关键业务

特斯拉关键业务主要集中于三个开发制造平台，即最早的修改版的莲花 Elise 平台、Model 平台和 Model 3 平台。公司还有部分研究开发服务，这部分营收来自向其他汽车制造商提供电动汽车动力系统及组件的设计开发服务，特斯拉认为目前这是一种可持续也可行的营收创造手段。开发合同中会标定一些技术节点，当开发服务满足某节点时，相应部分会被确认为递延收入，直至全部满足后确认为营收。从目前已投产的两个平台产品来看，特斯拉产品的续航指标要大幅领先于同行业其他厂商的续航里程,关键业务平台优势明显。

6. 核心资源

特斯拉自身拥有的核心技术是电池管理系统或电控系统，具有一定的领先优势，而其他技术方面优势并不明显。就电动车的核心技术电池而言，特斯拉所使用的电池是钴酸锂系列的锂电池，优点是单位重量的比能更高，这就使得特斯拉使用同等单位体积和重量的电池，可以产生更多的能量。也正是因此，Model S 拥有了 483 千米的续航里程。目前这项技术国内也有一些电池生产企业在用，因此，这一技术并不是非常先进。

特斯拉所使用的电池包在使用过程中安全性较低，锂电池的燃烧爆炸问题一直是影响安全性的主要因素。燃烧爆炸的原因在于：①局部损坏和短路导致温度升高，有机电解液发生燃烧泄漏。②几百上千块电池串并联，热管理和充放电管理难度较大。针对这方面的担忧，特斯拉 Model S 启用了电池组水冷系统，就系统本身而言，技术优势和亮点并不明显。

特斯拉成功的最核心资源还在于其资源的整合力。特斯拉商业模式的创新和应用有别于大部分电动车厂商的运作模式，使其并非特别亮眼的技术构成部件组合起来具有了震撼力。

7. 重要伙伴

从特斯拉的重要合作伙伴来看，这个要素深深地印刻着资源整合的烙印。例如，公司最早同莲花汽车合作弥补其车身及相关设计方面的不足，后期引入戴姆勒、奔驰和丰田作为战略合作伙伴，彻底补足了其在汽车制造领域底蕴不足的缺憾。在电动车最核心的电池部件方面，特斯拉与松下合作，使得锂电池的配套成本不断降低，推动市场需求的释放。此外，对于充电装置，特斯拉坚持走小型化路线，将其外包给马斯克控股的 SolarCity 公司。特斯拉具有深深的数字化烙印，公司已与硅谷的谷歌等 IT 企业建立了合作关系。

8. 成本结构

以 Model S 系列为例，其电池成本约占整车总成本的 50%，电池管理系统，约占整车总成本的 25%，其余包括车身等构件总计约占 25%。可见电池系统为特斯拉电动车最核心的成本构成。

目前特斯拉应用的电池由日本松下公司提供。松下为特斯拉供货的锂电池型号为NCR18650A，属于较常见的镍钴铝三元锂电池。电池管理系统这部分成本比较固定。以高配版汽车为例，其使用的7410节左右的松下NCR18650A电池成本就达到了18.5万元（按电池价格25元/节计算），占到了电池总成本的70%。另外，电池管理系统成本约为8万元。

近年来，受益于锂电池技术的突飞猛进并日趋成熟，锂电池已经迈过高速投入期，正向着规模经济迈进，最突出的表现便是随着锂电池市场需求的不断扩张，锂电池成本不断降低。以日本为例，1995～2010年，日本锂电池平均成本年率下滑幅度为11.2%。

根据日本新能源产业技术综合开发机构（NEDO）制定的日本"新一代汽车蓄电池技术开发蓝图"的描述，2015年日本产锂电池平均成本降至3万日元每千瓦·时，2020前后降至2万日元每千瓦·时，2030年前后降至1万日元每千瓦·时。从中长期来看，特斯拉电池成本未来依然具有较大的下调空间，这无疑会使得特斯拉在目前已经足以与主流竞争车型一较高下的前提下，进一步发力。

特斯拉的电池管理系统目前已经发展得较为成熟，属于自身设计开发的核心竞争力模块，未来在成本端有望稳中有降。

9. 收入来源

特斯拉2013年一季度业绩报告显示，公司报告期内营业收入环比激增83%，实现盈利1500万美元，每股利润为12美分。值得注意的是，一季度盈利为该公司首次扭亏，市场反应较为振奋。

2013财年第二季度净亏损3050万美元，2012年同期净亏损1.056亿美元。调整后每股收益为22美分，预期为亏损17美分。从2013年上半财年的整体数据来看，特斯拉的财报均超市场预期，较为抢眼。

其实，特斯拉的收入构成跟国内的电动车行业收入构成是比较类似的，主要也是由汽车销售和退税补贴两部分构成。目前，业界对于特斯拉业绩屡超预期也存在着一些质疑，一部分观点认为，一季度扭亏为盈不仅仅是销量带来的，和政府补贴规模的扩大有着必然的联系。但从二季度数据来看，公司的销售量仍在快速攀升，根据美国电动车联盟（The Electrification Coalition）对美国上半年豪华汽车市场的研究，特斯拉Model S占据了美国上半年豪华汽车销售总量的8.4%，特斯拉在美国上半年的销量超过了宝马、奥迪、奔驰，我们认为这一组数据已经比较具有说服力，足以说明特斯拉公司的业绩很大程度上还是得益于销售推动。

二、ZARA的商业模式创新

1. ZARA品牌成功之道

1975年设立于西班牙拉克鲁尼亚的ZARA公司是隶属于Inditex集团的一个子公司，Inditex集团现已超越了美国的GAP、瑞典的H&M，成为全球排名第一的服装零售集团。ZARA公司在全球拥有2000多家销售商店，其中自营专卖店占90%以上。作为"快时尚"的鼻祖，ZARA

在中国内地的扩张显然也有大家之范，进入城市数量之多，范围之广，也是其他品牌学习的模范。ZARA 自 2006 年进入中国以来，已遍布国内各大城市，门店数量达 200 多家。

2. ZARA 的成功秘诀——商业模式系统创新的四个方面

ZARA 成功的商业模式是难以照搬复制的，因为 ZARA 采用的是以快速时尚服装为核心，以供应链全程控制为基础的商业模式系统创新，这也是 ZARA 获得成功的关键所在。

（1）锁定个性化消费需求，向消费者提供"与众不同""独一无二"的产品价值

ZARA 获得成功最重要的因素在于它把握了个性化消费的潮流。在传统行业里，大规模生产的同质化产品只能依靠廉价来吸引消费者，以赚取微薄的利润，但没有考虑到消费者对于满足自己个性化的产品是愿意付高价的，而这正是 ZARA 瞄准的市场。

"品种少，批量大"是传统制造业的"天条"，而在"长尾市场"中，"款多量小"却成为当红的商业模式。ZARA 以其"多款式、小批量"，创造了长尾市场的新样板。ZARA 值得大多数传统企业借鉴的是，它有意识地在自己的产品中"制造短缺"。虽然一年中它大约推出 1.2 万种时装，但每一款的量却并不大。即使是畅销款式，ZARA 也只提供有限的数量，在一家专卖店中一个款式通常只有几件，卖完了也不补货。总裁帕布罗·伊斯拉（Pablo Isla）说："我们不想所有人都穿同样的衣服。"随着每周两次补充新货物，顾客养成了经常来逛门店的习惯。如同邮票的限量发行提升了集邮品的价值，ZARA 通过这种方式，满足了大量个性化的需求，培养了一大批忠实的追随者。"多款式、小批量"使 ZARA 实现了服装企业商业模式的突破。

（2）打造国际化专业买手、设计师团队，创造快速时尚的稀缺价值

ZARA 有 400 多名设计师，其实，与其说他们是"设计师"，不如说是"抄版员"。他们是典型的"空中飞人"，经常出没于米兰、巴黎这些时尚中心的各种时装发布会和其他各种时尚场合，观察并归纳最新的设计理念和时尚动向。通常，一些顶级品牌的最新设计刚出来没多久，ZARA 就会发布和这些设计非常相似的时装。这样的设计方式能保证 ZARA 紧跟时尚潮流。在欧洲，每年 ZARA 都要向那些顶级品牌支付几千万欧元的罚款，但 ZARA 并没有因此放弃这种设计模式，因为它从中赚取的利润要比罚款高得多。

（3）管理全程供应链，快速反应市场需求变化

为了保持供应链的快速反应技能，ZARA 不得不抓紧供应链的每个环节，把几乎一半的生产揽在自己的怀里不放，并且，全包全揽设计、仓储、分销和物流等。ZARA 在西班牙拥有 22 家工厂，50% 的产品通过自己的工厂来完成，其余 50% 的产品则外包给 400 家小加工厂，负责完成烦琐的缝制工作。其中，外包企业 70% 在欧洲，便利的地理位置让这些工厂能对 ZARA 订单快速地做出反应，并且这 400 家工厂通过长达 200 英里的地下传送带与 ZARA 配送中心相连，虽然导致成本升高，但却带来了极快的速度，缩短了前导时间，即从设计到把成衣摆在柜台上出售的时间。

ZARA 对供应链的控制使它能够设定产品和信息的流动速度，从而使整个供应链都能够以一个既快速又可以预测的节奏运行。ZARA 的灵敏供应链系统，大大缩短了它的前导时间。

中国服装业的前导时间一般为 6~9 个月，国际名牌企业一般可达到 120 天，而 ZARA 最短只有 7 天，一般为 10~14 天。

ZARA 的产品几乎是全球同步上市的，这主要得益于 ZARA 对自己物流配送体系的改进。公司组织不同的配送中心，这些配送中心分别属于不同的国家。重点是这些配送中心都十分接近 ZARA 的重点销售市场与加工协作厂商。这样 ZARA 就会使自己的物流做到快速有效。同时，先进的配送设备也能使 ZARA 各地店铺的库存量得到最直接的反馈。物流数据的共享使货品的销售量与库存量都会直接反映在总部的计算机当中，便于物流的调配与使用。

（4）重金打造信息系统

在 ZARA 调控中心的大型办公区里，数十名工作人员坐在电话机旁，使用包括法语、英语、德语、阿拉伯语、日语和西班牙语在内的不同语言，收集来自世界各地的客户信息。通过他们的工作，时尚情报信息每天源源不断地从世界各个角落流入 ZARA 总部办公室的数据库。ZARA 的主要信息来源是设计师和全球 2 000 多家门店。

ZARA 很多单店的信息化软硬件投资都在 10 万美元以上，这在零售连锁业的单店信息化投入方面是相当昂贵的。设计师们可以实时与全球各地的专卖店店长召开电话会议，及时了解各地的销售状况和顾客反应情况，从而适当调整产品设计方向。在 ZARA，一件新款服饰的上架，并不是设计的结束，而是开始。设计团队会不断根据客户的反应调整颜色、剪裁等，而这种顾客反映的信息便来自 POS 系统所显示的销售业绩和门店经理的信息反馈。ZARA 对门店经理的考核，则是看该店的销售有没有上升，如果出现货品积压，就由门店经理为这些库存买单。信息系统与业务的有效结合是确保 ZARA 可以做到设计、生产、交付在 14 天内完成的重要一环。

三、宜家的商业模式创新

与沃尔玛、家乐福和玩具反斗城这些零售巨头相比，宜家在更多的国家开设了门店。中国是宜家在全球增长最快速的市场，目前中国共有 26 家宜家商场。据数据显示，2018 年宜家在中国的销售额超过 147 亿元，同比增长 9.3%。线下商场迎接访客 9 830 万人，同比增长 9.6%。宜家发了一道"先购餐，后入座"的限制令，然而，这并没有影响到宜家的顾客数量。在中国家居市场风雨飘摇的背景下，成功的宜家模式究竟有何秘诀？

1. 宜家的商业模式

宜家摒弃传统的"前店后厂"经营方式，抓住了产品研发和销售这两个利润最大的环节。同时将服务融入销售环节中去，其余利润回报较低的环节，比如生产制造、物流运输则采用外包的方式完成全产业链的协同。

（1）产品矩阵。宜家从多个维度来为自己的产品布局，最后形成了 4×4×N（N 是品类和系列）的超细分、高覆盖率的产品矩阵。如图 4-2 所示。

这个产品矩阵的好处很多，对宜家商场来说，可对展厅和仓库的摆放进行搭配设计。对于客户来说，可挑选到中意且定价合适的产品。对宜家设计团队来说，能依照这样的矩阵规则，非常精准而便捷地开发一个又一个的新产品。这样的产品矩阵相继影响了后来很多公司的产品开发规则，包括苹果的个人电脑的产品规划，从使用场景维度到性能维度都形成了相应的矩阵。宜家的商品按需求科学排列，把分类摆放和整体布局科学地搭配起来，把展示销售和仓储式销售统一起来，把大件家具和小件饰品统一起来，让人看起来增见识、长学问，有层次感又不累。

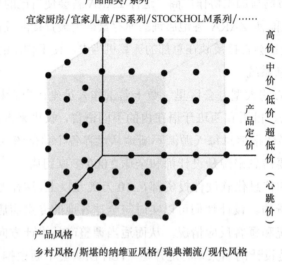

图 4-2　宜家产品矩阵

（2）高效的商场。宜家商场呈现的每一个产品展示和空间搭配，都是经过强大的数据分析，并结合店长本人和资深团队的经验，以及本地化的调查研究才展现出来的。宜家注重细节，在客户想把感兴趣的商品记下来的瞬间，铅笔和小纸条唾手可得。当你在购物累了的时候，你会发现不远处刚好有一个地方可以让你休息。宜家商场天花板上的各种设备清楚记录着客户购买商品的整个流程，客户的惊喜之情以及对比、迟疑、下决定等细节，都是宜家深入分析，制定更合理、更高效的销售策略的有效数据。宜家会将整个商场划分为超热区、热区和冷区，进而为商品设置更合理的布局。

（3）体验式营销。宜家商场一般有三层。宜家会拿出其中一层来做生活场景展示，并且每年都会根据家居潮流的变化趋势推出年轻人喜欢的若干种生活方式情景间，将最新家居潮流直接呈现在消费者面前。宜家正是通过生活方式情景间这种展示形式，实现了设计师语言与终端消费诉求的无缝对接，使消费者想要下单购买成为水到渠成的事情。除了对情景间的强势打造，宜家的摆场也另有奥妙，"回字形"的情景间+集中展示的单体组合形式，最终发挥了临门一脚的作用。正是这种摆场形式，让消费者积极"对号入座"，还原家庭使用的真实场景，最终促成购买。增强客户对于产品和服务的参与感，是针对消费者实施的商业策略。

2. 宜家的运营模式

（1）调研是王道，用户研究是宜家扩张计划的核心。

（2）尽量一招吃遍天下。宜家的成功之处在于，它展示了同样的产品如何能在全世界不同的文化中都行得通、吃得开。记住宜家模式——大量、大量、再大量。

（3）微调以适应不同的文化。

（4）低价。宜家试图带给消费者一种感受——可以在这里买到不可思议的便宜货，按照宜家的说法叫作"窒息货"（Breath-taking Items）。这是宜家商业模式的一部分，为整个商场营造出一个物美价廉的光环。为了保证低价，中国市场销售的宜家产品 80%都是当地生产的，目的是减少运输费用。正是因为执着于成本控制，宜家总是能把商品的价格压低。

（5）设计与成本控制。宜家的设计师往往都是成本控制大师。

为大众"创造更美好的日常生活"，这就是宜家的使命。它不是从产品出发，也不是从品牌出发，而是从大众出发。宜家以此为出发点，就已经胜了一筹。

拓展阅读

苹果公司的成功源于商业模式的颠覆性创新

2010 年 5 月 26 日，美国发生了一件大事。那一天，苹果公司以 2 213.6 亿美元的市值，一举超越了微软公司，成为全球最具价值的科技公司。仅仅是 7 年前，也就是 2003 年年初，苹果公司的市值也不过 60 亿美元左右。一家大公司，在短短 7 年之内，市值增至原来的近 40 倍。在《商业周刊》评选出的全球最伟大公司中，苹果公司排名第一。而在《哈佛商业评论》推出的最伟大 CEO 排行榜上，乔布斯也是当仁不让地排名第一。

苹果公司的过人之处，不仅仅在于它为新技术提供时尚的设计，更重要的是，它把新技术和卓越的商业模式结合起来。苹果真正的创新不是硬件层面的，而是让数字音乐下载变得更加简单易行。利用 iTunes+iPod 的组合，苹果开创了一个全新的商业模式——将硬件、软件和服务融为一体。这种创新改变了两个行业——音乐播放器产业和音乐唱片产业。商业模式的创新对价值进行了全新的定义，为客户提供了前所未有的便利。

一个成功的商业模式，第一步就是要制定一个有力的客户价值主张，也就是如何帮助客户完成其工作。对于苹果而言，iPhone 的核心功能就是一个通信和数码终端，它融合了手机、相机、音乐播放器和掌上电脑的功能。苹果的 APP Store 拥有数十万个程序，这些程序也是客户价值主张的重要组成部分。除此之外，苹果在用户体验方面做得非常出色，这些都是苹果提供的客户价值主张。

成功的商业模式的第二步就是制定盈利模式，也就是为自己公司创造价值的详细计划。对于苹果公司而言，盈利路径主要有两个：一是靠卖硬件产品来获得一次性的高额利润，二是靠卖音乐和应用程序来获得重复性购买的持续利润。由于优秀的设计，以及海量音乐和应用程序的支持，无论是 iPod、iPhone 还是 iPad，都要比同类竞争产品的利润高很多。同样，由于有上面这些硬件的支持，那些应用程序也更有价值。

明确了客户价值和公司价值，接下来就是如何实现这些价值了，这就是关键资源和关键流程。对于苹果公司而言，其关键资源是它拥有一个出类拔萃的 CEO 乔布斯，而且拥有非常有创新能力的产品设计和开发人员，以及来自唱片公司、软件开发者的支持。苹果公司的关键流程则是苹果公司鼓励创新的公司制度、企业文化和日常管理工作，这些流程确保苹果公司的创新具有可复制性和扩展性，从而不断开发出类似于 iPhone 和 iPad 这样的产品。

经过分析苹果在商业模式上的创新，可以看出，苹果在明确客户主张和公司盈利模式方面做了很多创新，从而在为客户创造价值的同时，也为公司创造了价值，并得到了投资者的认可。支持苹果公司的创新动力，则是乔布斯卓越的领导力、优秀的产品设计人员、优秀的产品营销人员，以及苹果公司强大的鼓励创新的企业文化和制度。这些要素缺一不可，相互影响并相互转化，形成了推动苹果创新的"动力火车"，创造出一个又一个伟大的产品。

知识测试

一、判断题

1．需求管理主要由需求预测、需求计划、需求分析报告、需求监控与关键绩效评估四部分组成。（　　）

2．需求预测是需求管理的基础，一般认为，需求预测越准确越好。（　　）

3．常见预测方法可以分为定性预测方法（基于判断和直觉）和定量预测方法（应用数学模型和相关的历史数据进行预测）两大类。（　　）

4．因为定量预测方法完全依赖过去的需求数据，当时间跨度很大时，定量分析也很准确。（　　）

5．用户研究与一般性市场调研存在一定的区别，它更关注用户的价值观、基本的知觉特性、操作习惯和思维方式。（　　）

6．Persona 就是一个虚构的人物，这个人物代表了企业产品或者服务的主要用户群。（　　）

7．商业模式就是创造和传递客户价值与公司价值的系统。（　　）

8．商业模式创新和产品创新与服务创新一样重要。（　　）

9．商业模式画布是一种用来描述商业模式、可视化商业模式、评估商业模式以及改变商业模式的通用语言与工具。（　　）

10．价值主张是为特定客户细分创造价值的系列产品和服务。（　　）

二、名词解释

1．用户研究

2．Persona

3．商业模式

三、简答题

1．简述需求管理的难点。

2．简述常见的需求管理方法。

3．简述如何开展用户研究。

4．如何构建典型用户画像？

5．什么是商业模式创新，如何创新？

6. 简述商业模式画布的九要素及其相互关系。

实训任务 用"商业模式画布"解构小米的商业模式

任务目标 | 结合案例分析并回答问题。

1. 分析小米手机商业模式的特点。
2. 用商业模式画布简要描绘小米手机的商业模式。
3. 简要介绍九宫格中每个要素的含义。

任务要求 | 分小组分析以上问题，并制作 PPT 汇报。

小米公司有"三大弹药"：米聊、MIUI 和小米手机。

一、米聊

米聊是一款跨平台的手机沟通软件，它的绝妙之处在于：①语音对讲，可发送语音短信；②拍照传图，可以发图，轻松传文件；③智能推荐好友，通过智能算法推荐可能认识的朋友，轻松扩大交际圈；④让你即时知道对方是否收到、读到你的消息；⑤完全免费，只要手机能够上网（3G/GPRS/Wi-Fi），就可以享受米聊优质服务；⑥支持自定义个性头像，最为好用的就是可以选择自己的形象照片作为头像；⑦支持多平台，朋友们可以一起玩，米聊支持 Symbian、Android 和 iPhone 平台。而且米聊后台待机每小时只消耗 3~20K 流量，前台待机每小时消耗流量 5~50K，大大节省了手机流量。

二、MIUI

MIUI 是小米公司旗下基于 Android 系统深度优化、定制、开发的第三方手机操作系统，能够带给国内用户更为贴心的 Android 智能手机体验。其主要特点有：①ROM 空间干净，不会集成其他繁杂的第三方应用软件；②根据中国用户习惯，自主原创了全套的用户体验设计体系，更贴近中国用户的使用习惯和心理习惯，上手操作更简单、更贴心；③从电话、短信功能细节入手，对 Android 原生系统进行了多达近百项的深度优化和微创新，努力为用户提供智能手机中最好的电话和短信使用体验。2010 年 8 月 16 日 MIUI 首个内测版发布。截至 2017 年 12 月，MIUI 全球联网激活用户超过 3 亿，享誉中国、英国、德国、西班牙、意大利、澳大利亚、美国、俄罗斯、荷兰、瑞士、巴西等多个国家。

MIUI 在 Android 的基础上，根据中国用户的需求而做出修改。MIUI 开发团队会在 MIUI 论坛上与用户交流，在收集用户意见后，每逢周五均会提供 OTA 升级。MIUI 团队开发人员与用户打成一片，组建用户荣誉开发组，将系统功能选择权交给用户；根据用户意见、建议选择功能进行开发，并在每周五进行更新、升级；实行独特的开发版和稳定版共存模式，满足不同用户需求：开发版着重于尝鲜和快速更迭，延续原有的模式，每周五升级，不断测试开发新功能；稳定版则着重稳定性，更新周期更长。

三、小米手机

小米科技已经推出一部预载 MIUI，名为小米手机的智能手机。它继承了米聊和 MIUI

的用户资源，是小米公司专为手机发烧友研发的高性能智能手机。

（1）小米手机的市场定位。小米手机是面向手机发烧友开发的高性价比智能手机。手机发烧友通过刷机带来个性化的用机体验，进而产生愉悦感。刷机原是手机行业的专业术语，原指通过特定的方法更改或替换手机原版固件以达到破解的目的。现在则指更改系统中固有的一些皮肤、语言、图片、铃声和内置软件，甚至包括整个操作系统，以便让手机功能更加完善。

早在 2010 年小米公司在研发 MIUI 操作系统的时候就采用了"众包"模式：通过与小米论坛上的粉丝互动收集意见，每周快速更新版本，做出产品改进。小米手机的研发也延续了这一模式：在手机新功能开发之前，小米会通过论坛提前向用户透露一些想法，或者在正式版本发布前一两周，让用户投票选择需要什么样的产品。这种模式不仅短、平、快，能够尽可能多地将问题暴露在上游，降低了产品风险，而且产品的研发过程就是一个营销的过程。这种模式帮助小米探测到了用户最真实的需求。

当前 Android 的深度用户基本都是发烧友和极客，MIUI 的受众构成也是如此。小米论坛产品研发阶段积累起来的"发烧友"后来成为小米手机最忠实的核心用户，是帮助小米手机开展口碑传播的意见领袖。在新的手机消费潮流中，技术正在扮演越来越重要的角色，技术领先往往意味着产品高端。通过新浪微博、微信公众号等各种渠道，信息传播的速度很快，专业人群和发烧友选择和使用小米手机将起到更强的示范作用。

（2）小米手机的供应商。小米手机有 800 多个元器件，涉及 100 多个供应商，如光宝科、华通、胜华、TPK 宸鸿、英华达等，其中大部分同时也是苹果公司的供应商，如华通等。小米手机选择全球知名供应商，搭上苹果公司的顺风车，既保证了小米手机的质量，也提升了小米手机的品牌形象。

（3）小米手机的销售渠道。手机销售渠道目前主要分为三种：一是运营商渠道（包括实体营业厅和在线营业厅）；二是社会渠道（例如线下的电脑城、手机卖场，线上的淘宝、京东等电商）；三是自有渠道（包括线下专卖店、在线商城）。

小米手机采用的是以网络为载体的 B2C 电子商务线上销售模式。小米手机对外发布时，小米官方宣称仅通过小米官网销售。在小米联通定制机发布之前，小米官网一直是小米手机的唯一发布渠道。2011 年 12 月，小米手机正式与联通合作推出定制机。在此阶段，除了中国联通官方渠道外，淘宝网、当当网、新蛋网、中关村商城、京东商城、苏宁易购等平台，皆有小米手机销售。这种销售方式节省了中间环节的成本，省去了渠道代理费，让零售价格尽可能做到最低。小米 CEO 雷军投资的凡客诚品负责小米手机的仓储和配送，并且搭建小米手机网上商城。由于只有线上发售渠道，且每次发售的数量限制，小米手机每次都遭到网友的疯抢。在正式开放购买前几小时，小米手机的购买页面就已经接近瘫痪，想要购买到小米手机更是难上加难。虽然此后小米公司不断增加网络带宽，但是，对于相当多的网友来说想从官网购买小米手机依然并不容易。

（4）小米手机的营销策略。小米手机的营销策略可分为口碑营销、事件营销、微博营销、社区及论坛营销、饥饿营销。

1）口碑营销。小米手机主要面向手机发烧友。发烧友的追捧和话题影响力的发酵使这种病毒式的口碑营销非常奏效，在手机未上市前就为后期的在线销售打下了基础。保持产品的透明度和良好的口碑，是小米初步取胜的秘诀。

2）事件营销。小米手机采取先定量发放 600 部工程机的策略，同时利用"雷布斯效应"，再加上各种后期的话题炒作，成功吸引了大批的追随者。

售卖工程机是小米的一大创新。在前期做足了手机硬件优势的宣传后，小米公司以低于正式发售机 300 元的价格售卖工程机，这一创新举动一时间吸引了各大媒体的眼球，免费为小米做足了宣传。而且售卖工程机的客户精准率非常高，只有之前就已经关注小米手机的发烧友们才有购买资格，这让更多的人对小米手机充满了好奇。同时，秉承用户体验至上的小米公司采纳了"米粉"使用完工程机后提出的许多建议，进而为手机进行相关的改进。在小米手机发布会现场，小米 CEO 雷军以一身酷似乔布斯的休闲装亮相，黑色 T 恤衫、牛仔裤和帆布鞋。此外，发布会的场地布置和演讲 PPT 等均与苹果发布会类似。

3）微博营销。小米手机利用新的传播工具——微博，宣传小米手机。在微博上让用户及时了解小米手机的发售信息和活动情况，以微博为载体拉近和用户的距离。在小米公司，有一个 30 人左右的微博客服营销团队，他们的任务就是在微博上做好服务反馈的跟踪，并基于良好的服务为小米手机做口碑传播。这个团队中相当一部分人员是原来小米论坛里的"骨灰级玩家"，由于他们在把玩的过程中对小米手机的方方面面都了解得非常清楚，往往能快速判断出手机的功能故障。在小米公司，包括雷军在内的几位高管都是微博高手，他们习惯了通过微博回复用户的问题。

4）社区及论坛营销。在小米手机的官网及社区论坛上，"米粉"彼此交流小米手机的使用心得，发布各类小米手机的信息，举办各类活动。比如 4 月 6 日的"米粉节"，将会举行神秘的"米粉节"活动。小米社区还有同城会专栏，"米粉"在各地举办同城会，比如小米周年庆典活动。这些活动提升了小米手机用户的黏性，培养了大批忠实用户。

5）饥饿营销。小米手机营销的成功之处当属其饥饿营销，让"米粉"跟着跑，让媒体跟着追。越是难以得到的，就越是珍贵的。小米利用消费者的这一心理，在发售工程机时，就限定只有达到 500 积分的"米粉"才有资格预订小米手机，此举吸引来小米论坛里大量刷米的发烧友。小米手机首发时，开放购买仅 3 小时，10 万库存就全部售罄；电信版开放购买不到半小时，15 万台就全部售罄。"对不起，地主家也没米了，改日再来%>_<%"这类活泼的语言，让未抢到购机资格的消费者哭笑不得。一边的情形是网上销售火爆，另一边则是众多网友看得到却买不到，消费者迫不及待，小米却是慢悠悠，饥饿营销让大家对小米手机更加好奇，更加关注！

（5）小米手机的盈利模式。小米一直宣称自己是一家"互联网公司"，而不是一家"硬件公司"。所以在谈到小米的盈利模式时，CEO 雷军表示小米不靠硬件赚钱，采用的依然是互联网模式，通过小米手机聚集众多的移动互联网用户，依靠庞大的手机用户群，通过软件和服务赚钱。小米公司的应用软件产品不断丰富，如米聊、小米便签、小米读书、小米分享和小米司机。但是全国小米的售后服务网点"小米之家"的数量屈指可数，虽然小米手机价格低廉，但是维修费用却略高。此外，客服电话不易打通、维修过程时间长，也让"米粉"们颇有微词。

小米的盈利模式仍在探索和完善之中。如何从手机市场这块大蛋糕上汲取充分的营养，小米任重道远。

项目五
供应链采购与供应商管理

能力目标

1. 能够运用供应链中的采购工作流程和采购方法。
2. 能够运用采购定位模型分品类采取不同采购策略降低采购成本。
3. 能够有章可循地进行供应商管理。
4. 能够发展战略合作伙伴关系。

项目思维导图

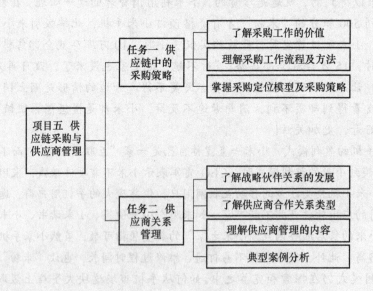

任务一　供应链中的采购策略

ZARA 的服饰买手运营模式

成立于 1975 年的 ZARA 品牌隶属于西班牙 Inditex 集团，是全球排名第三、西班牙排名第一的服装零售商，在全球各地 56 个国家开设了超过两千家服装连锁店。ZARA 完全不逊色于美国第一大连锁品牌 GAP，而且其 2004 年的盈利率比 GAP 高出 3.5%。ZARA 的成功有赖于无懈可击的经营模式：服饰买手运营模式。

服饰买手运营模式的创始人王士如先生在 2000 年对 Inditex 集团下属各服饰品牌进行了买手运营模式改制。Inditex 集团共有 ZARA、Pull and Bear、Massimo Dutti、Bershka、Stradivarius、Oysho、ZARA HOME 和 Kiddys Class 八个服装零售品牌，其中 ZARA 是这八个品牌中最著名的，是 Inditex 公司的旗舰品牌。

服饰品牌的品牌文化与品牌价值是由销量带动起来的，并不是空说品牌的文化与其价值就能够体现出其价值，而是要经过市场的检验。没有款式，品牌成就不了市场；没有市场，就没有品牌的价值。在对许多国际品牌进行买手运营模式改制和对国际品牌买手进行培训的时候，你会发现这些品牌及操作这些品牌的人，无一不是在从产品的款式进行整体的运营，而不会像国内服饰企业那样，将品牌运营的重点放在一些无谓的概念炒作上，那样只会消耗企业的实力。国内许多服饰企业似乎都十分厌恶买手运营模式，只是一味地进行闭门造车式的产品开发。这也是对买手运营模式认识不足的一种体现。买手运营模式的实质是最大化地收集市场信息，然后运用这些信息进行产品款式的改制，以形成自己的产品风格，而不是一味地仿制。国内艾格、ONLY、ESPRIT 等一些知名品牌，都采用了买手运营模式。

导入问题：

1. 采购工作对供应链企业有何重要价值？
2. 如何做好采购工作？
3. ZARA 的买手模式有什么特点？

第一步 ｜ 了解采购管理的发展及供应链采购的特点

一、采购的含义

采购是各个企业所共有的职能，也是企业经营的开始环节，同样也为企业创造价值。随着企业规模的不断扩大及精细管理与信息技术的广泛应用，采购的作用日益突出。它不仅是保证生产正常运转的必要条件，而且也为企业降低成本、增加盈利创造条件。采购具有狭义和广义两方面的含义。在狭义上，采购可以被定义为企业购买货物和服务的行为。然而，采购过程不仅仅是一项活动的终点，而且是一系列跨越组织边界的活动得以成功实现的起点。采购是供应链的一项重要职能。从广义的角度来看，采购环节联结着供应链中的各个成员，同时协调物料在供应链合作组织成员之间移动。在供应链的每个节点上，采购都后向传递有关客户的信息，并前向传递有关供应商可提供的物料的信息。供应链中的采购活动如图5-1所示。

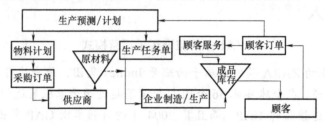

图 5-1 供应链中的采购活动

二、采购对供应链企业的重要性

采购是一项很重要的职能，是取得竞争优势的源泉之一。每个组织的物料供给都由采购职能负责。如果采购工作完成得不好，就会引起物料短缺、交货种类错误、数量差错、交货时间延误、物料质量低等问题，会影响产品的质量和服务的质量。采购不仅重要，而且也是一项主要的支出。对于一个典型的制造商而言，大约60%的支出用于物料采购，如通用汽车公司每年的物料支出超过500亿美元，所以采购是公司的主要支出，一个相对小的改善就能取得很大的经济回报。

管理供应链具有明显的复杂性，当一些企业通过降低成本来改进绩效以增加客户价值时，另一些公司则将它们的注意力转向采购和供应链管理，供应链管理的重点是公司内的货物和服务管理。企业将重点放在采购和供应链管理后带来的利益如下：

1. 成本降低

由于制造商将1美元收入中的55美分用于货物和服务管理，因此，采购显然是一个潜在的节约成本的主要领域。20世纪80年代，日本汽车公司通过良好的供应商管理，给日本汽车业带来每辆汽车300~600美元的成本收益。

2. 循环周期缩短，包括产品开发周期

通过与供应商的合作，把非核心业务外包给供应商，并在产品开发和市场推广方面深入交流，可以提高新产品的上市速度。

3. 质量提高

采购和供应链管理对产品和服务的质量也有显著的影响。企业应根据提供的产品和服务能否满足客户的需求，尝试对自己的不足之处进行改进，以便提高自身的专业化水平，增强竞争力，更好地满足客户的要求。

4. 产品与技术开发流程得以完善

采购管理能够改善产品和流程设计，并有助于将新技术更快地应用于产品和服务。例

如，克莱斯勒公司生产新型汽车时，公司意识到采购费用将占该车售价的 70%。为了降低成本，公司邀请了诸如座椅、轮胎、变速器等 25 家核心制造商的工程师到克莱斯勒的机械部门进行科技攻关，结果该车不但节省成本，而且拥有了预期的所有功能。

三、采购部门的工作职责

传统观点认为，采购部门的工作职责是对内部的需求做出反应，从而获取商品或服务。现在的采购部门已经打破了这一传统观念，其主要职责包括如下几点：

1. 保证适时适量供应，保证公司运营需求

采购部门必须执行一系列的活动以满足内部客户需求，这正是采购部门的传统角色。通常，采购部门通过购买原材料、配件及服务等来满足所有的运作需求。

2. 选择和发展供应商

采购部门的重要目标之一就是选择和开发供应商，这正是战略供应的全部内容。

3. 支持公司总体目标

采购部门最为重要的一个目标就是支持公司的总体目标。实际上，采购部门的目标并不一定与公司的目标相一致，采购部门需要从整体的角度来看待工作职能和目标。在环境变化、价格上涨、物料短缺、新产品推出时，采购部门应尽量赢得供应商的支持，与供应商达成合理的价格和条件，同时保证原材料的质量。

4. 使采购工作更有成效

采购部门必须使其内部管理有成效，为使其管理富有成效，可采取的措施包括：①确定职员水平；②确定及坚持中心预算；③提供职业培训并为雇员增加培训机会；④采用能提高生产效率和提供更好选择的采购系统。采购管理限制了在采购流程中要素的可利用性，因而需要不断工作以改进对这些要素的利用程度。

5. 与其他工作团队紧密配合

采购部门应与其他部门进行更为密切的交流。如果制造部门的人员抱怨从某一供应商处收到的零部件有问题，那么采购部门就应与该供应商更密切地联系以改进零部件质量。为了达到这个目标，采购部门必须与诸如市场、制造、质量、工程和财务等部门之间保持合作与密切接触。

四、常规采购工作流程

采购流程会因采购的来源（国内采购、国际采购）、采购的方式（议价、比价、招标），以及采购的对象（物料、工程发包等）不同而有所差异，但是基本的流程大同小异。常规物品的采购流程分为以下七个步骤，如图 5-2 所示。

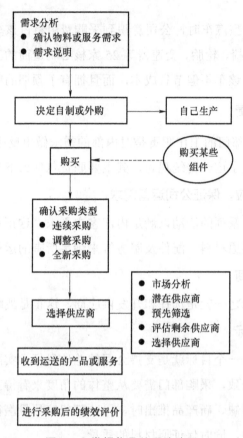

图 5-2 常规物品的采购流程

1. 确定物料或服务需求

在采购前应先确定：购买哪些物料？买多少？何时买？由谁决定？一旦需求被确认了，采购活动就开始了。

2. 需求说明

在确认需求后，对需求的内容，如品质、规格型号、包装、售后服务、运输及检验方式等，均需加以说明，以确保供应商选择和价格谈判等作业能顺利进行。

3. 决定自制或外购

在要求外部供应商提供产品之前，购买企业必须确定是自己制造还是购买产品或服务来满足用户需求。

4. 确认采购类型

在进行采购之前，应确定采购类型，采购类型将决定采购过程所需要的时间及复杂程度。

5. 选择供应商

选择供应商是指在对市场进行调查等前期工作的基础上，识别所有可能的供应商，或从原有的供应商中选择业绩良好的厂商，综合多种情况进行筛选、分析，选出一个供应商。

6. 收到运送的产品或服务

这个活动的发生是供应商试图满足用户需求的第一步。完成这一步同时会产生下一步活动所需的绩效数据。

7. 进行采购后的绩效评价

连续评价和管理供应商绩效，从而确定供应商是否真正满足了用户需求。如果供应商的工作没有满足用户的需求，就一定要找到原因并采取措施。可使用不同的绩效标准来评价潜在供应商。这些标准包括供应商的实力、以往在产品设计上的表现、质量承诺、管理水平、技术能力、成本控制、送货服务、优化流程和开发产品的技术能力等。这些因素在供应商评价过程中的权重都不相同。

五、采购管理发展的五个主要阶段

采购管理发展的五个主要阶段如图 5-3 所示。在不同的发展阶段，采购的角色和目标有所不同，采购的价值不断提升。

图 5-3　采购管理发展的五个阶段

六、供应链管理环境下采购工作的特点

供应链管理环境下的采购工作体现了如下特点：

1. 从传统"小采购"向"大采购"转变

传统采购的重点在于如何与供应商进行商业交易，特点是比较重视交易过程中的价格比较。通过供应商的多头竞争，从中选择价格最低的供应商作为合作者。

随着采购管理不断发展，采购的角色职责也在不断转变，从"小采购"开始向"大采购"发展，并且通过管理需求和管理供应商来影响供应链总成本。

2．从"为库存"向"为订单"转变

订单驱动的采购方式使签订供应合同的手续大大简化，不再需要双方询盘和报盘，不必反复协商，交易成本也因此大为降低。同时，在供应链管理环境下，用户响应时间缩短，采购物资能够直接进入制造部门，减轻了采购部门的工作压力。此外，信息传递方式也发生了变化。供应商共享制造商的信息，提高了供应商的应变能力，减少了信息失真。同时，供应商在订货过程中不断进行信息反馈，修正订货计划，使订货与需求保持同步，实现了面向过程的作业管理模式的转变。

3．从"企业内部管理"向"外部资源管理"转变

从供应链企业集成的过程来看，外部资源管理（供应管理）是供应链企业从内部集成走向外部集成的重要一步。要实现有效的外部资源管理，企业的采购活动应和供应商建立一种长期、互惠互利的合作关系，通过提供信息反馈和教育培训支持，参与供应商的产品设计和产品质量控制过程，协调供应商的计划，建立一种新的、有不同层次的供应商网络，并通过逐步减少供应商的数量，致力与供应商建立合作伙伴关系。

4．从"买卖关系"向"战略伙伴关系"转变

基于战略伙伴关系的采购方式为解决库存问题、风险问题提供了新途径。战略伙伴关系可以为双方共同解决问题提供便利条件，降低采购成本。战略伙伴关系消除了供应过程的组织障碍，为实现准时化采购创造了条件。

第二步｜理解品项定位模型与采购策略

一、采购品项与定位模型

采购物料的机会、风险与影响这些因素可以从一方面反映出物料供应面临的问题及造成的影响。采购品项的支出水平反映该物料的成本占年度总采购成本的比例大小。为了更好地进行分类管理，可从采购风险的程度与采购支出水平这两个维度，分四个象限对公司所有物料进行分类定位，如图5-4所示。

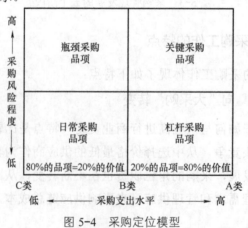

图 5-4　采购定位模型

处于不同象限的采购品项具有不同的特征。

1. 日常采购品项的象限

处于这一象限的采购品项具有如下主要特征：

① 存在许多供应商，且要采购的产品或服务容易获得。

② 采购品项为标准件。

③ 该品项的年支出水平低。

④ 该品项对企业来说风险较低。

⑤ 采购额在单个供应商营业额中所占比重很低。

2. 杠杆采购品项的象限

处于这一象限的采购品项具有如下主要特征：

① 存在许多供应商，且要采购的产品或服务容易获得。

② 采购品项为标准件，专业性极强。

③ 该品项的年支出水平较高。

④ 该品项对企业来说风险较低。

⑤ 企业的采购对供应商的吸引力很大，许多供应商都争着与采购商进行业务往来。

3. 瓶颈采购品项的象限

处于这一象限的采购品项具有如下主要特征：

① 该品项的风险水平高。

② 供应商数量极少。

③ 品项为非标准件，专业性极强。

④ 企业在该品项上的年度支出水平很低。

4. 关键采购品项的象限

处于这一象限的采购品项具有如下主要特征：

① 采购品项为非标准件。

② 供应商数量极少。

③ 不存在替代品。

④ 会给企业带来较高的风险。

⑤ 年度支出水平高。

二、采购策略

针对采购定位模型中不同象限的采购品项，可以运用不同的采购策略，见表 5-1。

表 5-1　处于不同象限的采购品项对应的采购策略

采 购 品 项	采购管理策略	供应商选择	供应商评价	与供应商关系管理	库存管理策略
日常采购品项	减少管理精力	接洽少数供应商直接采纳	最低价格法	商业型	高安全库存水平 长检查间隔期 低度监视与控制
杠杆采购品项	降低成本	邀请尽可能多的供应商 比价/招投标	最低所有权总成本法	合同型	低安全库存水平 短检查间隔期 高度监视与控制
瓶颈采购品项	降低风险	接洽选定数量的供应商 议价/比价	加权评分法	合作型	高安全库存水平 短检查间隔期 高度监视与控制
关键采购品项	降低风险；降低成本	邀请尽可能多的供应商 议价/比价/招投标	价值评估法	联盟型	低安全库存水平 短检查间隔期 高度监视与控制

从表 5-1 可知，当企业采购品项处于"杠杆采购品项"象限时，采购方拥有较强的议价能力，同时许多相互竞争的供应商也有兴趣同企业进行业务往来，从而使企业能够在不冒什么风险的情况下采购到企业所需要的产品或服务。

（1）对于日常采购品项：在采购这些品项时，采购人员不必花费太多的精力。如办公文具或标准的生产耗材。

（2）对于杠杆采购品项：由于企业的采购对供应商的吸引力很大，许多供应商都将争着与采购商进行业务往来。采购方希望尽可能压低价格，且拥有较强的议价能力，许多购买方处于相对有利的谈判地位。一个采购品项对某个企业来说是日常采购品项，而对于另一个企业来说可能会成为杠杆采购品项。例如，一个企业的采购数量有限，其采购的品项在供应商处只能处于日常采购品项地位。若改由配送企业来配送，则配送企业就可利用"集小为大"这一运作，使企业所采购的品项在供应商处处于杠杆采购品项地位，从而提高议价水平，达到降低采购价格的目的。

（3）对于瓶颈采购品项：由于采购品项的年支出水平低，对供应商缺乏吸引力，采购方几乎没有能力对该类品项的供应施加任何影响和控制，因此，如何保证瓶颈品项的供应是企业在采购时需要考虑的一个重要内容。

（4）对于关键采购品项：关键采购品项通常表现为企业的最终产品所必需的某些零部件，或者是基于新技术为企业专门定制的一些行业关键设备。关键采购品项是使企业产品形成特色或者取得成本优势的基础，因而与关键采购品项的供应商保持良好的战略伙伴关系，会对企业的发展起到关键性的作用。

第三步 ｜ 掌握降低采购成本的管理方法

在供应链环境下，总拥有成本（Total Cost of Ownership，TCO），即产品在其整个生命周期过程中所产生的成本，包括从产品采购到后期使用、维护的总成本。在日常业务中，降低采购成本的管理方法主要有价格分析法、成本结构模型法和利润分析法三种主要类型。

一、价格分析法

价格分析是成本管理的"浅层"分析阶段。它不需要建立成本模型，不需要进行价格审核，价格分析以其简便高效而为采购人员所广泛使用。大多数情况下，价格分析往往无法让我们确定供应商的报价是否合理，因此，如需进一步进行价格合理性分析，就要结合成本分析的方法一同使用。价格分析主要采用的方法是"比价"，通常包括以下一些方法。

1. 直观判断法

我们通常所说的"降价"，都是与历史价格相比较而言的。价格比对的前提是建立公平合理的价格基准，企业通常设定的价格基准即我们常说的"标准价格"。为了避免出现"标准价格高定"的情况，我们可以依据历史成交订单的采购价格和采购数量，采用"移动平均法""加权移动平均法"来计算标准价格。这两种计算方法的好处是，综合考虑了过去一段时间内的价格，而不是采用一个时间节点上的价格作为标准价。

2. 公开竞标法

招标是大家都很熟悉的竞价方式，因其流程透明、程序标准，被广泛使用在政府和企业的大宗采购项目中。然而，任何事物都有两面性，尽管招标有如此之多的好处，在实际的采购工作中，我们同样会发现它也存在着许多问题：不招标还好，越招标价格越贵；供应商低价中标、以次充好、恶性竞标；围标、绑标、串标时有发生，还容易滋生腐败；手续繁杂，时间过长，并且牵扯人员多，管理成本高；何况有时候，供应商还不太愿意参与招标……因此，公开竞标并非一剂万能的汤药。政府采购因其对过程的公正公平性的要求，往往需要大量地使用招标作为其竞价方式。然而，对于企业来说，滥用招标很有可能会造成许多负面影响。一位资深采购人曾说过："企业招标有时候变成了一项任务，不得已而为之！"这是许多采购人员想说却又不敢说的话。

3. 协商选择法

在供货方较多、企业难以抉择时，也可以采用协商选择的方法，即由企业先选出供应条件较为有利的几个合作伙伴，同它们分别进行协商，再确定适当的合作伙伴。与招标法相比，协商方法由于供需双方能充分协商，在物资质量、交货日期和售后服务等方面较有保证。但由于选择范围有限，不一定能得到价格最合理、供应条件最有利的供应来源。当采购时间紧迫，投标单位少，竞争程度小，订购物资规格和技术条件复杂时，协商选择方法比招标法更为合适。

4. 互联网/电子目录采购

随着电子商务的普及，传统的目录采购已经逐渐被互联网/电子目录采购所取代。电商采购平台最大的特点是服务流程清晰、价格透明、执行效率高，因此越来越多地被企业所采用。但是，电子目录采购也有一定的局限性。事实上，该方法比较适用于品种繁杂、品牌确定、标准化产品的采购，特别是前文所述的"日常采购品项"的采购。

电子商务在为采购方带来便利和高效的同时，也带来了一些风险。互联网上曾有个笑话："你不知道坐在那头跟你聊天的是不是一条狗。"这个比喻虽未必恰当，却提醒我们在实际采购操作中，对于电子目录供应商的准入依旧需要甄别筛选，依旧需要定期进行绩效评估。

5. 反向拍卖

所谓反向拍卖，即由采购方提供希望得到的产品信息、需要服务的要求和可以承受的价格定位，由卖家之间以竞争方式决定最终产品提供商和服务供应商，从而使采购方以最优的性能价格比实现购买。随着技术的发展，反向拍卖通常采用电子投标的方式，供应商可以在线观察各方的动态报价，从而提高了竞价的合理性，减少了所谓的"赢家诅咒"的风险。电子反向拍卖自 2000 年以来逐渐在欧美开始流行，由于它把反向竞价过程放到网上执行，可以充分发挥互联网的优势。同传统的谈判方式相比，这种做法能给采购方平均节省 11%～12%的成本。在这方面，通用电气公司称得上是佼佼者：2000 年，它组织了 1 万多次反向竞价，省下了大约 10 亿美元。

实施成功的反向拍卖也需要满足一定的前提条件，首先是需求明确，尤其是通过互联网实施的反向拍卖，买卖双方往往无法见面沟通，一份明确的需求说明书将大大降低买卖双方沟通的成本；其次是需要有足够的竞争，因此反向拍卖往往适合"供大于求"的大宗产品采购，由此产生足够的利润来吸引众多的供应商参与。

6. 价格对标分析

企业通常会邀请外部顾问、同行或内部专家参与对标分析。对标分析往往取决于专家的经验和知识，可能需要花费大量的时间或顾问费用。由于其不是基于成本模型的分析，还容易受到顾问专家主观因素的影响。

二、成本结构模型法

第一步：明确成本结构

我们应该对每一项成本逐一分解，明确采购项目的所有成本要素。例如，以采购价格为例，成本要素包括如下部分，如图 5-5 所示。

（1）直接材料成本：直接材料的成本。

（2）直接人工成本：将直接材料转化为成品或完成服务所需要的直接人工成本。

（3）制造费用：指工业企业为组织和管理车间产品生产（或提供劳务）而发生的应当计入产品成本的各项间接费用，具体包括机物料消耗、车间辅助人员的工资及福利费、折旧费、修理费、差旅费等。

```
    直接材料成本
  +直接人工成本
  +制造费用
  ─────────────
  =主营业务成本
  +期间费用
  +税前利润
  ─────────────
  =采购价格
  +取得成本
  +使用成本
  +生命周期成本
  ─────────────
  =总拥有成本
```

图 5-5　成本结构模型

（4）期间费用：指企业日常活动中不能直接归属于某个特定成本核算对象的，在发生时应当计入当期损益的各种费用。期间费用包括管理费用、销售费用和财务费用。

（5）税前利润：指企业交纳所得税以前的计税利润，即企业的营业收入扣除成本费用及流转税以后的利润。

类似地，我们也需要对取得成本、使用成本、生命周期成本的各项要素进行分解和定义。

第二步：获取成本数据

不是所有的供应商都乐于分享成本数据，它们担心提供的成本数据被采购组织所误用，例如变相压价。我们常常遇到供应商利用其优势地位拒绝提供这些数据。此时，我们可以采用以下一些方法。

（1）通过与供应商建立战略合作伙伴关系，在达成保密协议的前提下，获得供应商成本数据。采购组织将它们的供应商视作方案提供商，与供应商建立紧密的互信合作关系有利于共同努力，从而实现比竞争对手更低的成本。

（2）通过询盘、需求方案说明书，从有意愿合作的供应商处获得成本数据。有时候虽然我们仅仅获得了部分数据，但是这些数据对我们后续建立成本模型同样能有所帮助。

第三步：建立成本模型

无论供应商是否提供数据，采购方都应当尽可能地对采购项目建立成本模型。成本模型使用得当，能够帮助公司或客户理解产品的成本结构，能够帮助公司与较为被动的供应商建立基于事实的谈判。我们需要先根据行业数据或者是供应商提供的数据，建立一个行业或供应商的基础成本模型。表 5-2 展示的便是某塑料产品的基础成本模型。

表 5-2　某塑料产品的基础成本模型

成 本 要 素	占比（%）
直接材料成本	56
直接人工成本	8
制造费用	12
主营业务成本	76
期间费用	15
税前利润	9
价格	100

第四步：跟踪并调整成本模型

我们在上一步骤中所建立的基础模型仅仅只是一个开始，随着我们对行业、品类、供应商了解的加深，随着环境、市场的变化，我们需要在未来不断地对模型进行修正调整，以使之更加贴近并反映实际情况。

这里需要指出的是，我们所分解出来的成本要素，许多都和当前的经济环境有着千丝万缕的联系。例如直接材料成本，可能与某个大宗金属材料的市场价格相关联，如铜、不锈钢等，我们可以考虑参考国内外一些大宗商品市场的价格曲线图来建立我们模型中的直接材料成本的曲线图；再如直接人工成本，可能与当地的劳动力成本指数等相关联，我们可以参考当地的政府或劳动部门所公布的官方数据进行调整。诸如此类的信息及数据，都可以成为我们成本模型的一部分。许多跨国企业都建立了专门负责采购成本管理的团队，他们很重要的一部分工作就是建立、跟踪并完成企业采购项目的成本模型。

三、利润分析法

作为采购管理人员，我们常常把双赢挂在嘴边，但是心里却很虚。一方面，担心供应商没说真话，把利润率定得太高，把采购员当猴耍；另一方面，又担心把价格压得太低，导致供应商利润太低，配合起来没有积极性。说到底，是因为我们在成本管理中没有进行利润分析这项工作。利润分析是成本管理中的"最后一层皮"，其目的是与供应商达成合理的利润水平，做到买得踏实、卖得放心。为了能与供应商就利润的计算方法达成一致，我们可以采用以下方法。

（1）当前供应商的利润水平法：新合同将使用与当前供应商或合同相同的利润水平，不管未来合同期内的供应商风险或附加价值如何变化。

（2）行业利润水平法：新合同将使用行业平均的利润水平，供需双方应当就行业数据来源达成一致。

（3）"行业利润水平+奖励"法：采购组织希望它们的供应商能够获得高于行业平均水平的利润，因此在行业平均水平的基础上，采购组织会根据供应商的贡献大小给予一定的利润奖励。

（4）固定的单位产品利润法：供应商的利润是基于单位产品的固定金额，不管未来总成本如何变化。这样做的好处是，供应商不必担心降低成本将会对其利润产生负面影响。

（5）固定的总利润法：假设初期利润已经合理地补偿了供应商的资本投入，没有任何追加投入，总利润将以绝对值的形式支付给供应商，不论采购量的多少。

（6）加权成本要素指标法：该方法通过把每一个成本要素与其利润比例相结合的方法，来计算总的成本与利润。

需要指出的是，为了能够激励供应商更好地履行合同并且吸引更好的供应商，利润分析中有几条原则需要考虑。

（1）鼓励供应商承担更多有挑战的工作，激励那些主动提高工作效率或者长期供应高品质产品的供应商，并补偿供应商因为承担了风险所付出的努力。

（2）在合同谈判的初期就应当明确表示"确保供应商的合理利润"。

（3）假如利润成为成本中的关键部分，例如在成本结构中超过了材料、人工和管理费用，采购专业人士应当仔细与供应商进行讨论分析。例如，利润中是否包括了专利、高风险收益、知识产权等内容，若果真如此，采购人员应当分析是否值得承担这部分成本。

拓展阅读

未来高收入的职业：国际时尚服装买手

根据美国劳工统计局的调查显示，2008～2018年，全球零售商职业买手的就业指数以每年5%的数量稳定增长，而中国作为亚洲最大的时尚产业市场，其对时尚买手的需求也呈不断上升的趋势。可见，时尚买手已经成为未来高收入人群中，职业发展潜力最大的职业，接受时尚买手专业培训快速晋升买手职业，已经成为必然趋势！

国际零售行业的职业买手们不仅要具备极高的专业素养，更要反应快速，具备十分冷静、清晰的商业头脑。作为一个职业时装买手，最大的挑战就是与时间赛跑——"你必须具备控制局面的能力，任何一个小的波动都会影响你的生意！"时刻挑战着专业买手的因素有很多：竞争对手更低的价格、世界范围内的（地域的）经济环境、突然一场暴风雪、产品的地域接受度、原材料生产情况、物流成本变化等，这些都会让局面失控，直接影响销售情况，让一切脱离专业买手的控制。

因此，作为国际时尚零售领域的专业买手，需要具备超前的意识和能力。专业的买手应该能够快速统计、分析、整合数据，控制成本，分析消费报表，与供货商谈判协商，跨地域合作沟通，懂得商务社交礼仪，具备冷静清晰的头脑，此外，还要具备十分敏锐的对销售情况控制的能力。职业买手的收入非常高，然而，与销售情况直接挂钩的薪酬体制，就直接挑战了买手的专业能力："你的薪酬直接取决于你采买的货品入店之后的销售情况和市场反应。"

"拍脑门儿"的采购需求何时休？

案例一：某市电子仪表实验所实验室设备项目以竞争性谈判方式在采购中心实施政府采购。参加投标的两家单位所投数字示波器不满足竞争性谈判文件"标配存储深度≥140Mpts"要求。谈判小组认定为重大偏离，投标无效。项目因实质性响应竞争性谈判文件的投标人不足三家，终止谈判。

案例二：某创业环保集团股份有限公司污泥处理厂工程化验设备项目以公开招标方式在采购中心实施政府采购。参加投标的三家单位均不符合招标文件自动高压蒸汽灭菌器设备的实质性技术要求："通过GLP/GMP检测认证，投标文件中提供证书复印件"。评标委员会认为三家单位投标无效，项目因无合格投标人，废标。

案例一中的需求是否科学合理，值得探讨。竞争性谈判文件要求数字示波器"标配存储深度≥140Mpts"，不符合要求的两家产品标配存储深度分别为"4Mpts""10Mpts"，相差甚远。谈判小组通过向供应商询标，有供应商明确表示可以通过扩展方式达到"标配存储深度≥140Mpts"的要求。但谈判小组认为即便这样，也并不符合竞争性谈判文件的"标配"要求。

采购人在评审现场口头表示，单位负责人想购买质量好的产品，故提高了配置要求，实际使用时低配置的产品也未尝不可。这种擅自提高配置，不经过深入调研就确定需求的行为给项目终止谈判埋下了隐患。从落实主体责任角度考虑，采购人这种行为不符合

《政府采购法实施条例》中对采购人应当科学合理确定采购需求的要求。采购人擅自提高技术要求，不顾市场主流产品的实际情况，"拍脑门"定需求，这种做法不可取。采购人应该加强法律意识、加强主体责任意识。这是确保采购文件科学合理的前提条件。

案例二中有下列两点值得思考：

一是招标文件将"通过 GLP/GMP 检测认证，投标文件中提供证书复印件"一项要求作为实质性技术要求，是否合理？经查询相关资料，GLP 是药品非临床研究质量管理规范；GMP 是产品生产质量管理规范。上述两个证书均是针对企业单位的，而非针对某一项具体产品的。采购人在"自动高压蒸汽灭菌器"的技术参数中做此要求，且设定为实质性要求，是不合理的。

二是投标人如何维权？本项目三家单位均出具了所投产品的生产企业出具的"说明"，明确 GLP/GMP 认证是国家食品药品监督管理局对药品生产、药物非临床研究等企业单位的一种强制性的质量管理规范，而不是对某一个产品的认证。可见，投标人在投标前是知晓招标文件存在"瑕疵"的。但是，三家单位寻找出路的方向错了。

综上所述，因采购人主体责任落实不到位而废标的项目原因多种多样，上述两个案例便是一个缩影。从以往政府采购废标项目来看，在政府采购各方当事人中，大多是采购代理机构背负起相应责任，采购人并未承担起应有的责任。事实上，《政府采购法实施条例》明确指出，采购人在政府采购活动中应当维护国家利益和社会公共利益，公正廉洁，诚实守信，执行政府采购政策，建立政府采购内部管理制度，厉行节约，科学合理确定采购需求。随着政府采购法律法规的健全与完善，采购人要增强法律意识，落实主体责任，切不可擅自提高"门槛"，随意确定需求。否则，和上述三个案例的结局一样——作茧自缚。采购代理机构在实施政府采购活动中，应该服务、监督、引导采购人落实主体责任，同时接受采购人的监督，此项工作任重道远。

任务二　供应商关系管理

▰▰▰▰ 情景导入 ▰▰▰▰

从通用、丰田汽车说"猎人模式"与"牧人模式"

通用、克莱斯勒等历来奉行"猎人模式"，注重短期利益，严重损害了与供应商的关系。什么是"猎人模式"？这就如打猎，看到猎物，一枪放倒，谁让猎物跑得不够快呢？2008 年的金融危机与"猎人模式"一道，可以说是压垮骆驼的最后一根稻草。直到 2009 年年底，美国有 27 家汽车供应商宣布申请破产保护，主要的一级供应商中有一半面临破产威胁。通用和克莱斯勒最后也做了它们所奉行的"猎人模式"的殉葬品。

与"猎人模式"相对应的是"牧人模式"，即日本汽车厂商的管理风格。在"牧人模式"下，汽车厂商就如牧羊人，供应商就如羊群。牧羊人要生活，当然会不时剪羊毛、吃羊肉；但是，牧羊人不会杀鸡取卵，把所有的羊都杀光，而是会想方设法让羊群不断发展壮大。这就如丰田和本田，它们有严格的目标成本和持续降本指标；但不同的是，它们更多的是与供应商协作，一起优化生产工艺和产品设计，来推动更高层次的降本。具体如图5-6所示。

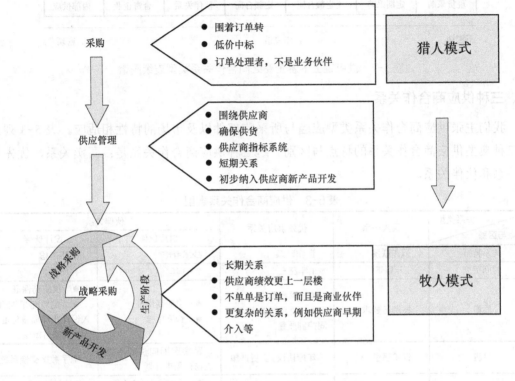

图 5-6 从"猎人模式"到"牧人模式"

与"猎人模式"的降价相比，"牧人模式"以降本为目标，通过降本来降低价格。日本汽车厂商，或者说"牧人模式"的成功，是在于通过更高层次的降本来降低价格。当然，"牧人模式"也有缺陷，比如新的供应商、新的技术很难打入，绩效差的供应商难以被淘汰，时间长了，供应商的竞争力下降，影响到供应链企业的竞争力。这几年众多日本大型企业陷入困境，与"牧人模式"的供应商管理也不无关系。

导入问题：

1. "猎人模式"与"牧人模式"有何不同？
2. 与供应商发展战略伙伴关系有何价值？
3. 如何与供应商发展战略伙伴关系？

第一步 ｜ 供应商合作关系类型

一、供应链企业之间的合作关系密切程度

供应链中的上下游企业之间合作关系的紧密程度各有不同。图5-7为供应链上下游企业之间合作关系类型连续图谱。

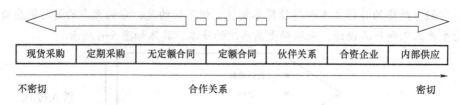

现货采购	定期采购	无定额合同	定额合同	伙伴关系	合资企业	内部供应

不密切　　　　　　　　　　　合作关系　　　　　　　　　　密切

图 5-7　供应链上下游企业之间合作关系类型连续图谱

二、三种供应商合作关系

我们主张供应商合作关系类型应当与所采购部件以及市场的特性相适应。表 5-3 列出了三种典型供应商合作关系的特点与区别。这三种供应商合作关系是：买卖关系、优先供应关系和伙伴关系。

表 5-3　供应商合作关系类型

关系类型 特点与区别	买卖关系	优先供应关系	伙伴关系	
			供应伙伴	设计伙伴
关系特征	运作联系	运作联系	战术考虑	战略考虑
时间跨度	1 年以下	1 年左右	1~3 年	1~5 年
质量	按顾客要求选择	● 顾客要求 ● 顾客与供应商共同控制质量	● 供应商保证 ● 顾客审核	● 供应商保证 ● 供应商早期介入设计产品质量标准 ● 顾客审核
供应	订单质量	年度协议+交货订单	顾客定期向供应商提供物料需求计划	电子数据交换系统
合约	按订单变化	年度协议	● 年度协议（＞1 年） ● 质量协议	● 设计合同 ● 质量协议等
成本/价格	市场价格	价格+折扣	价格+降价目标	● 公开价格与成本构成 ● 不断改进生产技术，降低成本

第二步 ｜ 战略合作伙伴关系的发展

一、发展战略合作伙伴关系的益处

对于公司关键部件采购，很多知名公司精简供应商，与特定的供应商建立合作伙伴关系并取得了成功。实践证明，建立合作伙伴关系可以带来很多益处：

（1）缩短供应商的供应周期，提高供应的灵活性。

（2）减少原材料、零部件库存，降低费用，加快资金周转。

（3）提高原材料、零部件的质量，降低非质量成本。

（4）强化供应商沟通，改善整体供应链。

（5）共享供应商的技术与革新成果，加快产品开发速度。

（6）共享管理经验，推动企业整体管理水平的提高。

建立合作伙伴关系对于买方的益处体现在以下几个方面：

（1）降低总体采购成本。

（2）提高质量。

（3）提高响应速度。

（4）增强新产品开发能力等。

建立合作伙伴关系对于卖方的益处主要体现在以下几个方面：

（1）增加业务量和市场份额。

（2）提高能力。

（3）提高进行长期投资的能力。

（4）获得更高的利润等。

当然，建立牢固的供应商合作伙伴关系需要双方大量的工作和彼此的承诺。某项调查结果显示，采购经理认可供应商合作伙伴关系的重要性，但许多人对于供应商合作伙伴计划并没有热情。这表明建立真正的合作伙伴关系并不容易。

二、定位模型和战略伙伴关系的选择与发展

结合采购定位模型和不同品类的供应商在供应链中的增值作用及竞争力，可将供应商战略伙伴关系分成不同的类型，如图 5-8 所示。图中纵轴代表的是供应商在供应链中的增值作用，对于一个供应商来说，如果它不能对增值做出贡献，那么它对供应链上的其他企业而言就没有吸引力；横轴代表某个供应商与其他供应商之间的区别，主要是设计能力、特殊工艺能力、柔性、项目管理能力等方面的竞争力的区别。

通过上图可以看出，供应商可分为四种类型，各类供应商的特点如下：

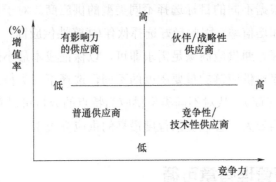

图 5-8 供应商战略伙伴关系类型

1. 有影响力的供应商

这类供应商对制造商来说通常具有较大的增值作用，但其竞争力却比较弱。其特点是数量众多，本身的产品具有较高的增值率；处于某个行业的垄断地位，具有较高的进入壁垒；处于关键的地理或政治位置。由于此类供应商的产品通常已经建立了质量和技术标准，

联盟与伙伴关系价值不大，因此合理的采购方法主要包括根据需求形成采购规模，或者可以签订长期协议。即使与这类供应商建立了合作关系，通常也是较低层次的协议，重点在于降低成本或保证材料的可获得性。

2. 竞争性/技术性供应商

这类供应商提供的产品和服务属于低价值的产品和服务，在整个采购中所占价值比重较低。由于这类供应商提供的产品在某一方面具有技术的专有性或特殊性，具有较强的难以替代性，因此采购这些产品需要耗费大量的时间和精力。对于此类供应商，采购方的重点在于使采购这些产品所需的交易流程尽量标准化和简单化，尽量节省精力，降低与交易相关的成本等。

3. 普通供应商

此类供应商不仅对制造商来说具有较低的增值率，并且数量多，通常产品的质量和技术标准化程度较高，供应商转换成本低，采购方应把重点放在价格分析上，根据市场需求判断最有效的产品。比较适宜的采购方法是施加压力和签订短期协议。对于此类供应商，建立伙伴关系无助于有效地利用时间和资源。

4. 伙伴/战略性供应商

这类供应商提供的产品和服务非常重要，价值较高，这些产品和服务可能对采购方的产品和流程运营产生重大的影响，或者可能影响采购方满足客户需求的能力。同时由于其具有较强的竞争力，产品和服务通常能满足具体采购方的需求，实现了高度个性化和独特化。由于能满足采购方需要的供应商数量相对较少，因此供应商转换成本很高，适宜的采购方法是建立长期的合作关系。

实际运作中，要根据不同的目标选择不同类型的供应商。对于长期而言，要求供应商能保持较高的竞争力和增值率，因此最好选择伙伴/战略性供应商；对于短期或某一短暂市场需求而言，只需选择普通供应商满足需求即可，以保证成本最小化；而对于中期而言，可根据竞争力和增值率对供应链的重要程度的不同，选择不同类型的供应商（有影响力的或竞争性/技术性的供应商）。从对不同类型供应商特点的分析可以看出，伙伴/战略性供应商是对企业竞争力影响最大、管理复杂程度最高的供应商类型。

第三步 ｜ 供应商管理有章可循

有章可循的供应商管理从供应商分类开始。供应商分类的结果是要么供应商太多，要么供应商太少。供应商太多需要整合，太少则需要开发，两者的前提是都得知道好坏。这就需要评估供应商。供应商评估就是通过分析供应商的历史绩效（如果已经在跟公司做生意），以及其质量、生产和物料管理体系，判断其好坏，为下一步的供应商选择做准备，也作为后续改进的基础，制定进一步的供应商改进方案。供应商管理的流程如图 5-9 所示。

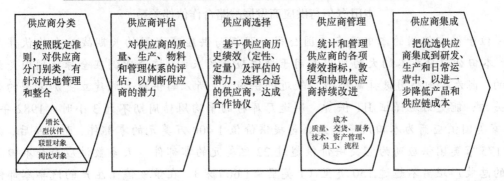

图 5-9　供应商管理的五步流程

在供应商评估的基础上，根据公司的需求，选择合适的供应商，成为未来的合作伙伴，这就是供应商选择。供应商选择的标准是既能满足当前的需要，又能满足未来的需要。有些供应商是关键的增长型合作伙伴，意味着越来越多的新生意将流入这些供应商，我们需要建立长期合作伙伴关系。就如在人类社会中，婚姻关系是最经济、最有效的繁衍后代、延续生命的方法；在供应商管理上，长期合作也是最稳定、成本最低的伙伴关系。

供应商分类、评估和选择的结果是选定合适的供应商，保证公司的新生意流入最合适的供应商。这就如生了一个健康、聪明的宝宝。很多公司把这三步结合起来，叫作寻源或战略寻源。后面的两步就是如何管理供应商的绩效，让其绩效更上一层楼，就如孩子的后天管教和培养。

供应商绩效管理就如考试，供应商有了具体的考核目标，才能更加努力地满足客户需求。作为采购方，制定合适的考核指标很重要，统计绩效、定期反馈给供应商同样重要。围绕绩效目标和绩效水平，采购方可以敦促供应商制订改进计划，以及调整公司的采购战略。

上面简单谈了供应商管理的五步流程。五步流程的成功实施取决于结构清楚、职责清晰的供应商管理组织。供应商管理是跨职能、跨公司的行为，职能与职能、总部与分部之间分工不清，就没法形成合力，以制定统一的供应商战略、选择和管理供应商，以及与强势供应商抗衡。而统一的信息平台则为供应商有关的决策和绩效管理提供充分的信息，同时帮助固化供应商管理的流程。

拓展阅读

本田汽车与供应商发展战略合作伙伴关系

位于俄亥俄州的本田汽车美国公司，强调与供应商之间的长期战略合作伙伴关系。本田公司总成本的大约80%都用于向供应商的采购，这个比例在全球范围内是最高的。因为本田公司选择离制造厂较近的供应源，所以与供应商能建立更加紧密的合作关系，能更好地保证JIT供货。制造厂库存的平均周转周期不到3小时。1982年，27家美国供应商为本田汽车美国公司提供价值1 400万美元的零部件，而8年后，就有175家美国供应商为它提供价值超过22亿美元的零部件。大多数供应商与本田汽车的总装厂距离不超过150英里（1英里≈1 609米）。在俄亥俄州生产的汽车零部件本地率达到90%（1997年），只有少数的零部件来自日本。强有力的本地化供应商的支持是本田公司成功的原因之一。

本田公司与供应商之间存在一种长期相互信赖的合作关系。如果供应商达到本田公司的业绩标准，就可以成为它的终身供应商。本田公司也在以下几个方面提供支持帮助，使供应商成为世界一流的供应商：

（1）两名员工协助供应商改善员工管理。

（2）40名工程师在采购部门协助供应商提高生产率和质量。

（3）质量控制部门配备120名工程师解决进厂产品和供应商的质量问题。

（4）在塑造技术、焊接、模铸等领域为供应商提供技术支持。

（5）成立特殊小组帮助供应商解决特定的难题。

（6）直接与供应商上层沟通，确保供应商提供高质量的产品。

（7）定期检查供应商的运作情况，包括财务和商业计划等。

（8）外派高层领导人到供应商所在地工作，以加深本田公司与供应商相互之间的了解及沟通。

本田与麦格纳·唐纳利（Magna Donnelly）公司的合作关系就是一个很好的例子。本田美国公司从1986年开始选择麦格纳为它生产全部车内玻璃，当时麦格纳的核心能力就是生产车内玻璃。随着合作的加深，两家公司之间的关系越来越密切（部分原因是相同的企业文化和价值观），本田公司开始建议麦格纳生产外玻璃（这不是麦格纳的强项）。在本田公司的帮助下，麦格纳建立了一个新厂生产本田的外玻璃。它们之间的交易额在第一年为500万美元，到1997年就达到6 000万美元。

在俄亥俄州生产的汽车是本田公司在美国销量最好、品牌忠诚度最高的汽车。事实上，它在美国生产的汽车已经部分返销日本。本田公司与供应商之间的合作关系无疑是它成功的关键因素之一。

（资料来源：物流天下）

知识测试

一、判断题

1．采购也能够增进产品和流程设计并有助于将新技术更快地应用于产品和服务。
（　　）

2．在不同的发展阶段中，采购的角色和目标都在不断发生变化，采购的价值不变。
（　　）

3．战略伙伴关系消除了供应过程的组织障碍，为实现准时化采购创造了条件。
（　　）

4．在供货方较多、企业难以抉择时，也可以采用公开招标的方法。（　　）

5．成本模型使用得当，能够帮助公司或客户理解产品的成本结构，能够帮助公司与较为被动的供应商建立基于事实的谈判。（　　）

6．定位模型的杠杆象限，采购品项的年支出水平低，对供应商缺乏吸引力，采购方几乎没有能力对该类品项的供应施加任何影响和控制。（　　）

7．供应商管理是跨职能、跨公司的行为，职能与职能、总部与分部之间分工不清，就没法形成合力。（　　）

8．建立牢固的供应商合作伙伴关系需要双方大量的工作和彼此的承诺,但并不难做到。
（　　）

9．瓶颈型物料适合与供应商发展战略伙伴关系。（　　）

10．在供应商评估的基础上，根据公司的需求，选择合适的供应商，成为未来的合作伙伴。（　　）

二、名词解释

1．总拥有成本
2．公开竞标法
3．成本结构模型法

三、简答题

1．采购管理的发展与供应链环境下采购工作有何特点？
2．什么是采购定位模型与采购策略？
3．如何降低采购成本？
4．与供应商发展战略合作伙伴有何价值？
5．如何进行供应商关系管理？

四、应用题

就表5-4中的汽车零部件类型，对应采购定位模型的四个类型分别快速归类。

表 5-4　一汽 J6 零部件和重汽 HOWO 零部件采购概要

类　别	一汽 J6 零部件	重汽 HOWO 零部件
发动机系统	柴油发动机、气缸体、气缸盖、连杆、曲轴、凸轮轴	散热器、制动比例阀、水泵
传动系统	变速器	前桥、后桥、连杆、变速器、离合器、底盘、传动轴
车身	车桥、车身、摩擦材料、驾驶室	车轮、子午线轮胎、斜交轮胎、驾驶室、车架总成、保险杠、座椅、仪表盘、车门内饰板、转向盘、电池、冲压加工
底盘系统	转向系统	—
其他	安全气囊	—

实训任务　"丰田"与"福特"的采购策略比较分析

任务目标 | 结合案例分析并回答问题。

1. 丰田公司的采购策略有什么特点？
2. 福特公司的采购策略有何特点？
3. 丰田公司为什么要与供应商保持互信合作关系，具体的做法有哪些？
4. 谈谈福特、丰田公司不同采购策略的各自优势与不足。

任务要求 | 分小组分析以上问题，并制作 PPT 汇报。

一、丰田公司的采购策略

（一）对供应商的要求

丰田要求其供应商将生产设施建立在它的整车厂周围，以便于近距离采购。

这种采购要求推动了及时供货。作为对供应商效忠的回报，丰田为协丰会成员提供大量的管理和生产技术方面的支持，在供应商处推行丰田生产系统。这大大提高了供应商的生产率，反过来又促进了丰田产品的竞争力，最终使丰田和其供应商都可以获得长期竞争优势。

（二）与供应商之间的关系模式

丰田与其供应商建立了密切的互信合作关系。

丰田按照供应商所生产部件和对整车的重要程度，将供应商划分为三类：核心部件供应商、特征部件供应商、商品部件供应商。此外，丰田还建立起了二级供应商组织——协丰会和荣丰会，对隶属不同组织的供应商，丰田与其建立了不同的股本关联关系。协丰会成员全部是核心部件供应商（约为 35 家），丰田一般都持有它们超过 30% 的股份。荣丰会成员都是特征部件供应商，丰田一般拥有它们约 10% 的股份。而对于商品部件供应商，丰田一般不与其建立资产关联关系。

（三）给予供应商帮助，实现双方的共赢

为了促进供应商不断提高生产率，丰田的供应商管理采用了一套独特的方法。

（1）一般将每个零部件的生产都分配给两个以上的生产厂商，它通过调整这两个厂家的供货比例来推动供应商不断提高产品质量，降低成本。但它不会轻易断绝某个供应商的关系。

（2）采用多种方法来帮助供应商改进绩效。

1）直接派遣富有经验的工程师到供应商现场帮助改进。

2）成立供应商组织，由供应商之间彼此传授经验。纵向上，将供应商分为协丰会和荣丰会；横向上，又将每个协会分作三个分会，将生产相同部件的彼此竞争的供应商分入不同的分会。每个分会的成员彼此交流生产技术。由于隶属于同一个分会的成员间没有直接的竞争关系，因此可以放心交流。

3）由供应商派出工程师到丰田学习，并学习实际的现场管理经验。

4）直接派出高级经理到供应商处任职。

5）丰田鼓励其供应商向除日产和本田外的其他厂商供货。

作为一个全系列车型的生产商和市场的领导者，其生产能力必然要适度过剩，以利用这种富余的生产能力威慑其他试图向它挑战的企业。相应地，也必然要求其供应商同时具有富余的生产能力。丰田鼓励其供应商向其他企业供货以充分利用这种过剩的生产能力。

丰田除了在自身的系列采购外，也常从独立系和其他系的供应商采购产品，这主要是为了获得最新的产品技术和制造技术。

二、福特公司的采购策略

（一）福特最初的汽车零部件自制策略

20世纪90年代初期，福特集团的汽车零部件自制率达到30%，对于低价值附件，采取竞标原则以获取最低采购成本，整车制造商和供应商之间信息交流很少。随着日本汽车制造商进入美国，美国传统三大汽车集团的零部件子公司高成本问题逐渐变得突出，这导致了美国汽车公司的产品成本要高于丰田等日本企业，竞争力受到严重影响。

（二）全球资源配置战略

福特汽车公司实施全球资源配置战略。在该配置战略中，福特公司着重于评估全球范围内的供应商，以获得一流的质量、最低的成本和最先进的技术提供者。它的目标是建立一个适于全球制造的汽车生产环境，零部件的设计、制造、采购以及组装都是在全球范围内进行的。尽管福特汽车公司不要求它位于世界各地的供应商在美国开设仓库，但是能否从当地仓库实现及时供货仍然是福特汽车公司评价选择供应商的关键标准，这也是全球资源配置成功与效率的关键所在。

福特汽车公司要求其供应商在生产计划变化的时候能迅速做出反应。对于大多数零部件的供应商而言，国际供应商比国内供应商更缺乏柔性。福特汽车公司也尽量保证生产计划的稳定性，短期计划调整的频率也更低。

（三）福特公司和供应商之间的关系

美国整车制造商与供应商之间是契约式的平行关系，但随着日本和欧洲等海外汽车制造商陆续进入美国，这种传统平行关系的弊端渐渐显露，同时福特公司也在努力优化和改变这种关系。福特汽车公司与供应商保持紧密合作，并在适当的时候为供应商提供一定的技术培训，这与不同地区及公司的不同需求有关。一般而言，发达地区的供应商需要的技术支持比不发达地区供应商的少。不少国外供应商都与福特汽车公司在工程、合作设计等方面保持着良好的合作关系，因此，对于很多关键部件，福特汽车公司都有当地供应商相关职员提供有力的技术支持，与全球供应商之间的技术交流困难也因此而得到缓和。

项目六
供应链时间压缩与精益生产管理

能力目标

1. 能够分析供应链总响应时间，并进行初步的时间压缩实践。
2. 能够运用延迟制造策略优化供应链流程。
3. 能够简单运用 JIT 和 TOC 管理工具和方法。
4. 能够初步运用精益生产管理方法提升投入产出效率。

项目思维导图

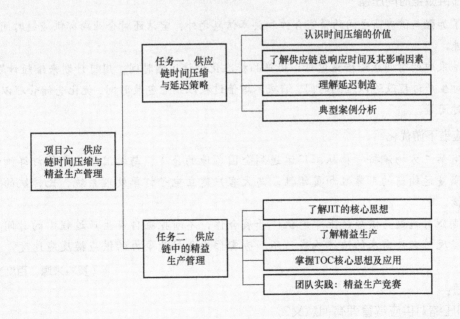

任务一　供应链时间压缩与延迟策略

▚▚▚▚ 情景导入 ▚▚▚▚

"压缩时间"——宝洁供应链优化

在宝洁的发展历程中，缩短距离，更加深入地研究消费者，是宝洁的第三核心竞争力。下面以宝洁公司的洗发产品供应链优化为例，详细剖析宝洁供应链的优化方法。宝洁供应链优化的总体思路就是通过压缩供应链时间，提高供应链反应速度，来降低运作成本，最终提高企业竞争能力。

一、供应商管理时间压缩

宝洁和供应商一起探讨供应链中非价值增值点以及改进的机会，压缩材料采购提前期，开发供应商伙伴关系，建立相互信任关系。压缩供应商时间管理分为以下三点：

（1）材料不同，制订的供应时间也不同：洗发产品生产原材料最长供应时间为 105 天，最短 7 天，平均供应时间 68 天。根据原材料的特点，宝洁公司针对不同的材料将管理策略分为全面合作、压缩时间和库存管理三类。

（2）原材料的库存由供应商管理：宝洁的材料库存管理策略是供应商管理库存（Vendor Managed Inventory，简称 VMI）。价值低、用量大、占用存储空间不大的材料占洗发产品材料的 80%，这类材料在供应链中压缩时间的机会很少，适合采用 VMI 的方式来下达采购订单和管理库存。库存状态的透明性是实施 VMI 的关键。

（3）与供应商进行全面合作：宝洁和供应商一起进行供应链优化，寻找在操作和管理系统中存在的机会。

二、内部供应链时间压缩

除了加强与供应商之间的紧密合作和共享信息之外，宝洁还对企业内部供应链时间压缩进行了改进。

宝洁采取的时间压缩措施包括：用产品标准化设计压缩时间，用日计划来缩短计划时间，用工艺对生产过程改进以压缩时间，缩减不增值过程以缩短包装时间，优化仓储管理以缩减货物存取时间等。

三、供应链下游优化

采用第三方物流将货物从工厂运送到全国各地的仓库，与物流供应商签订详细的运输协议，衡量运输商的可靠性和灵活性。与大客户建立电子订单处理系统，比传统的电话传真更快捷。

宝洁公司通过与供应链上下游伙伴开展合作，不断挖掘自身生产过程中的时间压缩机会，以实现对客户需求的快速响应，不断夯实作为公司竞争力的供应链反应速度。

（资料来源：百度文库）

导入问题：

1. 时间压缩对供应链管理有何意义？

2. 什么是供应链总响应时间?

3. 如何提升供应链的反应速度?

4. 延迟策略对供应链有何实践价值?

第一步 ｜ 时间压缩与供应链总响应时间

一、时间压缩的意义

所谓时间压缩,即寻求各种手段压缩、减少供应链业务非增值时间来实现供应链增值。时间压缩对同时实现低成本、即时交付和有效缓解或消除牛鞭效应有着关键作用。当今企业面临着越来越多的竞争压力,最终消费者对于产品的需求越来越苛刻,不仅要求产品质量好、价格低廉、服务周到,还要求供应链迅速把产品送到顾客手中。速度对于现代企业是至关重要的。

1. 时间压缩意味着利润

有些客户愿意为获得更快的服务而支付费用,满足这些客户意味着将时间转化成双方的利润。时间效率的提高可以降低供应商的库存水平,节约时间和资金。在供应链中,如果时间得到高效管理,时滞减少,供应链中的库存在各成员间的流转加快,从而能降低整个供应链的库存量。配送时间的减少不仅减少了库存,而且减少了重复劳动,提高了产品质量。所有这些改进直接影响着企业的利润。

2. 时间压缩既可带来内部效益,也可带来外部效益

内部效益指供应链节点企业各职能部门内部或之间的利益,诸如更精简的企业组织,更短的计划周期,更快的反应速度,各职能部门间更好地交流、协调和合作。外部效益指供应链企业及其合作伙伴在市场上以更好的质量、更快的客户反应能力、更先进的产品等来获得比竞争对手更多的利益。供应链时间压缩,毫无疑问使得供应链上各企业的内部效益和外部效益都有所增加。

3. 高时效性对国际化更具有重要性

现代企业为了生存和发展,在国内市场发展的同时,必须在全球经济迅速扩张中占有一席之地,开拓国际市场。面对这些挑战,企业管理者必须努力扩大其全球性的物流和分销网络,通过动态的、快速变化的市场渠道将产品送到客户手中。这就要求供应链各企业能够同步高速运作,合理定位库存,使其能在客户需要的时候,以适当的数量、适当的价格提供产品(或服务)满足于客户。

二、供应链总响应时间

对于整个供应链系统而言,其总响应时间应该是指从供应链最终顾客需求信息开始,经过分销网络进入制造企业,制造企业根据订单进行产品设计,产品由最初原材料供应商经过整个供应链的所有阶段直至把产品(或服务)交付给最终顾客的全过程中所累积的全部时间。供应链总响应时间可以被认为由 6 个构成要素组成,分别是:订单处理周期、产

品设计周期、采购周期、供应周期、生产加工周期、产品分销周期，如图 6-1 所示。

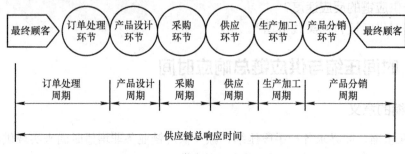

图 6-1　供应链总响应时间

1. 订单处理周期

订单处理周期一般由订单汇聚与传递响应子周期、订单处理响应子周期组成。订单汇聚与传递响应子周期是指最终顾客订单进入核心企业之前经过分销网络处理过程的时间，包括零售商和分销商对订单的汇编与整理等过程。订单处理响应子周期是指订单进入核心企业时到订单进入订单库的时间（包括订单录入、编排等过程）和订单在订单库中等待分解的时间。

2. 产品设计周期

产品设计周期是指设计和开发一个新产品或者改善现有产品所花费的时间。产品设计环节包括许多处理流程，如市场分析、产品定义、产品设计、模具开发、功能确认、工艺流程设计等。

3. 采购周期

采购周期是指采购订单发出之前的处理过程，包括报价、确定供应商、商务谈判、订单签订、合同审批等，以及采购订单从核心制造企业发出到达最初供应商的全部过程。

4. 供应周期

供应周期是指从最初供应商接受订单通过供应网络发货到指定地点的时间，它包括采购、制造、发运等时间。

5. 生产加工周期

生产加工周期一般由生产准备响应子周期、制造响应子周期、入库响应子周期所组成。生产准备响应子周期包括生产安排时间和原材料库存时间、发料时间等。制造响应子周期是指从在第一个工序上开始到通过所有工序加工完成的所有时间。入库响应子周期是指从车间收货、点数、检验到入成品库的时间。

6. 产品分销周期

产品分销周期是指从产品装车通过分销网络直至配送到最终顾客的时间。

供应链总响应时间突破了单个企业的界限，是面向供应链全过程的时间累积。供应链由一系列连续的业务流程所构成，每个业务流程都需要消耗一定时间，整个供应链过程伴随着产生时间连续流，形成了一个时间连续统一体。供应链总响应时间反映了供应链自身对最终顾客的响应能动性，表现为供应链在交货时间上能够满足最终顾客的能力。供应链总响应时间的长短直接反映了供应链调动和使用各种资源的能力，即管理能力，同时也直接反映了供应链管理绩效的状况，因为时间已经成为供应链最重要的竞争要素之一。

三、供应链总响应时间的影响因素分析

供应链总响应时间是供应链中多种因素共同作用的结果，通过对供应链总响应时间的影响因素进行分析，有助于我们找出缩短供应链总响应时间的有效途径。影响供应链总响应时间的主要因素有：供应链的结构、产品质量、供应链合作伙伴关系、信息共享模式、供应链的资源状况和供应链中的库存管理策略。

1．供应链的结构

供应链的结构是由产品的特性、原材料获得的难易程度、销售方式和服务的形式等多种因素决定的。不同的产品具有不同形式的供应链，同一企业也可以是多个不同供应链的实体。供应链结构可从水平层次和垂直规模两个方面来描述。水平层次是指供应链中所包含的所有供应商或消费者的层次数量，它决定了供应链的长短；垂直规模是指对于某核心企业而言，其各层次所包含的供应商或消费者的数目，它决定了供应链的宽度。

2．产品质量

这里的产品是指包括原材料、零部件、半成品和成品在内的所有物品，供应链上节点企业产品质量的高低对供应链响应时间的影响表现为：如果该节点企业有高质量的产品产出，则可以加速后续节点企业的生产制造过程，否则就会导致高返工率而延长该节点企业对下一节点企业的响应时间。

3．供应链合作伙伴关系

合作伙伴关系是指供应链上各企业之间为了满足最终用户的需求这个共同的目标（即增强市场竞争力）达成的一定时期（短期或长期）相互合作的协议，它规定相互之间在一定时期内彼此利益分享和责任共担的关系。根据合作关系的紧密程度，可以把合作关系分为战略合作伙伴关系、部分合作伙伴关系和独立决策关系三种类型。合作伙伴关系是影响供应链总响应时间的重要因素，合作关系越紧密，则供应链总响应时间就越短。

4．信息共享模式

信息流模式包括信息传递模式和信息控制模式两种。信息传递模式是采用串行传递、并行传递还是辐射型传递决定了信息传递时间；信息控制模式是采取分散控制、集中控制还是综合协调型控制决定了信息反馈时间。信息流模式直接影响产、供、销各环节的衔接，如果环节之间衔接不好，会产生大量非增值时间。欧洲 3DayCar 研究项目发现，在汽车定制过程中，80%以上的时间花在处理与订单有关的信息流上，只有不到 20%的时间真正用于制造和分销。由此可见，从信息流角度缩短供应链响应时间的潜力很大。

5. 供应链的资源状况

供应链中各节点企业的资源（如人员、设备和工具等）配置情况、资源饱和程度以及资源质量直接影响到各节点企业运作环节响应时间的长短。例如，资源处于"繁忙"状态时必须等到有资源可供使用，产品加工处理过程中资源出现故障时不得不停下来排除故障解决问题，产品加工完后无运输资源可供调度时必须等待运输等，这些都直接影响到供应链总响应时间。

6. 供应链中的库存管理策略

长期以来，供应链中的库存控制是各自为政的。供应链上各个环节中的每个部门都是各自管理自己的库存。各环节中的大量库存不可避免地导致需求信息扭曲，从而影响到供应链快速地响应顾客的需求。库存策略不同，供应链响应时间也将不同。

拓展阅读

宝洁公司的内部供应链时间压缩

除了加强与供应商之间的紧密合作之外，宝洁还对企业内部供应链时间压缩进行了改进。

1. 用产品标准化设计压缩时间

摒弃原来不同品牌洗发水使用不同形状的包装设计，改为所有洗发水品牌对于同一种规格采用性质完全一样的瓶盖，不同的产品由不同的瓶盖颜色和印刷图案区分。这样一来，减少了包装车间转产次数。例如旧的设计方案，海飞丝 200 毫升转产到飘柔 200 毫升，转线操作需要 25 分钟。统一包装设计之后，包装车间无须机器转线，只需要进行 5 分钟的包装材料清理转换即可。这项改进减少了包装车间 20% 的转线操作，从原来的每个月 112 小时减少到每个月 90 小时。

2. 用日计划来缩短计划时间

宝洁的洗发水生产最短的循环周期是 7 天，平均周期 14 天，最长 30 天。由于洗发水生产循环周期太长，需要在几天之内增加/减少产量时，工厂没有时间快速调整。现在宝洁公司推行每日生产计划，从每周制订下周的生产计划变化为每日制订第二日的生产计划。这样大大缩短了供应链的反应时间，加快了产品对市场变化的反应。

3. 用工艺改进生产过程以压缩时间

宝洁洗发水产品制造车间有 8 个储缸，生产 16 种不同配方的洗发水。宝洁公司要求公司内部生产部门保证 85% 以上的工艺可靠性。其中，洗发水配方和品种的区别如下：一个洗发水配方对应多个品种，各个品种之间的区别在于添加剂不同，如香精、色素以及一些特殊的营养成分等。通过对现状分析，制造部门进行了如下的改进：洗发水生产部门和技术部门合作，制订了储缸分配计划来减少转产并减少生产批量，分别生产 5 种 A 类配方产品，制造车间每次生产 12 吨，即一个储缸的量。包装车间可以根据每笔订单需求量的大小，选择不同的批量大小包装产品。即使 6～16 号配方的产品每天都在车间生产一遍，则转产的损失也只有 5%，远远低于 15% 的上限。

4. 缩减不增值过程以缩短包装时间

包装部门的改进策略主要考虑以下三点：减少转产时间、减少非计划停机时间、提高人员技能。生产部和工程部成立了转产改进小组，合作进行洗发水的输送管道改进项目，来减少洗线时间以及洗线过程中洗发水的浪费。在洗发水输送管道中，增加一种类似活动活塞的器件，洗线时活塞可以快速地把洗发水从储缸送到包装线，这个过程用时很短，相对于正常的输送时间可以忽略不计。这种洗线方式可以减少洗发水在洗线过程中的浪费（原来损耗 5%）。通过这些改进，洗线时间由 40 分钟缩短到 25 分钟。宝洁还针对不同的包装尺寸，设计了一个零部件，可以同时兼容两个到三个包装尺寸，只需在转线时更换一下相位就可以了，其效果使转线时间从原来的 25 分钟缩短到 15 分钟。宝洁公司实施"提高人员技能"策略，改变相应的人员管理和培训制度，使员工在任务紧的时候，可以在不同生产线随意调配；在生产任务不紧的时候，员工可以自主做一些自我培训或者改进项目。

5. 优化仓储管理以缩减货物存取时间

以黄埔工厂管理为例，黄埔工厂的仓储管理在开始实施每日计划时也同步进行了改进。原来的情况是有两种货架：一是叉车可以从提货通道提取任何一个地台板的选择式货架，适合产量不大的品种；另一种是叉车开入式的 3 层货架集中设计，每次出货入货的最小单位都是 12 个地台板，大约相当于 6 吨洗发水产品，即一个最小的生产批量。

对于仓储管理宝洁公司做了如下改进：增加一个货架设计，仍然是 3 层开入式提取和存放货物。但是通过改进，每一层是一个单独的产品品种，即每次出货入货的最小单位是 4 个地台板，相当于最小批量是 2 吨的洗发水成品，使得产品能够根据规模在合适的货架进行存放和提取。

第二步 │ 延迟制造策略及实施关键

一、延迟制造策略的含义

延迟制造，即将产品多样化的点尽量延后，其目的是能在成本一定和风险降低的基础上，快速满足最终消费者的多样化需求。因此企业往往会在整个生产与供应流程中将相同的程序制作尽可能最大化，以获得规模经济，而将按订单生产的差异化制造过程尽可能推延，具体如图 6-2 所示。

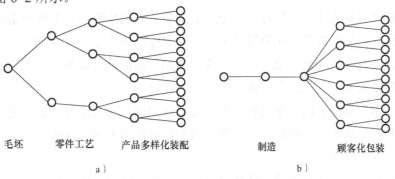

图 6-2　一般生产和延迟制造的流程模式对比图

a）一般的产品结构和生产流程模式　b）基于延迟制造的生产流程模式

一般而言，各种类型的产品在供应链或者某个企业生产的初始阶段会共享一些共同的原材料、工艺流程、零部件，然后在某一点或者某些点上，这些通用的模块经过特定的工艺加工成不同的产品。这些点就是产品差异化点，例如产品定制、本地化生产、包装、配送等都可能是产品差异化点。延迟策略除了尽量推迟差异化点之外，还需要在差异化点之前尽量使产品保持在通用部件状态，以降低与产品多元化有关的风险。

延迟制造主要有以下 3 种类型：

（1）形式延迟　指推迟形成最终产品的过程，即在获知客户确切要求和购买意向之前，仅制造基础产品或模块化部件，在收到订单后才按照客户具体要求进行最终产品生产。

（2）时间延迟　指直到收到订单后才实施最终的制造和处理过程。

（3）地点延迟　指延迟商品向供应链下游活动，接到订单后再以供应链的操作中心为起点，进行进一步的位移与加工处理。

时间延迟和地点延迟一般是相关联的，两者相结合即是物流延迟，将为客户定制的产品向客户方向移动。而形式延迟是对产品制造全过程的改造，涉及模块化设计、参数化设计等方法。

二、实施延迟制造的益处及条件

延迟制造的应用较好地解决了企业产品生产与市场需求之间的矛盾，集成了推动式供应链和拉动式供应链的优势，具有明显的竞争优势。

（1）库存基本以原材料和标准化产品的形式存在，极大降低了库存呆滞和存货跌价风险。

（2）一定程度上保障了产品种类的多样化，能用较低的成本更好地满足顾客的个性化需求。

（3）按订单完成差异化生产的过程缩减，有助于缩短交货提前期，提高快速反应能力。

延迟制造的生产模式虽然有诸多优势，但并不适用于所有行业，它的实施需要有一定的前提和先决条件。

（1）产品可以模块化生产。能够将产品分解为有限的模块，而且模块可以经过组合形成最终产品，对通用模块的可加工性有一定的要求。

（2）零部件可标准化、通用化。多个产品拆分出来的模块能够采用一定的方法进行标准化、通用化，非标零部件的使用量减少，而且非标产品并非不可替代。

（3）经济上具有可行性。延迟制造一般会增加产品的制造成本，因此除非延迟的收益能够弥补增加的成本，否则没有实施延迟制造的必要。

（4）适当的交货提前期。延迟制造要求给最终生产与加工留有一定时间余地，因此过短的提前期不利于延迟制造的实施，但是过长的提前期则无须实施延迟制造，可以直接采用全程拉动式生产供应。

通用的延迟策略主要有 4 种：部件通用化、部件模块化、作业延迟执行、作业重新排序。前两者属于产品延迟的范畴，而后两者属于流程延迟的范畴。

三、CODP 定位是延迟制造实施的关键

延迟制造是推式和拉式的结合。整个生产过程可以分为推动阶段和拉动阶段，推动阶段根据预测大规模生产以获得规模效应，拉动阶段根据订单实现差异化组合的定制服务。在延迟制造中，推动式与拉动式的分界点称为顾客需求切入点（Customer Order Decoupling Point，简称 CODP），如图 6-3 所示。

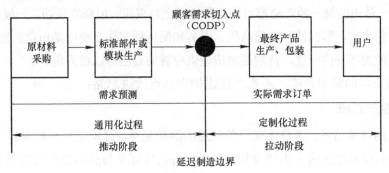

图 6-3　顾客需求切入点示意图

顾客需求切入点是供应链产品增值过程中的分岔点，前后活动在驱动源、产品性质、市场定位、生产类型等方面有明显区别。切入点前追求的是低成本，最大限度地发挥规模效应；切入点后追求的是产品柔性，最大限度地满足顾客个性化需求。延迟制造是以切入点的选择来进行前后平衡，决定"规模"与"变化"的程度，实现供应链整体效应的最大化。

切入点定位与延迟制造规模、延迟类型、顾客化程度、产品柔性等众多因素相关。切入点位置越靠近顾客，延迟活动的规模越小，顾客化活动的复杂程度越低，因为快速响应已有产品品种需求的能力越强，应对个性化需求的能力就会有所下降。而切入点偏于供应链的上游，通用化阶段就无法产生规模经济。

第三步｜宝马汽车的延迟制造实践

宝马汽车斯帕坦堡工厂的延迟策略是值得我们研究学习的案例。

这一工厂同时生产 SUV（运动型实用汽车）和跑车两种车型，产能覆盖了多种车身结构、10 多种的色彩方案和超过 20 款的动力总成配置。在面向全球市场进行销售时，该工厂可提供超过 60 种的个性化定制方案。

该工厂依靠 ERP 和相关的生产管理软件来收集客户的定制信息，并根据订单需求和时间顺序，合理地安排整车制造，在这一管理过程中，个性化延迟制造的应用得到了最大化的推广。其中，自动仓储系统（AS/RS）为延迟化制造提供了便利，在这一仓储系统中，主要以托盘形式存放着各种面向定制需求的、高周转的配件，并配有 8 台用于流转的自动存取机器，直到生产管理系统收到并处理完定制的订单信息，向物料系统发出指令，自动化仓储系统才会将需要的物料传送到总装流水线上，并最终完成装配。一般情况下，这个自动仓储系统中有 85%的

库位是备满配件的。在延迟制造思想和自动仓储系统共同搭配使用下，宝马汽车和消费者之间的灵活性大幅度提高。作为消费者，他们的需求能够得到极大化的满足；作为企业，生产效率、订单交付期、成本控制的压力、服务水平均得到了改善，并在与同行企业竞争的过程中占得了明显的优势。一系列标准化（规模）和顾客化（变化）的策略形成了一个连续统一体，两端是两个极端策略，即按库存生产（Make to Stock，简称 MTS）和按订单生产（Make to Order，简称 MTO）。统一体中的每一种策略都可能在供应链上被采用，但研究表明，一般而言，其定位趋向于统一体的中部，即部件制造标准化、组装和配送顾客化，也就是所谓的延迟组装策略。这一策略可以使大部分供应链，特别是制造型供应链的效应得以最大化。

通过宝马公司的延迟策略，不难总结出如下几点改进思路：

1. 柔性生产系统

收集真实的订单信息，这是面向订单制造的活动起点。订单信息一般来自经销商和销售公司，要求将此信息直接输入生产规划系统中，将具体订单与整体生产进度相关联。规划系统将客户订单和长期预测与工厂生产能力及供应网络结合，及时将所评估的订单交付期反馈给下游的汽车经销商和客户。如 IP 平台车型有两个品牌、两款发动机、两款动力总成、两种规格轮胎、四种规格轮辋、三种规格减振器等配置，交互搭配可以产生两百多种车型，可以将冲压、焊装、涂装、总装等整车制造环节与发动机、变速器等动力总成环节融为一体，使相异平台共线成为现实。结合柔性与刚性流水线来控制大规模定制的成本，在某一方面约束客户潜在的选择范围，即对于某公司双品牌策略来说，所定义的两种品牌风格仅在减振器和弹簧方面有差异，让客户通过在这两种品牌中进行选择来实现自己的差异化需求。

2. 供应链协作

通过供应链协作实现信息共享，与供应商共享客户订单和长期预测信息，此外，将规划系统也共享给供应商，使其用此资源规划自己的生产过程，掌握某个时刻订单的确切状态，以便使需求方掌握交付的时间。通过供应链协作进行信息共享，可以促进供需双方的互动和协商，调整组织结构；整车厂、销售公司、经销商能够共同分析生产能力约束、产品范围、预期销量等，以实现生产成本、物流成本与客户服务这三者之间的平衡。通过信息共享可以做到与供应商互动，在设计前期、后期允许双向变动，再调整种类和订购模块，及时相互告知。通过供应链协作的工作方式可以降低成本，能够消除或者降低配件、整车库存成本，减轻资金压力，使效益最大化。

3. 整合信息系统

完善的 ERP 系统可以密切联系经销商、供应链、工厂底层等管理系统，有效地整合自订单输入到整车交付的采购、物流、制造、营销和财务等所有流程，可以按不同区域做可视化同步更新，价值链资源共享也可成为现实。这一做法可以间接地提升产品柔性化生产的能力，对定制化需求做出敏捷响应。

任务二　供应链中的精益生产管理

情景导入

丰田凭借"精益生产"震惊世界

日本经济如何能够在 30 年间飞速发展？日本汽车工业如何能够后来居上、超越汽车强国美国？这其中有许多值得我们思考和学习的东西，我们不能不提到精益生产（Lean Production）和它的起源：丰田生产系统。

"二战"后，日本经济百废待兴，日本政府制订了"国民收入倍增计划"，把汽车工业作为重点发展的战略性产业，组织产业界人士前往汽车强国美国考察。当时福特公司在底特律的轿车厂每天能生产 7000 辆轿车，比日本丰田公司一年的产量还要多。但是来自丰田公司的代表大野耐一考察了美国这个工厂之后，在考察报告中却写道："那里的生产体制还有改进的可能。"

丰田的人员所指的是工厂里的各种浪费，包括：残次品、超过需求的超量生产、闲置的商品库存、不必要的工序、人员的不必要调动、商品的不必要运输和各种等待等。正是这些浪费的存在，使得他们看到了"改进的可能"。

丰田公司的丰田英二和大野耐一等人进行了一系列的探索和实验，根据日本的国情，提出了一系列改进生产的方法：准时制生产、全面质量管理、并行工程，逐步创立了独特的多品种、小批量、高质量、低消耗的生产方式。这些方法经过 30 多年的实践，形成了完整的"丰田生产方式"（Toyota Production System），帮助汽车工业的后来者日本超过了汽车强国美国，产量达到 1 300 万辆，占到世界汽车总量的 30% 以上。

在制造、电子、计算机、飞机制造等领域，丰田生产方式也成为日本工业竞争战略的重要组成部分，在日本的经济腾飞中起到了举足轻重的作用。

丰田生产方式反映了日本在重复性生产过程中的管理思想，其指导思想是，通过生产过程整体优化，改进技术，理顺各种流（Flow），杜绝超量生产，消除无效劳动与浪费，充分、有效地利用各种资源，降低成本，改善质量，达到用最少的投入实现最大产出的目的。

日本经济的迅速崛起和日本企业在国际市场上的成功，极大地震动了西方企业界尤其是美国企业。20 世纪 80 年代，在政府和企业的大力资助下，美国企业管理领域的学者们开始深入研究日本企业的成功秘诀，同时开始反思美国现存管理思想和生产制造方式的不足。

导入问题：

1. 丰田生产系统的产生背景及意义是什么？
2. 什么是精益生产？
3. 精益生产有何特点？

第一步 ｜ 基于 ERP 的主生产计划编制

一、ERP 及计划总流程

ERP 是企业资源计划（Enterprise Resource Planning，简称 ERP）的英文缩写。ERP 的功能是将企业内外部资源整合在一起，对采购、生产、成本、库存、分销、运输财务、人力资源等进行规划，以达到最佳资源组合，取得最佳效益。在 ERP 技术条件下，生产物流计划和控制与其他业务活动的联系更加紧密，集成性更高。ERP 技术经历的三个发展阶段包括：物料需求计划（Material Require Planning，简称 MRP）阶段，制造资源计划（Manufacturing Resource Planing，简称 MRPII）阶段和 ERP 阶段。

目前，大多数 ERP 系统适合于宏观调控和长期规划，在企业中发挥着很好的作用，但是其对车间层的控制相对薄弱，且其计划与控制相分离，因此，把 ERP 定位在厂级或企业级，负责主生产计划、物料需求计划及各车间零部件的月、周计划。ERP 的计划总体逻辑流程如图 6-4 所示。

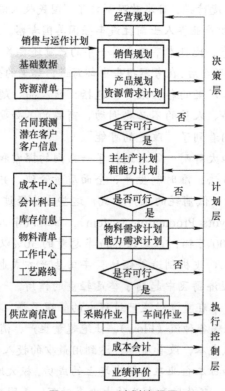

图 6-4 ERP 计划流程图

二、ERP 有关的专业术语

1. BOM

BOM（Bill of Materials）是以数据格式来描述企业产品结构的技术文件。BOM 把用图表表达的产品结构转换成数据报表表格，它是 MRPII 系统中最重要的基础数据。狭义上的 BOM 通常称为"物料清单"，即产品结构（Product Structure）。图 6-5 为自行车 BOM 简图。

广义上的 BOM 是产品结构和工艺流程的结合体，二者不可分割。离开工艺流程谈产品结构没有现实意义。要客观科学地通过 BOM 来描述某一制造业产品，必须从制造工艺入手，才能准确描述和体现产品的结构。BOM 是企业管理中非常重要的基础数据信息，通常也可以用于分析产品的成本结构。小米、华为手机 BOM 成本对比分析如表 6-1 所示。

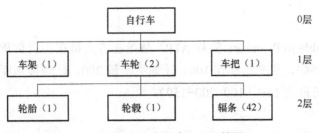

图 6-5　自行车 BOM 简图

表 6-1　小米、华为手机 BOM 成本对比分析　　　　（单位：元）

产品 BOM 成本分类	小米 5sPlus	华为 P9 Plus
主芯片/射频模块	842.14	614.21
内存	671.47	571.14
功能模块	145.19	105.47
主板及被动器件	150.74	146.08
多媒体模块	541.01	342.84
结构件	289.32	264.15
包装材料及配件	168.21	141.33
材料损耗/制造费/售后维修	174.14	162.81
BOM 成本合计	2 982.22	2 348.03
定价	2 599	4 388

2. 工艺路线

工艺路线（Routing）是描述物料加工、零部件装配的操作顺序的技术文件，是多个工序的序列。工序是生产作业人员或机器设备为了完成指定的任务而做的一个动作或一连串动作，是加工物料、装配产品的最基本的加工作业方式，是与工作中心、外协供应商等位置信息直接关联的数据，是组成工艺路线的基本单位。例如，一条流水线就是一条工艺线，这条流水线上包含了许多的工序。

在 ERP 系统中，工艺路线文件一般用以下内容进行描述：物品代码、工序号、工序说明、工作中心代码、排队时间、准备时间、加工时间、等待时间、传送时间、最小传送量、外协标识（Y/N）、标准外协费和工序检验标志（Y/N）等字段。物料代码用来表示该工艺路线是针对何种物料的工艺路线。工序号用来表示该物料加工时需要经过多少个工序，该工序号应该按照加工顺序进行编排。工作中心代码用来表示该工序在哪个工作中心进行加工。排队时间、准备时间、加工时间、等待时间、传送时间五种作业时间，主要是用来描述工序的作业时间，以进行能力计算和车间作业调度。外协标识、标准外协费是指如果该工序（如电镀）对企业来说是进行外协加工的，需要在工艺路线中进行指定。

3. 可承诺量

可承诺量（Available to Promise，简称 ATP）是指业务人员在当前供货状况下能承诺给新客户的订单数量。例如，某产品库存 100，计划生产量 200，已经接到而尚未出货的客户订单量为 150，可承诺量为 150（100+200−150）。

4. 主生产计划

主生产计划（Master Production Schedule，简称 MPS）是对企业生产计划大纲的细化，说明在可用资源的条件下，在一定时期内（一般为 3～18 个月）生产什么、生产多少以及何时交货。主生产计划是确定每一个具体产品在每一个具体时间段的生产计划，它由生产计划大纲转化而来，是按最终产品或产品的组件来进行描述的。

主生产计划与其他计划有很大区别，表现在以下几个方面：①MPS 与销售预测不同，后者不考虑物料和生产能力的可用性问题；②生产计划大纲按产品类别规定生产率，而MPS 则是按最终产品或产品的组件进行描述；③车间作业计划按照订单装配产品，而 MPS 描述产品的最终结构。

MPS 在 ERP 系统中起着非常关键的作用，能够把生产计划同日常作业计划连接起来；为日常作业的管理提供控制；能够推动正式的集成化的计划与控制系统。主生产计划包含许多个人的经验决策，是无法由计算机完成的。制订和强调主生产计划的责任在于人，不在于计算机，而且是一个手动的过程。因此，制订一个好的主生产计划直接影响企业的生产运营效率，关系到供应链的成败。

三、MPS 的编制

1. MPS 逻辑流程

MPS 的编制对象是最终项目，也称最终产品（指具有独立需求的物料），有时也指维修件、可洗件或工厂自用件。MPS 的编制需要注意以下几点：①编制项目若过多，则预测与管理都困难，因此要根据不同的制造环境，选取产品结构的不同层次来进行 MPS 编制，使得在产品结构这一级制造和装配过程中，产品（或选型）数目最少。②只列出可构造项目，而非一些项目组或计划清单项目。③需列出对生产能力、财务或关键材料有重大影响的项目。MPS 的逻辑流程如图 6-6 所示。

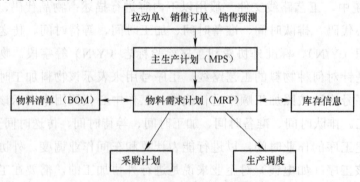

图 6-6　MPS 的逻辑流程

2．协议区与冻结区

MRP 的计划方式就是追踪需求，但预测和客户订单是不稳定、不均衡的，直接用来安排生产将会出现加班加点也不能完成任务或设备闲置导致很多人没有活儿干的现象。在主生产计划这一层，通过人工干预，可以得到一份稳定、均衡的生产计划。为了避免部门之间产生矛盾，可以通过制定需求时区（冻结区）、计划时区、预测时区（协议区）来适当平衡供求关系，如图 6-7 所示。

在图 6-7 中，T_1 是需求时区，也称为冻结区，在这段时间里，生产计划是不会被随意改变的。从 T_1 到 T_2 的时区称作产销之间的预测时区，也称为协议区。双方协议的原则是：如果有料，就可插单。因为车间在此时区内要生产的产品，此时还未开始制造，所以不会引发额外插单的成本，在物料供应状况允许的前提下，理应让业务部门插单，以把握更多商机，让产供销三个职能部门之间达成良好的共识，协调彼此的工作，降低整体成本。

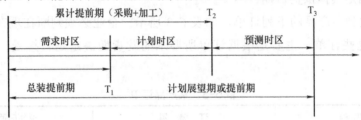

图 6-7　MPS 计划时区

3．MPS 编制实例

（1）编制 MPS 的有关术语

毛需求量： 指在任意给定的计划周期内，项目的总需求量。

计划接收量： 指前期已经下达的正在执行中的订单将在某个时段（时间）产出的数量。

预计可用库存： 指现有库存中，扣除了预留给其他用途的已分配量，可用于需求计算的那部分库存。

安全库存量： 指为了预防需求或供应方面不可预测的波动，在仓库中保持的最低库存量。

净需求量： 指在任意给定的计划周期内，某项目的实际需求量。净需求量=本周期毛需求－前一周期末可用库存量－本周期计划接收量＋安全库存量。

批量规则： 在实际生产或订货中，加工、订货、运输、包装等都必须按照"一定的数量"进行，这"一定的数量"称为 MPS 批量，确定该数量的规则称为 MPS 的批量规则。MPS 计划量并非等于实际净需求量，可根据不同的生产环境采用直接批量法、固定批量法、固定周期法、经济批量法等降低生产成本。

计划产出量： 当需求不能满足时，系统根据设置的批量规则得到的供应数量称为计划产出量。此时计算的是建议数量，不是计划的投入量，是 MPS 计划量。

计划投入量： 指根据产出量、物品提前期及物品合格率等计算出的投入数量。

（2）为某企业编制一个 MPS

某企业欲为其某款产品编制一个 MPS。据市场营销部门预测，该产品 4 月份需求 80

个；5 月份需求 160 个，批量 80，安全库存为 0。如表 6-2 所示。请采用固定批量法为该企业编制 MPS。

表 6-2　某企业某款产品 MPS

期初库存＝45	4月（计划期内）				5月（预测期内）			
周　次	第 一 周	第 二 周	第 三 周	第 四 周	第 五 周	第 六 周	第 七 周	第 八 周
预测量	20	20	20	20	40	40	40	40
订单量	23	15	8	4	0	0	0	0
预计可用库存	45-23	22-20	2+80-20	42	2	42	2	42
MPS 量	0	0	80		0	80		80

对于临时订单，营销部门可以利用可供销售量（Available to Promise，简称 ATP）来签订供货合同，确定具体供货日期。

假定企业收到该产品的下列订单，如表 6-3 所示。企业必须判断在现在的生产计划安排下能否接受这些订单，主要是根据订单所要求的发货期决定是否接受，为此还要更新 MPS 记录。

表 6-3　某产品订单

订 单 序 号	订 单 量	交货时间（周）
1	6	2
2	38	3
3	40	4

第一周的 ATP 量为 45+0-（23+15）=7，即直至下一期（第三周）剩余 7 个产品，预计可用库存可满足在第一周和第二周发货的订单。第三周的 ATP 量为 80-（8+4+0）=68，可满足 3～5 周发货的新订单，如表 6-4 所示。

表 6-4　第一周与第三周的 ATP 情况

期初库存＝45	4月（计划期内）				5月（预测期内）			
周　次	第 一 周	第 二 周	第 三 周	第 四 周	第 五 周	第 六 周	第 七 周	第 八 周
预测量	20	20	20	20	40	40	40	40
订单量	23	15	8	4	0	0	0	0
预计可用库存	22	2	62	42	2	42	2	42
MPS 量	0	0	80		0	80		80
ATP 量	7		68			80		80

第二步 ｜ 丰田的 JIT 生产模式

一、四种主流生产模式及特点

1. 面向订单设计

面向订单设计（Engineer to Order，简称 ETO）是一种最直接面向客户的生产模式。在面向订单设计模式中，由顾客在下订单的同时提出产品的功能和规格需求，企业根据需求进行设计，设计结果由双方协调认可，然后企业根据设计结果投入生产。

2．面向库存生产

面向库存生产（Make to Stock，简称 MTS），也称备货生产，是指在一定的市场调研或市场预测的基础上，采购原材料，组织生产管理人员进行生产，完工后入库，然后再从库存中将产成品发出，进行销售的行为。

3．面向订单生产

面向订单生产（Make to Order，简称 MTO）是指企业在接到用户订单之后，开始采购原材料并组织人员按照客户需求生产产品。在面向订单生产模式中，订单的相关信息从供应链的下游逐级向中、上游传递，各企业理论上在接到订单后才开始组织生产。面向订单生产的产品可以直接交付用户，也可以暂时短期入库，以减少库存积压成本。随着买方市场的出现，及时快速地满足客户日益变化的个性化需求成为企业增强竞争力和保持领先优势的前提，订单生产模式开始主导市场。

4．面向订单装配

面向订单装配（Assemble to Order，简称 ATO）是指零部件预先加工储备，在接到客户订单之后，将有关零部件装配成客户所需的产品。由于面向库存生产和面向订单生产为企业两种典型的生产模式，面向订单装配实际上是面向订单生产与面向库存生产的结合，所以也综合了两者的优点。

四种生产模式的简图如图 6-8 所示。

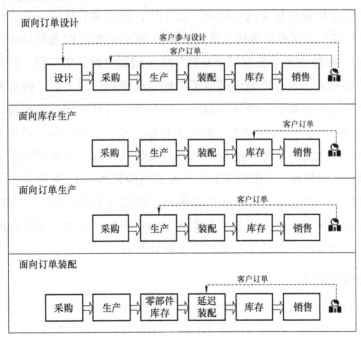

图 6-8　四种生产模式简图

四种生产模式的比较如表 6-5 所示。

表 6-5　四种生产模式的比较

生产模式类型	库存水平	产品多样性	交付周期	客户满意情况	公司效益情况
面向订单设计	零库存	完全根据客户要求设计	产品交付周期最长	能自由选择产品，但等待时间长	无库存压力，但客户损失严重
面向库存生产	可能导致库存过多或者缺货损失	完全根据计划生产，产品种类固定	产品交付周期短	产品种类少，等待时间短，客户满意度低	库存压力大，缺货损失严重，产品种类少
面向订单生产	零库存	根据客户需求随时改进	产品交付周期比较长	能自由选择产品，但等待时间长	无库存压力，但客户损失严重
面向订单装配	有零部件库存，产品库存较少	可以根据客户需求改变产品配置	产品交付周期很短	产品种类多，等待时间也比较短	库存压力小，产品种类多，客户流失少，满意度高

二、丰田 JIT 生产模式的起源与发展

第二次世界大战后，社会进入了一个市场需求向多样化发展的新阶段，相应地要求工业生产向多品种、小批量的方向发展，单品种、大批量的流水线生产方式的弱点日益明显。同时，"二战"后的一些特殊因素，如日本国内的市场规模小，但汽车的种类却很复杂；城市拥挤、能源价格昂贵；日本经济缺乏资金和外汇；国外汽车公司的竞争等，也决定了丰田汽车公司必须选择小批量、多样化、低成本的战略。

20 世纪 50 年代初期，大野耐一从美国超级市场的管理结构和工作程序中受到启发，找到了通过"看板"来实现"准时生产"的方法。大野耐一是看板管理的积极推行者，他认为，可以将超级市场看作作业线上的前一道工序，把顾客看作这条作业线上的后一道工序，顾客（后道工序）来到超级市场（前道工序），在必要的时间就可以买到必要数量的必要商品（零部件）。超级市场不仅可以"及时"满足顾客对商品的需要，而且可以及时地把顾客买走的商品补充上（当计价器将顾客买走的商品进行计价之后，载有购走商品数量、种类的卡片就立即送往采购部，使商品得到及时补充）。1953 年，丰田公司对看板管理进行了试点运行。1962 年，丰田公司全面实施了看板管理，丰田汽车公司在采用以看板管理为特征的 JIT 生产方式之后，公司的经营绩效与其他汽车制造企业的经营绩效开始拉开了差距。到 20 世纪 70 年代时，丰田的 JIT 生产方式逐步完善，JIT 生产方式的优越性开始引起了人们的关注和进一步的研究，日本的其他汽车制造企业纷纷结合企业实际情况学习丰田的 JIT 生产方式，使 JIT 逐步成为"日本式"的汽车生产方式。不仅如此，准时制生产方式的应用还扩展到了汽车制造业以外的许多其他行业。

三、JIT 生产的经营理念

从公司经营的角度来看，JIT 的最终目标是实现公司的利润目标。而实现利润目标的方式是降低成本，不断消除浪费。这是 JIT 区别于传统经营思想的主要方面。传统的经营思想认为，保证利润目标的途径在于产品定价，也就是说，通过产品的成本加上利润得出

产品的价格，这种经营思想的基本逻辑为：价格=成本+利润。而 JIT 则认为，价格是由市场所决定的，在竞争的市场中，企业保持利润的最佳途径是不断地降低成本，其经营思想的基本逻辑为：利润=价格−成本。因此，JIT 生产方式中的基本目标在于消除浪费、降低成本。

在 JIT 中，无效劳动和浪费包括以下几种：过量生产的浪费；等待时间的浪费；运输的浪费；库存的浪费；过程（工序）的浪费；动作的浪费；产品缺陷的浪费。具体来说，要消除浪费，需要实现以下目标：废品量最低（零废品）；准备时间最短（零准备时间）；库存量最少（零库存）；搬运量最低；机器设备的故障率最低；生产提前期最短；生产批量最小。

四、JIT 实施的条件

JIT 是一种管理哲理，它的基本目标是消除企业生产活动方面的浪费。JIT 最适合重复性生产系统，但实施 JIT 需要建立在一系列条件基础之上。

1. 柔性的系统

因为 JIT 系统面临的是多品种、小批量生产的难题，提高系统的柔性就显得非常必要。系统的柔性包括生产设备的柔性、流程的柔性和人员的柔性。设备的柔性就是指同一台设备可以生产多种产品，并且机器在切换生产不同产品时所需的准备时间短。大量生产所用的专用设备，并不适用于 JIT 中的重复性生产。提高生产系统的柔性，关键要提高机器设备的柔性，提高机器设备的柔性关键在于缩短机器设备从生产一种产品到生产另一种产品所需要的调整准备时间。改变机器设备的柔性主要是购置具有柔性的设备，如数控机床、柔性制造单元等，也可以通过改造现有的设备、工艺装备来提高生产系统的柔性。提高人员的柔性也就是要对人员进行多种技能的培训，使人员能够操作多种设备，从事多种工种，即成为"多面手"。这样可以提高系统的柔性，因为一旦发生瓶颈，可以马上重新配置人员，消除瓶颈。提高流程的柔性是指对生产设备进行合理的布置，使物料在整个生产过程中保持连续。

2. 改进产品设计

提高机器设备的柔性是提高生产系统柔性的一个重要方面，提高生产系统柔性的另一个方面在于改进产品的设计。在 JIT 生产方式中，通过产品的合理设计，可使产品易于生产和装配。当产品范围增加时，应尽量保持工艺过程不增加，具体可以采用的方法有基于标准化产品的变形设计、模块化设计和在设计时考虑生产的自动化。基于标准化产品的变形设计是指在产品基本型号的基础上，改动少量零部件，从而形成各种变形产品，用于满足不同需求。由于基本型号与变形产品之间存在着大量标准件和通用件，可以使生产过程相对简化。通过设计各种基本模块，将这些模块按不同的组合方式，形成多种多样的产品，同样也可以简化生产过程，使产品范围扩大。

3. 全面质量管理

JIT 和全面质量管理是一种相互促进的关系，质量是实施 JIT 的保证，不从根本上保证质量，则不可能成功地实行 JIT。JIT 追求零库存和生产的准时性，要达到零库存并能稳定均衡地进行准时生产，就必须消除所有生产中的浪费，包括产品返工、物料的浪费。在理想的

JIT 中不允许出现次品，否则就会打乱准时生产体系，因此，JIT 的顺畅运行需要全面质量管理的保证。在 JIT 中，通过将质量管理贯穿于每一道工序之中来提高质量和降低成本。在 JIT 中，设备或生产线自动检测不良产品，一旦发现异常或不良产品，该设备或生产线的操作工人可以自动停止设备运行。由于一旦发现异常，生产线或设备就立即停止运行，管理者和工人积极找出发生异常的原因，并有针对性地采取措施，防止类似问题的再次发生。

4. 与关键供应商建立合作关系

正如顾客和员工是 JIT 系统的关键组成要素一样，供应商对 JIT 同样十分重要。在 JIT 方式下，要缩短提前期，实现准时采购，就要求供应商按 JIT 方式供应原料或零部件。供应商要频繁、小批量地在指定时间供应指定数量的物料，如果供应商采用传统的生产方式，为了不失去市场，只能增加自身的库存，这实际上是一种库存的转嫁，从整个供应链角度来看，总库存水平并没有降低。为了真正实现 JIT，应当有供应商的参与。企业要尽量选择合适的（例如相互距离较近）和有合作意愿的供应商，与之结成长期相互信任的良好伙伴关系。从理论上说，供应批量越小越好，供应次数越多越好，且供应的物料应该是无质量缺陷的免检产品。供应物料的质量取决于供应商的全面质量管理工作，小批量、多频次地供货与距离远近有关。在距离较近的情况下，实际上可将实施 JIT 的供货企业看作生产企业的一个环节。在合作方面，生产企业应当给予供应商一定的帮助和支持（如技术支持）。

5. 看板管理

看板管理是 JIT 实施的一个重要工具。

6. 均衡生产

JIT 生产的最后一个主要的实施条件是均衡生产。所谓生产均衡化，是指总装配线在向前道工序领取零部件时均衡地使用各种零部件，混合生产各种产品。因此，在制订生产计划时应加以考虑。

第三步 ｜ 约束理论及其应用

一、约束理论的产生背景

20 世纪 70 年代末，以色列物理学家高德拉特（Goldratt）首创最优化生产技术（Optimizational Production Technology，简称 OPT），这是一套用于安排人力和物料调度的计划方法。1992 年，高德拉特撰写并出版了一部畅销作品《目标》。在这本书里，它以故事的形式介绍了 OPT 思想。最初，高德拉特是为他朋友的制造厂设计的这套方法。该厂使用这套方法后，迅速摆脱了困境。在此基础上，高德拉特和他的同事们又进一步开发了适用于制造的系统软件，并申请了专利。为了便于用户理解 OPT 的运算原理，高德拉特描述了 OPT 的九个原理。由于在管理思想上很有特点，并在生产实践中取得了明显的经济效益，OPT 已被国际上一些大企业重视并采纳，如通用汽车公司、通用电器公司、飞利浦、柯达等。高德拉特在 OPT 的基础上进一步扩展了应用范围，发展了约束理论（Theory of Constrains，简称 TOC）。这一理论现已成为一种可用于多种行业（不局限于制造业）的解决问题的方法。

二、TOC 核心概念

1．瓶颈

所谓"瓶颈"，是指制约生产系统产出的关键生产资源。生产资源由生产能力的主要特征决定，可以是机器，也可以是人力资源或生产场地等。因此生产系统中的瓶颈，有可能是制约系统产量的某种机器设备或具有高技能的专门操作者，也可能是掌握某种知识与能力的管理人员或技术人员。大多数企业一般都存在瓶颈的问题。如果企业没有瓶颈，那就意味着存在富余的生产能力，为了充分利用生产能力，企业很可能会在运营上做一些调整，以降低成本。如减小生产批量（同时增加了设备的调整次数）或压缩生产能力（解聘人力或出租设备），其结果又会促使瓶颈产生。所以，生产系统是一个动态的系统，瓶颈与非瓶颈在一定的条件下会互相转化。

2．DBR 控制

所谓 DBR（Drum-Bufer-Rope）控制，是指生产系统中采用鼓点、缓冲以及绳索的方法来控制整个生产系统。

（1）鼓点　任何一个生产系统都需要设置控制点对生产系统的物流进行控制。那么应该如何设置控制点的位置呢？若生产存在瓶颈，则瓶颈就是最好的控制点。在 TOC 系统里，这个控制点叫作鼓点，因为它敲出了决定生产系统其他部分运转的节拍，像击鼓传花一样，由鼓点决定传花的速度及工作的起止时间。由于瓶颈的能力小于对它的需求，所以把瓶颈作为控制点就可以确保前道工序不过量生产，以免前道工序生产出过量的瓶颈无法消化的在制品库存；当生产系统不存在瓶颈的时候，那么就把能力约束资源（CCR）作为鼓点。

（2）缓冲　TOC 系统最突出的特点，是可以充分发挥瓶颈的作用，确保瓶颈始终有工作可做。为了让瓶颈连续有工作可做，重要的措施之一就是在瓶颈之前设置缓冲。在瓶颈前的库存实质是一种时间库存，例如提供 60 小时的库存量，就意味着当前道工序由于意外情况发生中断时，瓶颈工序还可以连续工作 60 小时。

当系统不存在瓶颈，选 CCR 为鼓点时，则要在两处设立库存：一处设在 CCR 之前，另一处设在工序末端后，即产成品库存。若工序末端存有一些成品库存，则市场需要时可立即提供，以防顾客流失。

（3）绳索　TOC 生产系统找到鼓点可以控制生产的节拍，但是怎么实现这种控制，怎样让鼓点前的工序不多生产？实现这种控制的方法就是通过绳索来传递信息。

3．能力的平衡

生产能力的平衡是指生产系统内各阶段、各类型的生产能力与负荷都是均衡的。其具体含义为：①生产系统各阶段的生产能力是相等的，即每一阶段可完成的零件品种数量都是相等的；②所完成的产品数是以平均工时来计算的，如某工序全天生产能力为 8 小时，能力利用率假设为 90%，工序单件工时为 $t=10$ 分钟，则该工序每天可完成产品数=8 小时

×90%×60 分钟÷10 分钟=43.2（个）；③能力的利用率在各阶段是平衡的，是指每一个阶段能力的利用率是相等的。若某一阶段生产能力的利用率是 90%，则按照能力平衡观点，要求每一阶段能力的利用率都是 90%。

三、TOC 系统的指导思想

1. 瓶颈资源的损失，就是整个系统的损失

既然瓶颈资源是制约整个生产系统产出的关键资源，那么瓶颈资源工作的每一分钟都直接贡献于生产系统的产出。所以，在瓶颈资源上损失一小时，就意味着整个生产系统损失一小时。

2. 生产系统受瓶颈的制约和控制

由于瓶颈资源决定了整个生产系统的产出量，为了使得瓶颈资源被充分地利用，应该在生产系统中设置相应的缓冲环节，以免资源受相关环节的干扰。资源缓冲环节应设置在瓶颈工序之前，以及与通过瓶颈工序的物流相关的装配环节之前。

3. 系统的总产出量取决于瓶颈资源的产能

由于非瓶颈资源的利用程度由瓶颈资源的能力来决定，系统的总产出量取决于瓶颈资源的生产能力。

4. 在非瓶颈资源上提升效率是没有意义的

由于系统的能力受瓶颈资源的制约，因此在非瓶颈资源上节约时间对整个系统来说不产生作用。相反，在非瓶颈资源上节省时间和提高生产率往往需要付出代价，而且这种代价的付出不能获得经济效益，因此是没有意义的。那些不区分瓶颈与非瓶颈而一味强调提高生产率的做法是有问题的。

5. 发现并优先提升瓶颈的有效产出量是关键

为取得生产系统的最大产出，就应该保证瓶颈资源 100%的利用率。在 TOC 系统中，通常采用下述措施来提高瓶颈的产出量：

（1）在瓶颈工序前设置质量检查站，保证流入瓶颈的工件 100%都是合格品。

（2）在瓶颈工序前设置缓冲环节，以使瓶颈不受前面工序生产率波动的影响。

（3）加大瓶颈设备的生产批量，以减少瓶颈设备的调整次数，从而增加瓶颈设备的总基本生产时间。

（4）减少瓶颈工序中的辅助生产时间，以增加设备的基本生产时间。

拓展阅读

本土企业"精益生产"推行过程中的问题及解决方案

中国企业需要推行"精益生产"，特别是要推行适合我国国情、厂情的精益生产方式。

一、存在问题原因分析

1. 对出现问题的控制能力不强

在不断地压缩库存量的过程中，即使是小问题，也会因为备用品不足而需要再一次提出申请，领取相关材料和零件。只有勤于思考，才能及时发现并解决问题，不断优化和提高生产工作。

2. 对精益生产方式的理解还不太准确

我国企业目前对精益生产方式的理解还不是太准确，有些小企业甚至将生产方式生搬硬套到生产活动中，没有全面系统地认识、了解和领悟生产方式的精髓，使得质量管理脱离了实际生产，没有危机意识。

3. 不能及时发现问题和解决问题

操作者不能针对一套设备不断地总结操作规律并发现操作中存在的问题。但随着操作者经验的积累，其发现和解决问题的能力会越来越强。

二、在我国企业中推广应用精益生产的建议

1. 正确地应用精益生产方式

我们要对丰田生产方式有正确的理解，灵活地加以运用。我们要有危机意识，质量管理决不能脱离生产过程。在我国企业中推广精益生产方式，需要做大量的宣传和改进工作，要推进国产化，加强对员工的培训，增强企业家的危机意识。精益生产方式的应用策略有以下六个方面：①转变观念，下定决心；②做好全员教育与培训的工作，提高从业人员的素质修养；③建立起与引进、推广精益生产方式相适应的企业内部组织；④开展5S活动，完善企业的基础管理；⑤结合自身的实际情况，找出适合本企业的丰田生产方式。⑥经营战略要明了，不盲目地效仿和跟风，要形成企业自身的核心产业和核心竞争力。

2. 要加强生产管理

先进的生产方式对于管理者和职工提出了新的要求，对于管理者而言，无论什么生产方式的实施都是建立在良好的企业管理基础工作之上，尤其是企业的生产现场管理工作之上的。加强生产管理的基础工作，包括5S活动、方法研究、作业测定、布局研究、平衡生产线等一系列工作的逐步推进。与此同时，企业方面还要加强对工人的教育培训，使得他们在逐步掌握必需的技能（如一工多能、一人多机与维修检测等）的同时，能够习惯相互协作与自我管理。

3. 适度地将权力下放

先进的生产方式不止涉及生产流程与技术问题，还涉及生产管理组织结构与管理方式问题。先进的生产方式要求"柔性"的、趋于"扁平化"的组织结构与参与式的管理方式相适应。企业要在组织的中层、基层将权力适度下放，要信任员工，鼓励他们积极参与，提倡加强企业"中层管理"而不是"中层监督"。

综上所述，精益生产在我国的推广和发展中遇到了各种问题与障碍，但作为一种新生事物，它的发展势头不可抵挡，越来越多的企业相继开始采用，而国外先进的生产管理方式同我国的实际情况的结合不会是一帆风顺的，我们要正视这些问题，必须积极面对这一过程中出现的种种问题和困扰，总结出符合我国国情，并能使生产卓有成效的管理方式。

（资料来源：https://wenku.baidu.com/view/8c049bcc2b160b4e767fcfdg.html）

趣味小游戏　　　　　　"纸飞机"精益生产趣味竞赛

教学内容	①生产过程与作业分析；②生产流程优化与创新；③瓶颈问题与均衡生产；④JIT 与精益生产。
教学任务	（1）标准化产品的生产过程与作业分析。主要包括：①能运用 5W1H 提问管理工具，快速理解客户需求并分析拥有资源状况；②能快速识别标准产品生产工艺流程图，并进行初步的程序分析、操作分析、动作分析；③会测算加工作业周期和工作效率；④会测算标准作业工时；⑤能快速把握质检要点进行检验；⑥能分析不合格品产生原因，追溯责任人并进行质量改进；⑦会有效沟通和组织内学习，提升个人工作效率。 （2）产能最大化的"生产线"设计与创新。主要包括：①能运用程序分析、操作分析、动作分析提高投入产出效率；②能对工艺流程进行组织优化；③能计算生产节拍，对生产线组织优化；④会合理安排资源投入与员工激励；⑤会初步进行全面质量管理；⑥能发现瓶颈问题，找出解决方案提升产能。 （3）"精益"生产系统设计与持续改善。主要包括：①会制订供求计划平衡供需；②能按客户需求节拍组织拉式的精益生产系统；③能持续改进生产系统，实现均衡生产；④能综合运用价值流程图，5S 现场管理、JIT 和约束理论等管理方法组织精益生产系统。

导入部分[15 分钟]

教学内容	教学过程
一、开始部分 （1）班长报告人数 （2）宣布本次课程的教学内容、目的和任务 二、准备部分 （1）选拔教学助理、监工等服务人员 （2）分组建立公司并选拔公司总经理 （3）生产前准备（领取生产材料、工具、生产指导图纸与各类表格）	（1）介绍该课程的特点、考核评价方法、学习方法，提出学习过程的注意事项与要求 （2）多媒体教学、体验式教学、引导启发式教学、多轮趣味竞赛与分阶段课堂讨论分享结合

主体部分[135 分钟]

教学内容	教学过程	相关要求
一、标准化产品的生产过程与作业分析[45 分钟] （1）布置任务一 　市场客户的需求每分钟最大的需求量为 5 个特定型号款式的纸飞机。要求每个小组在 5 分钟时间内，按照每个人独立生产完成一个完整的纸飞机的生产方式进行生产，活动开始以后不允许交谈，各自独立操作，具体折法严格按照客户指定的标准 （2）明确客户需求及产品标准 　用 A4 纸折成的"燕子飞机"如图 6-9 所示。  图 6-9　燕子飞机	一、第一轮竞赛：个人手工生产模式 （1）分组准备（角色分工、物料工具） （2）宣布竞赛规则　分别选取在 5 分钟内生产合格品最多的小组和个人，各选取前三名 （产品编码规则：企业编号＋员工编号-生产顺序号 3 位数，例如：AZRZ-001） （3）赛前培训准备　要求每个学生按图纸折出一个合乎规格的纸飞机 （4）组员内部交流学习，提高产出效率 （5）明确合格或不合格的检验标准	第一轮竞赛： （1）每组参与生产的人数相同，组长（总经理）负责整个生产过程协调，不允许直接参与生产纸飞机 （2）学生第一次练习生产过程时，要求慢做，不断梳理业务流程。对于各种细节、错误要逐一解决，保证理解透彻，牢固掌握 （3）竞赛过程中，要求学生做好做快，全力投入，每个小组实行末位淘汰制 （4）讨论交流环节，要求学生反思、总结。在下一轮中必须做得更快更好，否则将被淘汰出局

（续）

教学内容	教学过程	相关要求
（3）介绍标准产品的生产作业流程 "燕子飞机"可按 11 个步骤折成，分别是： 步骤 1：取一张 A4 纸，沿一边折一个等边直角三角形；步骤 2：掀起一角向另一角折去，形成一个三角形；步骤 3：将纸展开，沿折痕向内折去，形成一个双三角形，再次压平；步骤 4：掀起上面三角形的两角，分别折向顶端；步骤 5：再次向中线折边，上下各折一次；步骤 6：展开得到两道内痕；步骤 7：掐住一角，向中心线折去，形成竖起的尖角；步骤 8：向后翻折；步骤 9：沿中线对折；步骤 10：折起一个边，折出翅膀；步骤 11：整理成型 （4）质量检验标准确定 ①有多余重复折痕；②对折不对称，误差超过 0.5 毫米的；③产品编号缺失或未按规定编制；④折错或未基本定型的均属于不合格品 （5）测算标准工时和加工周期 标准工时是指具有平均熟练程度的操作者，在标准作业条件和环境下，以正常的作业速度和标准的操作方法，完成某一项作业所需要的总时间 其计算公式为：正常时间=实测作业时间×评定系数 标准工时＝正常时间+宽放时间=实测作业时间×评定系数×（1+宽放率）＝正常作业时间×（1+宽放率） 二、流水式"生产线"设计与创新（45 分钟） （1）布置任务二 市场客户的需求每分钟最大需求量为 10 个特定型号款式的纸飞机。要求每个小组在 5 分钟时间内，分工序团队合作完成每一个纸飞机的生产，工序安排由小组讨论决定，每个人的工序安排要求不一样，折法按照分发的纸飞机生产标准进行 （2）生产线常见类型与优劣比较 1）屋台式单元生产线 优点：平衡率最高，可达到 100% 缺点：要求员工技能全面，培训难度大；要求机器设备数量充足 2）逐兔式单元生产线 优点：弥补了屋台式对设备数量要求高的缺陷 缺点：由于依旧为一人完结方式，依然要求员工技能全面，培训难度大，出现了不平衡问题 3）分割式单元生产线 优点：弥补了屋台式对设备数量要求高的缺陷；员工技能要求相对较低 缺点：平衡率相对较低 （3）计算"节拍" 在生产管理中，节拍是精益生产的关键理念。节拍，简称生产节拍，它是控制生产速度的指标。明确生产节拍，就可以指挥整个工厂的各道工序，保证各个工序按统一的速度生产加工出零件、半成品、成品，从而达到生产的平衡与同步化 节拍分为两种，即生产节拍和客户需求节拍。生产节	（6）准备，安排教学助理统一开始计时 5 分钟，各组组员开始独立完成飞机生产并按要求编码 （7）时间结束，监工收集各组成品，并统计数量 （8）相互确认合格品数量与不合格原因 （9）按合格品数量，小组比较排名，个人选取前三名 （10）讨论交流分享 二、第二轮竞赛：流水线生产模式 （1）第二轮活动规则讲解 评价规则：团体产出效益最大化 （以 5 分钟内小组产出的合格品数量为主要评价标准） 飞机编码规则：企业编号-生产数量；企业编号为 1 位代码，生产数量为 3 位代码 如：A 企业生产的第 5 个飞机，则飞机代码为：A-005。 （2）各组进行生产线方案讨论（10 分钟） （3）确定方案并组织生产线布局 （4）各组生产线投产试运行，产出一个合格品，并保证每道工序有一个在制品 （5）赛前准备与审查 （6）第二轮比赛开始计时，助教与监工负责监督各组是否按要求作业，避免投机行为，保证公平 （7）各组成绩统计及点评 （8）各组讨论，并派代表总结分享经验 三、第三轮竞赛：精益生产模式 （1）第三轮活动规则讲解 评价规则：按客户需求及时交付，团体投入最小化 （以 5 分钟内，小组每分钟交付两架飞机，材料和人工投入最小化作为主要评价标准） 飞机编码规则：企业编号-生产数量；企业编号为 1 位代码，生产数量为 3 位代码	第二轮竞赛： （1）每组参与生产的人数相同，组长（总经理）负责整个生产过程协调，不允许直接参与生产纸飞机 （2）必须合作生产一个纸飞机，不允许单人独立生产纸飞机 （3）第二轮各组的最终产出量比第一轮至少高 50%，否则视为方案失败 （4）每位学生必须对所在工序的质量和生产效率负责，具有高度的团队合作精神。组长有权撤换不听指挥的学生。原设计方案中的非瓶颈工序变成瓶颈工序的学生将在下一轮被淘汰出局 （5）讨论交流环节，要求学生反思、总结 第三轮竞赛： （1）每组参与生产的人数相同，组长（总经理）负责整个生产过程协调，不允许直接参与生产纸飞机 （2）组长根据前两轮的员工表现，提前与组员共同决定参与生产的员工 （3）每位学生必须对所在工序的质量和生产效率负责，具有高度的团队合作精神，组长

161

（续）

教 学 内 容	教 学 过 程	相 关 要 求
拍，就是在流水线上从上一个产品开始加工到下一个产品开始加工中间的时间间隔 客户需求节拍（T/T），是指在规定时间内完成预定产量，各工序完成单位成品所需的作业时间 计算公式：节拍＝可用生产时间÷订单量 （4）瓶颈工序 瓶颈工序是指生产线所有工序中所用人均工时最长的工序，通常指一道工序，有时也指几道工序 三、"精益"生产系统设计与持续改善（45分钟） （1）布置任务三 市场客户的需求每分钟需求量为两个特定型号款式的纸飞机。要求每个小组严格按需求拉式生产纸飞机。在5分钟时间内保证完成客户需求总量的前提下，保持生产均衡性、消除浪费，使投入资源最少。 （2）精益"拉式"生产线的工作原理 理想状态下，在实际生产时，根据JIT的要求，为满足客户需求，将生产节拍设定为客户需求节拍 节拍设定：生产节拍＝客户需求节拍 组建生产线前，需要了解客户的需求，即客户节拍 计算公式：客户节拍＝可用生产时间÷订单量 （沟通、合作、消除浪费、提高价值） （3）生产线平衡—均衡生产 生产线平衡是指在规定的生产速度下，使工作地之间的负荷均衡化，从而使得工作地的作业时间相同或相近的一种技术。生产线平衡是衡量生产线工序水平的重要指标之一，生产平衡率越高，则生产线发挥的效能越大 平衡率＝生产线各工序时间总和÷（瓶颈工时×人员数） （4）持续改善 能综合运用价值流程图、5S现场管理、JIT和约束理论等管理方法组织精益生产系统。	如：A企业生产的第5个飞机，则飞机代码为：A-005。 （2）各组精益生产线方案讨论（10分钟） （3）确定方案（明确生产员工与生产工艺及布局） （4）赛前准备与审查（全部零库存） （5）第三轮比赛开始计时，助教与监工负责监督各组是否按要求作业，避免投机行为，保证公平。 （6）各组成绩统计及点评 （7）各组讨论，并派代表总结分享经验	有权撤换不听指挥的学生 （4）要求每组学生的台面按5S标准保持整洁。比赛计时结束时，小组所有组员台面的所有材料和在制品均计入生产投入 （5）讨论交流环节，要求学生反思、总结

总结部分[30分钟]	
教 学 内 容	教 学 过 程
（1）根据学生练习中出现的问题，集中澄清说明 （2）总结比较三种方式的基本特点、条件和管理难点 （3）总结精益生产的特点，重述难点问题——节拍、均衡生产、全员质量控制 （4）总结领导力与团队合作方法	（1）归纳比较各组在三轮比赛中出现的问题、解决途径及效果，讲解相关生产系统原理，重申管理重点及方法 （2）问答互动 引导学生思考精益生产的特点，分析精益生产与传统生产方式的区别。强化本次课程的重点内容（明细核算和综合核算流程） （3）总结拓展提升 组织不同管理角色的学生代表发言总结收获，提升总结领导力、团队沟通能力

知识测试

一、判断题

1. 时间压缩对同时实现低成本、即时交付和有效缓解或消除牛鞭效应有着关键作用。

（　　）

2. 供应链总响应时间突破了单个企业的界限，是面向供应链全过程的时间累积。

（　　）

3. 合作关系越紧密，则供应链总响应时间就越长。（　　）

4. 延迟制造，即将产品多样化的点尽量延后。其目的是能在成本一定和风险降低的基础上，快速满足最终消费者的多样化需求。（　　）

5. 延迟制造是以切入点的选择来进行前后平衡，决定"规模"与"变化"的程度，实现供应链整体效应的最大化。

（　　）

6. JIT 是一种管理哲学，它的基本目标是消除企业生产活动方面的浪费。（　　）

7. 在非瓶颈资源上节约时间对整个系统来说会产生重要作用。（　　）

8. JIT 系统面临的是多品种、小批量生产的难题，提高系统的柔性就显得没有必要。

（　　）

9. 大野耐一从美国超级市场的管理结构和工作程序中受到启发，找到了通过"看板"来实现"准时生产"的方法。

（　　）

10. JIT 追求零库存和生产的准时性，要达到零库存并能稳定均衡地进行准时生产，就必须消除所有生产中的浪费。（　　）

二、名词解释

1. TPS

2. ERP

3. MPS

4. JIT

5. MTO

6. TOC

三、简答题

1. 简述供应链总响应时间及影响因素。

2. 简述延迟制造策略及其实施条件。

3. 简述 JIT 的含义、目标及经营理念。

4. 简述 JIT 实施的条件。

5. 简述 TOC 及其核心思想。

实训任务　**延迟制造与惠普打印机的供应链优化**

任务目标｜请结合案例分析并回答问题。

1. 结合案例与所学知识，描绘惠普打印机供应链网络结构示意图。

2. 按照费舍尔教授基于产品需求特征设计供应链，请分析惠普打印机的产品类型，应该构建什么类型的供应链与其匹配？

3．在实施供应链优化前，惠普公司面临了哪些方面的突出问题，导致这些管理问题的关键原因可能是什么？

4．假设你是惠普公司全球供应链管理部总监，由你来主导解决这些问题，从供应链的角度，你有哪些可能方案（给出 3 个以上方案）？比较这些方案的优势与不足及实施的条件。

5．案例中的惠普公司采取延迟制造方案，具体介绍实施该方案后供应链系统的一些变化，该方案产生了哪些直接的经济效果？

任务要求 | 分组完成任务，并制作 PPT 汇报。

惠普公司成立于 1939 年。惠普台式机于 1988 年开始进入市场，并成为惠普公司的主要成功产品之一。但随着台式机销售量的稳步上升（1990 年达到 60 万台，销售额达 4 亿美元），库存的增长也紧随其后。在实施供应链管理之后，这种情况得到改善。DeskJet 打印机是惠普的主要产品之一。该公司有 5 个位于不同地点的分支机构负责该种打印机的生产、装配和运输。从原材料到最终产品，生产周期为 6 个月。在以往的生产和管理方式下，各成品厂装配好通用打印机之后直接进行客户化包装。为了保证顾客订单 98% 的即时满足率，各成品配送中心需要保证大量的安全库存（一般需要 7 周的库存量）。惠普公司的打印机产品将分别销往美国、欧洲和亚洲。惠普公司打印机系列产品原来的供应链如图 6-10 所示。

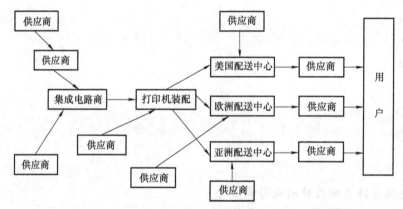

图 6-10　惠普公司打印机系列产品原来的供应链

惠普打印机的生产、研究开发节点分布在 16 个国家，销售服务部门节点分布在 110 个国家，而其总产品超过 22 000 类。欧洲和亚洲地区对于台式打印机的电源供应（电压分为 110 伏和 220 伏，并且插件有所不同）和语言（操作手册）等有不同的要求。温哥华的公司负责根据客户的要求完成生产，包括配备电源等；然后由北美、欧洲和亚太地区的分销中心完成销售。这种生产组织策略，我们称之为工厂本地化。惠普的分销商都希望尽可能降低库存，同时尽可能快地满足客户的需求。这导致惠普公司保证供货及时性的压力很大，从而不得不采用面向库存生产（Make-to-Stock）的模式，以保证对分销商准时供货，因而分销中心成为有大量安全库存的库存点。虽然制造中心采用拉式生产方式，但也必须拥有一定的零部件、原材料等形式的安全库存。

零部件原材料的交货质量（是否存在到货时间推迟、错误到货等问题）、内部业务流程、需求等的不确定性是影响供应链运作的主要因素。这些因素导致不能及时补充分销中心的库存，需求的不确定性导致库存堆积或者分销中心的重复订货。将产品海运到欧洲和亚太分销中心大约需要一个月的时间，这么长的提前期导致分销中心没有足够的时间去对快速变化的市场需求做出反应，而且欧洲和亚太地区只能以大量的安全库存来满足用户需求。大量的安全库存无疑将占用大量的流动资金；若某一地区产品缺货，为了应急，可能会将原来为其他地区准备的产品拆开重新包装，进而造成更大的浪费。但是提高产品需求预测的准确性也是一个主要难点。

温哥华惠普公司开始注重减少库存，提供高质量的服务，并着重于供应商管理以降低供应的不确定性，减少机器闲置时间。企业管理者希望在不牺牲顾客服务水平的前提下改善这一状况。

供应商、制造点（温哥华）、分销中心、经销商和消费者组成惠普台式打印机供应链的各个节点。供应链是一个由采购原材料、把原材料转化为中间产品和最终产品、将最终产品交到用户手中的过程所组成的网络。重新设计的供应链如图6-11所示。

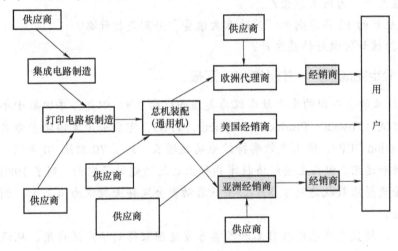

图6-11　惠普公司打印机系列产品新的供应链

在这个新的供应链中，主要的生产制造过程由在温哥华的惠普公司完成，包括打印电路板组装与测试和总机装配。

打印机所需的各种零部件由惠普的子公司或分布在世界各地的供应商供应。位于温哥华的惠普公司负责生产通用打印机，然后将通用打印机运输到欧洲和亚洲，再由当地分销中心或代理商安装上与地区需求一致的变压器、电源插头和用当地语言印制成的说明书，完成整机包装后由当地经销商送到消费者手中。惠普通过将客户定制化工作推迟到分销中心进行（客户化延迟策略），实现了根据不同用户需求生产不同型号产品的目的。这种生产组织策略，称为分销中心本地化。并且，惠普在产品设计上做出了一定变化，将电源等客户化需求的部件设计成了即插即用的组件，从而改变了以前由温哥华的总机装配厂生产不同型号的产品，保持大量的库存以满足不同需求的情况。为了达到98%的订货服务目标，原来需要7周的成品库存量，现在只需要5周的库存量，一年大约可以节约3 000万美元，电路板组装与总装厂之间也基本实现无库存生产。同时，打印机总装厂对分销中心实施 JIT 供应，以使分销中心保持目标库存量（预测销售量+安全库存量）。通过供应链管理，惠普公司实现了降低打印机库存量的目标，保证了服务水平，减少了因原材料供应而导致的生产不确定性和停工等待时间。

由于通用打印机的价格低于同类客户化产品，从而又进一步节省了运输、关税等项费用。除了降低成本，客户化延迟策略使得产品在企业内的生命周期缩短，从而对需求预测不准确性或是外界的需求变化都具有很好的适应性，一旦发现决策错误，可以在不影响顾客利益的情况下以较小的损失较快地加以纠正。

实训任务　精益生产与丰田生产方式

任务目标｜结合案例分析并回答问题。

1. "精益生产"为何被推崇？
2. 精益生产的 12 条原则中"消除八大浪费"分别是指什么？
3. 你认为该如何做好精益生产？

任务要求｜分组完成任务，并制作 PPT 汇报。

"二战"结束时，丰田的生产效率仅为美国同行的 1/8。但是，丰田数十年如一日地实践丰田生产方式（Toyota's Production System，TPS），即后来由美国学者命名的精益生产（Lean Production，LP），使生产效率持续地高速增长。到了 20 世纪 70 年代，其规模虽然还比不上福特和通用，但在主要经济技术指标上已远远超过了它们。到了 1980 年，丰田公司的流动资金周转次数就达到了 87 次/年，流动资金周转天数仅为 4.2 天，创造了资金运营史上的奇迹。

时至今日，精益生产已经在日本和欧美等发达国家得到了广泛应用，从汽车、航空、IT 等高技术行业到机械、服装、家电等传统行业，乃至于跨出制造领域延伸到了服务领域，越来越多的企业正在学习并实践着精益生产。据统计，在美国制造业中，有一半的企业将精益生产列为它们未来发展的首要经营战略。不仅如此，精益生产所产生的巨大效益也引起了美国和英国国防部的重视，早在 1993 年，美国国防部就出台了防务制造企业战略的报告，建议美国国有和私有军工企业都推行精益生产。同年，美国推行精益生产思想和实践。

精益生产发展到今天，已经不仅仅是一种生产方式，而是一种管理思想，一种管理原则。企业必须将精益生产的实施上升到企业战略的高度，才能充分发挥出精益生产的强大生命力。因为企业的精益化贯穿了价值创造的全过程：从概念到投产的设计过程、从订货到送货的信息流通处理过程、从原材料到产成品的物质转换过程以及全生命周期的支持和服务过程，涉及每一个部门，每一个人，尤其是最高领导层的身体力行。很多国内企业实施精益生产的效果不好，一个重要的原因就是认为精益生产只不过是一种生产方式，将其局限在生产作业层次，其他系统未按照精益的模式要求做出相应转变，结果生产部门孤掌难鸣，费力不讨好，最终不了了之。

精益生产的 12 条原则如下：

1. 消除八大浪费

浪费是指"除对生产不可缺少的最小数量的设备、原材料、零部件和人工（工作时间）外的任何东西"（藤尾长）。企业中普遍存在的八大浪费涉及：过量生产、等待时间、运输、库存、过程（工序）、动作、产品缺陷以及忽视员工创造力。这些浪费需通过低库存、看板管理等制度曝光，然后彻底消除。很多企业对丰田的任何人都可以停止生产线的做法不理解，认为这样会带来很多损失，其实丰田这样做恰恰能够将问题及时曝光，督促大家迅速解决。结果是，生产一线有权随时停线的丰田生产几乎不停线，那些生产一线无权停线的公司却经常因为缺料、设备故障或品质问题而停线。

2. 关注流程，提高总体效益

管理大师戴明说过："员工只需对 15% 的问题负责，另外 85% 归咎于制度流程。"什么样的流程就会产生什么样的绩效。很多企业出了问题，就责怪员工没做好。长此以往，不服气的员工只好离开。但人员换了一拨又一拨，问题照样出。管理人员就像消防队员一样到处去救火，头痛医头。灭火不等于改善，关键在于流程本身有无改进。改进流程还要注意目标是提高总体效益，而不是提高局部的部门效益，为了企业的总体效益，即使牺牲局部的部门效益也在所不惜。

3. 建立无间断流程以快速应变

建立无间断流程，将流程中不增值的无效时间尽可能压缩，以缩短整个流程的时间，从而对顾客的需要做出快速应变。在这方面，国内企业与丰田的差距非常大。某贷款人房贷还清时，到某国有商业银行的网点去拿房产证，工作人员告诉他需要一个月后才能拿到，如果嫌慢，就自己到分行跑一趟。拿一个房产证居然要一个月时间，令人难以想象！银行处理房产证的有效时间也许总共不超过 10 分钟。若是丰田公司，它会怎样做？首先，工作人员会在贷款人的房贷快要还清的时候与其联系，恭喜他即将还清贷款，并答应在他付清最后一笔贷款的当天将房产证办好并送到其手中，然后在送房产证时与贷款人沟通，看看是否还有什么财务需求可以帮忙，并根据贷款人的财务状况提供专业建议。事实上，丰田的汽车售后服务正是这样做的。

4. 降低库存

过高的库存犹如一潭浑浊的、深不可测的死水，各种各样的问题被掩盖在水面之下，比如订单处理延迟、品质不良、设备故障、供应商延迟、决策缓慢等，没有人知道下面究竟发生了什么。而在精益思维下，库存变成了一条快速流动的小溪，浅浅的、清澈见底，里面有小鱼、小虾，还有石头，一目了然，任何问题都不会被隐藏，既有利于解决问题又减少了资金占用，避免不必要的库存损失。丰田的投资回报率高出其对手数十倍，其中一个重要原因就是其高达 87 次/年的库存周转率。

5. 全过程的高质量，一次做对

质量是制造出来的，而不是检验出来的。这是一个常识，但国内很多企业对此仍然认识不足。许多制造企业都有专门的车间检验所有的产品以保证品质。检验只是一种事后补救，不但成本高而且无法保证不出差错。因此，应将品质内建于设计、流程和制造当中去，建立一个不会出错的品质保证系统，一次做对。精益生产要求做到低库存、无间断流程，试想如果哪个环节出了问题，后面的流程将全部停止，所以精益生产必须以全过程的高质量为基础，否则，精益生产只能是一句空话。

6. 基于顾客需求的拉动生产

JIT 的本意是：在需要的时候，仅按所需要的数量生产，生产与销售是同步的。也就是说，按照销售的速度来进行生产，这样就可以保持物流的平衡，任何过早或过晚的生产都会造成损失。过去丰田使用"看板"系统来拉动生产，现在辅以 ERP 或 MRP 信息系统则更容易达成企业外部的物资拉动。戴尔公司就是这方面的杰出代表，当客户通过网络或电话下了订单，戴尔的生产流程就被拉动起来，任何所需的配置都可在一周内生产出来并交付给客户。

7. 标准化与工作创新

标准化的作用是不言而喻的，但标准化并不是一种限制和束缚，而是将企业中最优秀的做法固定下来，使得不同的人来做都可以做得最好，发挥最大成效和效率。而且，标准化也不是僵化、一成不变的，标准需要不断地创新和改进，今天最好的方法到了明天不一定是最好的，在现有标准的基础上不断改善，就可以推动组织持续地进步。

8. 尊重员工，给员工授权

现在的很多企业都把"以人为本"挂在嘴边，但实际能做到的有多少呢？领导者自高自大对企业来说是毁灭性的。切记，领导者不是法官，而是教练与顾问；领导者更多的是负起责任与义务，而不是滥用权力；领导者需要协助下属来完成任务，而不是只知道发号施令。尊重员工就是要尊重其智慧和能力，给他们提供充分发挥聪明才智的舞台，为企业也为自己做出贡献。在丰田公司，员工实行自主管理，在组织的职责范围内各司其职，不必担心因工作上的失误而受到惩罚，出错一定有其内在的原因，只要找到原因施以对策，下次就不会再出现了。所以说，精益的企业雇用的是"整个人"，不精益的企业只雇用了员工的"一双手"。

9. 团队工作

随着企业的组织规模越来越庞大，管理变得越来越复杂，大部分工作都需要依靠团队合作来完成。在精益企业中，灵活的团队工作已经变成了一种最常见的组织形式，有时候同一个人同时分属于不同的团队，负责完成不同的任务。最典型的团队工作莫过于丰田的新产品发展计划，该计划由一个庞大的团队负责推动，团队成员来自各个不同的部门，有营销、设计、工程、制造、采购等，他们在同一个团队中协同作战，大大缩短了新产品推出的时间，而且产品质量更高、成本更低，因为从一开始很多问题就得到了充分的考虑，在问题带来麻烦之前就已经被专业人员所解决。

10. 满足顾客需要

几乎每个企业都会把"满足客户需要"写入公司宣言中，但多半是说得多，做得少。满足顾客需要就是要持续地提高客户满意度，为了一点眼前的利益而不惜牺牲客户的满意度是相当短视的行为。丰田从不把这句话挂在嘴边，而总是以实际行动来实践。尽管产品供不应求，丰田在一切准备工作就绪以前，从不盲目扩大规模，向来保持稳健务实的作风，以赢得顾客的尊敬。丰田的财务数据显示，其每年的利润增长率几乎是销售增长率的两倍，而且每年的增长率相当稳定。

11. 精益供应链

在传统企业中，企业与供应商是对手、是竞争关系，双方互相讨价还价，进行零和博弈；而在精益企业中，供应商是企业长期运营的宝贵财富，是外部合伙人，它们信息共享，风险与利益共担，一荣俱荣、一损俱损。遗憾的是，很多国内企业在实施精益生产时，与这种精益理念背道而驰，为了达到"零库存"的目标，将库存全部推到了供应商那里，弄得供应商怨声载道：你的库存倒是减少了，而我的库存却急剧增加。精益生产的目标是降低整个供应链的库存。不花力气进行流程改造，只是简单地将库存从一个地方转移到另一个地方，是无法解决任何问题的。当一个企业不断挤压盘剥它的供应商时，它还能指望供应商愿意提供任何优质的支持和服务吗？到头来受损的还是企业自己。如果你是供应链中的强者，应该像丰田一样，担当起领导者的角色，整合出一条精益供应链，使每个环节都受益。

12. "自我反省"和"现地现物"

精益生产本身就具有精益求精、持续改善的内涵。精益文化里面有两个突出的特点："自我反省"和"现地现物"。"自我反省"的目的是要找出自己的错误，不断地自我改进。丰田认为"问题即是机会"。当错误发生时，并不责罚个人，而是采取改正行动，并在企业内广泛传播从每个体验中学到的知识。这与很多国内企业动不动就罚款的做法是完全不同的。生产中的绝大部分问题是由于制度流程本身造成的，惩罚个人只会使大家千方百计掩盖问题，对于问题的解决没有任何帮助。"现地现物"则倡导无论职位高低，每个人都要深入现场，彻底了解事情发生的真实情况，基于事实进行管理。这种"现地现物"的工作作风可以有效避免官僚主义。在国内的上市公司中，中集集团可以说是出类拔萃，在它下属的十几家工厂中，位于南通的工厂一直做得最好，其中一个重要原因就是南通中集的领导层遵循了"现地现物"的思想，高层领导每天都要抽出时间到生产一线查看了解情况、解决问题。

项目七
供应链环境下的库存控制与物流管理

能力目标

1. 能够初步分析解决供应链的库存问题。
2. 能够运用 VMI 优化供应链库存管理。
3. 能够判断企业核心业务与非核心业务，能够实施物流业务外包策略。
4. 能够正确选择第三方物流合作伙伴。

项目思维导图

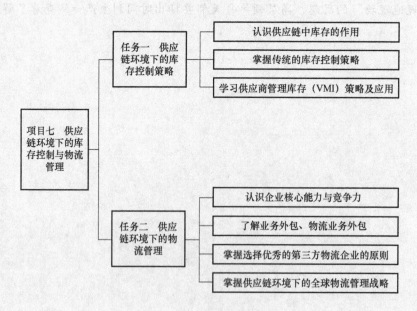

任务一　供应链环境下的库存控制策略

情景导入

为什么库存成为供应链问题的焦点？

企业运营中的种种问题，或多或少都会在库存上体现出来，如图 7-1 所示。比如设计标准化不到位，规模效益下降，库存周转会减慢；设计变化多，设计变化管理粗放，造成的过期库存就多；质量差，次品多，劣质库存就多，而且得多备库存来应对质量问题；质量差，回款周期就长，应收账款就多（应收账款和应付账款也是库存，不过以另一种方式出现）；生产周期长，周转库存自然就高；运输慢，在途库存就高；预测、计划不到位，要么造成短缺，要么造成过剩，都是库存问题；供应商的按时交货率低，库存的齐套率低，在制库存就上升；部门壁垒森严，信息沟通不充分，需求的不确定性增加，导致安全库存上升；执行能力差，供应的不确定性增加，也导致安全库存上升。这些问题当中的任何一个都非常棘手，库存注定是最难应对的企业宿疾之一。

图 7-1　库存是供应链各种问题的焦点

可以说，库存是供应链上各种问题的焦点。运营得越好，库存越低，库存周转率越高；反之亦然。在供应链的诸多运营指标中，很难找出一个比库存周转率更好的指标来反映供应链的运作水平。在同一行业，库存周转率高的公司，鲜有例外，都比库存周转率低的公司运作良好。库存周转率逐年下降的时候，往往也是公司走下坡路的时候。所以，聚焦库存，解决了库存问题，也就解决了供应链运营的诸多问题。

这些年，有一个有趣的现象：一个行业解决库存问题的过程，也是这个行业从大乱到大治的过程。库存管理越成熟，行业的供应链管理越成熟，这个行业也越成熟。

导入问题：

1. 供应链中为什么会有库存？
2. 产生库存的原因有哪些？
3. 如何解决供应链中库存过高的问题？

第一步 | 供应链中库存的作用

一、库存的含义

"库存"在英语里面有两种表达方式：Inventory 和 Stock，表示用于将来目的的资源暂时处于闲置状态。一般情况下，人们设置库存的目的是防止短缺，就像水库里储存的水一样。另外，它还具有保持生产过程连续性、分摊订货费用、快速满足用户订货需求的作用。狭义上的库存是静态的，是指仓库中暂时处于储存状态的商品，它是存储的一种表达形式。而广义库存是一种动态的概念，它表示用于将来目的而暂时处于闲置状态的资源，不仅包括了在仓库中存储的原材料、零部件、半成品、产成品等，还包括生产线上处于生产状态的在制品，甚至包括在码头、车站和机场等物流节点上等待运输的货品以及处于运输途中的货品。显然，广义上的库存其涵盖面更加宽泛和全面。我们一般意义上都将库存定义为广义库存。实际上，不论是狭义的库存还是广义的库存，它们都是处于暂时不使用状态或者说是闲置状态的物品。

二、库存的类型

（一）按库存物品在生产过程和配送过程中所处的状态分类

按库存物品在生产过程和配送过程中所处的状态进行分类，从制造商的角度看，库存可分为原材料库存、在制品库存、维修库存和产成品库存，如图 7-2 所示。

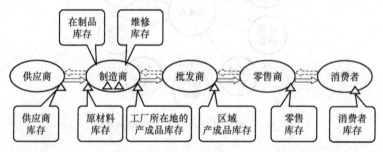

图 7-2　按库存物品在生产过程和配送过程中所处的状态分类

1. 原材料库存

原材料库存是指企业存储的在生产过程中所需要的各种原材料，这些原料和材料必须符合企业生产所规定的要求。有时也将外购件库存划归为原材料库存。在生产企业中，原材料库存一般由供应部门来管理控制。

2. 在制品库存

在制品库存包括产品生产过程中不同阶段的半成品。在制品库存由生产部门来管理控制。

3. 维修库存

维修库存包括用于维修与养护的经常消耗的物品或备件，如润滑油和机器零件；不包括产成品的维护活动所用的物品或备件。维修库存一般由设备维修部门来管理控制。

4. 产成品库存

产成品库存是准备让消费者购买的完整的或最终的产品，这种库存通常由销售部门或物流部门来管理控制。生产企业有原材料库存、在制品库存、维修库存和产成品库存。商业企业，如储运、配送、批发与零售企业，通常只有产成品库存。公用事业单位一般是提供服务的，因此比较常见的是维修库存（如用于地铁列车的车辆零配件）。

（二）按库存的作用分类

按库存的作用分类，库存可分为周转库存、安全库存、调节库存和在途库存四种。

1. 周转库存

由于采购批量或生产批量越大，单位采购成本或生产成本就越低（节省订货费用，得到数量折扣），因而企业通常会采用批量形式购入产品，这种由周期性批量购入所形成的库存就称为周转库存。这里有两个概念，一个是订货周期，即两次订货之间的间隔时间；另一个是订货批量，即每次订货的数量。这二者之间的关系是显而易见的，当总需求量一定时，每次订货批量越大，两次订货之间的间隔就越长，周转库存量也越大。周转库存的大小与订货的频率成反比，即订货频率越高，周转库存量就越小。

2. 安全库存

由于需求和提前期等方面存在着不确定性，需要持有超过周转库存的安全库存。安全库存是为了应付需求、生产周期或供应周期等可能发生的不测变化而设置的一定数量的库存。为避免缺货的发生就得增加安全库存。

3. 调节库存

调节库存是用于调节需求或供应的不均衡、生产速度与供应速度不均衡、各个生产阶段的产出不均衡而设置的库存。例如，对季节性需求产品（如空调等一些家用电器），为了保持生产能力的均衡，将淡季生产的产品置于调节库存，以备旺季的需求，即用调节库存来缓冲生产能力与需求之间的矛盾。对有些季节性较强的原材料，或供应商的供应能力不均衡时，也需设置调节库存。

4. 在途库存

在途库存是指从一个地方到另一个地方处于运输过程中的物品。虽然在途库存在没有到达目的地之前，还不能用于销售或发货，但可以将在途库存视为周转库存的一部分。这种库存是一种客观存在，而不是有意设置的。在途库存的大小取决于运输时间以及该期间内的平均需求量。

（三）按照需求相关性分类

1. 独立需求库存

库存品是独立需求的，该物料需求与其他物品需求在数量、时间上没有相关性，只取决于市场和客户需求。例如，对于生产计算机的厂商而言，某一型号的计算机库存就是独立需求库存。

2. 相关需求库存

库存品是相关需求的，该物料需求与其他物品需求在数量、时间上有相关性，直接取决于其他物料的需求。比如计算机信号线的需求直接取决于计算机的需求量，所以它是相关需求库存。

三、库存的作用

（一）库存的积极作用

库存是企业一项规模庞大的投资，它在企业中发挥着积极的作用。它可以带来规模经济效益，可以作为供需不确定性的缓冲，库存主要起着以下五个方面的积极作用：

1. 调节供求差异，平衡供需，保证均衡生产

对物品的需求是随生产、经营活动的进行而不断发生的，但需求与供应在时间和数量上又往往是不同步的。因此，只有保持一定的库存量，才能保证企业生产、经营活动的正常需要。库存保证生产经营的持续性，防止因缺货而发生非正常中断。

2. 稳定生产，获取规模经济效益

企业只有按照适当的数量（一定的规模）组织产品生产和货物供应，才能够利用规模经济效应，获取良好的经济效益。一方面，在采购过程中，批量采购可以分摊订货费用；另一方面，在生产过程中，采取批量加工的方式，可以分摊调整准备费用。

3. 缩短订货提前期，提高客户反应速度

当工商企业维持一定量的成品库存时，一旦客户需要就可以迅速供货，缩短客户的订货提前期，增强企业对客户需求的快速响应能力。

4. 缓冲不确定性因素

在企业生产经营的实践中，由于某些主观或客观的因素（如预测、计划不准确，生产事故，运输故障等），作业失误的情况往往是难以完全避免的。这个时候，如果企业保持有一定的库存，就可以缓冲作业的失误，保证生产经营按预定的要求继续进行。

5. 降低供应链成本

假设供应链中没有库存，下游的销售企业当遇到销售情况变动时，会向上游的生产企业进行紧急订货，这会造成销售企业的订货成本上升；上游的生产企业接到紧急订单后紧急安排生产，由于是额外的和小批量的生产，生产成本也会比平时增加。显然，供应链的总成本在没有库存的情况下会增加很多。

（二）库存的消极作用

任何事物都具有两面性，库存同样也会带来很多负面的影响。库存通常会产生如下三个方面的消极作用。

1．占用资金，影响资源配置

在企业生产中，尽管库存是出于种种经济考虑而存在的，但是库存也是一种无奈的结果，它是由于人们无法预测未来的需求变化，而不得已采用的应付外界变化的手段。在流动资产中，存货的流动性最差，库存过高会造成企业的投资成本增加，影响企业的经济效益指标。

2．增加库存成本

维持一定的库存需要增加相应成本开支。这些成本包括库存占用资金的利息、储存保管费用、保险费用和价值损失费用等。

3．掩盖经营中的问题

企业的生产管理过程中可能会有很多致命问题，比如人员绩效差、库存结构不合理、机器故障率高、盲目采购、送货延迟和计划错误等。这些问题很可能会被较高的库存水平所掩盖。一旦库存水平下降，这些暗礁便会"水落石出"，可能会给企业造成重大打击。

四、库存管理的衡量指标

在库存管理过程中，存在多种衡量库存管理水平的指标，如库存物品的种类、数量和重量等。具有重要意义的衡量指标主要有平均库存值、可供应时间和库存周转率。

1．平均库存值

平均库存值是指某一时间段内（而不是某一时刻）全部库存所占用的资金总和。这一指标可以告诉管理者，企业资产中的多大部分是与库存相关联的。一般来说，制造业企业大约占25%，而批发、零售业有可能占到75%。管理人员可根据历史数据或同行业的平均水平，分别从纵向和横向两方面评价企业这一指标的高低。

2．可供应时间

可供应时间是指现有库存能够满足需求的时间，这一指标可用平均库存值除以相应时间段内的单位时间（如每周、每月等）的需求量来得到，也可以分别用每种物料的平均库存量除以相应时间段内单位时间的需求量来得到。

3．库存周转率

库存周转率等于年销售额除以年平均库存值。库存周转越快，表明库存管理的效率越高。反之，库存周转慢意味着库存占用资金量大，保管等各种费用也会大量发生。库存周转率对企业经营中至关重要的资金周转率指标，也有极大的影响。但究竟库存周转率多大为最好是难以一概而论的，不同行业的库存周转率也是不一样的。很多北美制造业企业为6～7次/年，而有些日本企业可达40次/年之多。在中国，有的企业一年仅周转两次。

第二步 │ 库存控制策略

一、常用的库存控制策略

供应链管理中常用的五个库存控制策略如下：

（1）基本库存模型　定期检查库存，及时处理过时的产品；定期审查订货批量，及时调整订货批量。

（2）严格管理库存使用速度和提前期；严格监视和管理安全库存。

（3）ABC 库存管理法。

（4）降低安全库存策略　通过缩短供货提前期降低安全库存水平。

（5）采用定量的方法，严格按时按订货点和订货批量订货，正确权衡库存保管成本（资金占用成本）与订货成本（采购成本）。

尽管基本库存模型很好地考虑了持有库存最常见的动机，但是由于还存在其他环境，需要采用一种不同的方法。经济订货批量（Economic Order Quantity，简称 EOQ）模型是所有库存模型的鼻祖。如果需求已知，但是变动的，而且固定成本仍然是持有库存的关键动机，就可采用批量算法[例如瓦格纳-怀廷（Wagner-Whitin）方法和西尔弗-米尔（Silver-Meal）启发式方法]。这些库存控制策略作为物料需求计划的一部分被广泛使用。

如果需求是不确定的，而且产品易变质或已接近其生命周期末端，可以采用报童模型来指导最后一次采购决策。产品生命周期短于供应链补货提前期是一种越来越普遍的现象，在这种情况下，报童模型也是适用的。

如果需求不确定而且订货固定成本显著，那么最小最大模型最适用。一旦库存降低到最低水平，最小最大库存控制系统就会发出订单，将库存提高到最高水平。基于企业持有库存的动机不同，图 7-3 可用于指导选择适用的库存方法。

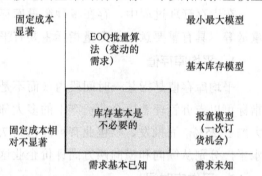

图 7-3　库存管理方法应用策略

这些单节点方法一起形成了一个有效的工具包，利用这个工具包，供应链库存管理从业人员可以制定相应的库存控制策略。

二、订货点法库存管理的策略

订货点法库存管理的策略很多，最基本的策略有四种：连续性检查的固定订货量、固定订货点策略，即（Q，R）策略；连续性检查的固定订货点、最大库存策略，即（R，S）策略；周期性检查策略，即（t，S）策略；综合库存策略，即（t，R，S）策略。

在这四种基本库存策略的基础上，又延伸出很多种库存策略，在此我们仅简单介绍这四种基本的库存策略。

1.（Q，R）策略

该策略的基本思想是：对库存进行连续性检查，当库存降低到订货点水平 R 时，即发出一个订单，每次的订货量保持不变，都为固定值 Q。该策略适用于需求量大、缺货费用较高、需求波动性很大的情形。

2.（R，S）策略

该策略和（Q，R）策略一样，都是连续性检查类型的策略，也就是要随时检查库存状态，当发现库存降低到订货点水平 R 时，开始订货，订货后使最大库存保持不变，即为常量 S，若发出订单时库存量为 I，则其订货量即为（S-I）。该策略和（Q，R）策略的不同之处在于，其订货量是按实际库存而定，因而订货量是可变的。

3.（t，S）策略

该策略是每隔一定时期检查一次库存，并发出一次订货，把现有库存补充到最大库存水平 S，如果检查时库存量为 I，则订货量为 S-I。经过固定的检查期 t，发出订货，这时，库存量为 I_1，订货量为（S-I_1）。经过一定的时间（LT），库存补充（S-I_1），库存到达 A 点。再经过一个固定的检查时期 t，又发出一次订货，订货量为（S-I_2），经过一定的时间（LT-订货提前期，可以为随机变量），库存又达到新的高度 B。如此周期性检查库存，不断补给。该策略不设订货点，只设固定检查周期和最大库存量，适用于一些不很重要的或使用量不大的物资。

4.（t，R，S）策略

该策略是（t，S）策略和（R，S）策略的综合。这种补给策略有一个固定的检查周期 t、最大库存量 S、固定订货点水平 R。当经过一定的检查周期 t 后，若库存低于订货点，则发出订单；否则，不订货。订货量的大小等于最大库存量减去检查时的库存量。

三、独立需求库存控制策略

常见的独立需求库存控制模型根据其主要的参数，如需求量与提前期是否为确定，分为确定型库存模型和随机型库存模型。

（一）确定型库存模型

确定型库存模型分为周期性检查模型和连续性检查模型。

1. 周期性检查模型

周期性检查模型有六种，分为不允许缺货、允许缺货、实行补货三种情况。每种情况又分瞬时到货和延时到货两种情形。最常用的模型是不允许缺货、瞬时到货型。

2. 连续性检查模型

连续性检查模型需要确定订货点和订货量两个参数，也就是解决（Q，R）策略的两个参数的设定问题。连续性库存检查模型分六种：①不允许缺货、瞬时到货型；②不允许缺货型；③允许缺货、瞬时到货型；④允许缺货型；⑤补货、瞬时到货型；⑥补货型。最常见的连续性检查模型是不允许缺货、瞬时到货型。最经典的经济订货批量（EOQ）模型就是这种类型的代表。

（二）随机型库存模型

随机型库存模型要解决的问题是：确定经济订货批量或经济订货期；确定安全库存量；

确定订货点和订货后最大库存量。随机型库存模型也分连续性检查和周期性检查两种情形。

如果我们现在假定需求量和提前期都为随机变量，那么在一些合理的假设下，可以得出暴露期内需求量的均值和标准偏差。相关公式如下：

$$基本库存 = \mu_D(R + \mu_{LT}) + 安全库存$$

$$安全库存 = z\sqrt{\sigma_D^2(R + \mu_{LT}) + \mu_D^2\sigma_{LT}^2}$$

$$周转库存 = (R\mu_D)/2$$

$$平均持有库存 = 安全库存 + 周转库存$$

式中

μ_D—— 每个时间周期内的期望（平均）需求；

σ_D—— 每个时间周期内需求的不确定性（标准偏差）；

μ_{LT}—— 期望（平均）补货提前期；

σ_{LT}—— 补货提前期的不确定性（标准偏差）；

R—— 检查或计划周期（即连续两次订货的间隔时间）；

z—— 安全因子（预期服务水平的函数）。

由于把符合商业实际的假设和数学上的易处理性很好地结合在一起，基本库存模型得到了广泛的应用。该模型在相对简单的公式中考虑了持有库存的关键动机。模型中有规律的订货间隔时间与典型的商业计划周期吻合得很好，使得企业得以协调多种产品的运输。而且根据目标服务水平计算所需库存的这个过程与管理思想及数据的可获性也是一致的。

四、经济订货批量

企业每一次的订货数量直接关系到库存水平和库存成本大小，所以企业希望能找到一个合适的订货数量来降低成本。经济订货批量（EOQ）模型可以满足这种要求。它对可能发生的费用进行综合分析，以总成本最低的订货批量为经济订货批量，按照此数量确定每次订货时间和时间间隔。由于很多参考书专门对该方法进行了详细介绍，在此仅简单介绍确定性需求下最基本的 EOQ 方法。EOQ 模型简图如图 7-4 所示。

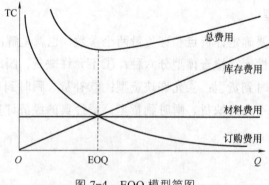

图 7-4 EOQ 模型简图

订货批量越大，平均库存就越大，每年的库存维持成本也就越大。然而，订货批量越大，每一计划期需要的订货次数就越少，订货总成本也就越低。把订货批量公式化可以确定精确的批量，对于给定的需求量，使订购费用和库存费用的综合总费用最低。根据一些假设条件，运用数学推导，可以求出 EOQ 的大小，在此省略详细推导过程，直接给出结果。

经济订货批量的标准公式如下：

$$EOQ = \sqrt{\frac{2C_oD}{C_iU}}$$

式中，EOQ 是经济订货批量；C_o 是每次订货发生的费用；C_i 是每年库存成本；D 是每年需求量，单位数；U 是每年单位成本。

经济订货批量模型是所有库存模型的鼻祖。该模型做了许多相当严格的假设，其中最突出的就是假设需求是已知的常量。尽管如此，当每次订货的固定成本很显著时，EOQ 模型可以用于考虑固定成本与库存之间的权衡。

五、ABC 库存管理法

经济学家帕累托研究发现，在总体价值中占相当大比重的物品在数量上却只占很小的比例。对于任何给定的组类，组类中的少数项目将占总值的大部分。在美国，约 20%的人占有80%的财富；约 20%不同样式的车辆占了年度汽车销售量的 80%；家庭预算中 20%的项目占了现金开支的 80%。这个原理通常叫作"80/20"法则。该思想在管理领域得到广泛应用，将管理对象按照重要程度和数量划分不同等级（比如 ABC），区别对待，有重点地加以管理控制。

美国 GE 公司创立了库存 ABC 分类法，将库存分为如下 ABC 三级：

（1）A 级项目　少数项目的价值占整个库存量总值比例特别高，通常为 15%～20%的项目占 75%～80%的总值。

（2）B 级项目　数量较多而总值不高，通常 30%～40%的项目约占 15%的总值。

（3）C 级项目　数量很多而价值占总量很少，通常为 40%～50%的项目仅占 5%～10%的总值。

将库存分为 ABC 三级，并非绝对固定的，也可以将库存分为 ABCD 四级，或将 A 级再分为 AAA 级、AA 级和 A 级三类。

ABC 库存管理法的特点和管理方法如表 7-1 所示。

表 7-1　ABC 库存管理法

库存类型	特　点	管理方法
A	品种数占库存总数的 5%～15%，平均资金占用比率为 60%～80%	进行重点管理。现场管理要更加严格，应放在更安全的地方；为了保持库存记录的准确性，要经常进行检查和盘点；预测时要更加仔细
B	品种数占库存总数的 20%～30%，平均资金占用比率为 20%～30%	进行次重点管理。现场管理不必投入比 A 类更多的精力；库存检查和盘点的周期可以比 A 类要长一些
C	平均资金占用比率为 5%～15%，但品种数量或许是库存总数的 60%～80%	只进行一般管理。现场管理可以更粗放一些，但是由于品种多，差错出现的可能性也比较大，因此也必须定期进行库存检查和盘点，周期可以比 B 类长一些

ABC 分类法也有不足之处，通常表现为 C 类货物得不到应有的重视，而 C 类货物往往也会导致整个装配线的停工。因此，有些企业在库存管理中引入了关键因素分析法（Critical Value Analysis，简称 CVA）。CVA 的基本思想是把存货按照关键性分成四类，即：①最高优先级，指经营管理中的关键物品或 A 类重点客户的存货，不许缺货；②较高优先级，指生产经营中的基础性物品或 B 类客户的存货，允许偶尔缺货；③中等优先级，指生产经营中比较重要的物品或 C 类客户的存货，允许合理范围内缺货；④较低优先级，指生产经营中需要但可替代的物品，允许缺货。CVA 管理法比起 ABC 分类法有着更强的目的性。在使用中要注意，人们往往倾向于制定高的优先级，结果高优先级的物资种类很多，最终哪种物资也得不到应有的重视。

CVA 管理法和 ABC 分类法结合使用，可以达到分清主次、抓住关键环节的目的。

六、供应链环境下的库存管理新挑战

目前供应链管理环境下的库存控制存在如下几个问题：

（1）没有供应链的整体观念　虽然供应链的整体绩效取决于各个供应链的节点绩效，但是各个部门都是各自独立的单元，都有各自独立的目标与使命。有些目标和供应链的整体目标是不相干的，更有可能是冲突的。

（2）对用户服务的理解与定义不恰当　供应链管理的绩效好坏应该由用户来评价，或者用对用户的反应能力来评价。对用户服务的理解与定义各不相同，导致对用户服务水平的差异。

（3）不准确的交货状态数据　当顾客下订单时，他们总是想知道什么时候能交货。在顾客等待交货的过程中，企业可能会对订单交货状态进行修改，特别是当交货被延迟以后。我们并不否认一次性交货的重要性，但我们必须看到，许多企业并没有及时而准确地把延迟交货的修改数据提供给用户，其结果当然是导致用户不满。

（4）低效率的信息传递系统　在供应链中，各个供应链节点企业之间的需求预测、库存状态、生产计划等都是供应链管理的重要数据。这些数据分布在不同的供应链组织之间，要做到有效地快速响应用户需求，必须实时地传递数据，为此需要对供应链的信息系统模型做出相应的改变，通过系统集成的办法，使供应链中的库存数据能够实时、快速地传递。但是，目前许多企业的信息系统并没有很好地集成起来，当供应商需要了解用户的需求信息时，常常得到的是延迟的信息和不准确的信息。

（5）忽视不确定性对库存的影响　供应链运作中存在诸多的不确定因素，如订货提前期、货物运输状况、原材料的质量、生产时间、运输时间、需求的变化等。为减少不确定性对供应链的影响，首先应了解不确定性的来源和影响程度。很多公司并没有认真研究和跟踪其不确定性的来源和影响。

（6）库存控制策略简单化　许多公司对所有的物品采用统一的库存控制策略，物品的分类没有反映供应与需求中的不确定性。在传统的库存控制策略中，多数是面向单一企业的，采用的信息基本上来自企业内部，其库存控制没有体现供应链管理的思想。

（7）缺乏合作与协调性 供应链是一个整体，需要协调各方活动，才能取得最佳的运作效果。要进行有效的合作与协调，组织之间需要一种有效的激励机制。在企业内部一般有各种各样的激励机制加强部门之间的合作与协调，但是当涉及企业之间的激励时，困难就大得多。

第三步 | 供应链环境下的库存管理合作性策略

一、供应商管理库存模式

20 世纪 80 年代以后，全球性市场竞争日趋激烈，企业为了提高竞争力，不断寻求各种措施提高企业对市场需求的响应速度。在库存管理方法中，供应商管理库存（Vendor Managed Inventory，简称 VMI）便是其中一种新的管理策略。VMI 得到国际知名企业的推崇，比如沃尔玛、家乐福是实施 VMI 的先驱，通信 IT 行业的朗讯、思科、戴尔、惠普、诺基亚等公司都是成功实施 VMI 的典范。

（一）供应商管理库存的含义

供应商管理库存是一种战略贸易伙伴之间的合作性策略，是一种库存决策代理模式。它以系统的、集成的思想管理库存，使供应链系统能够同步化运行。在这种库存控制策略下，允许上游组织对下游组织的库存策略、订货策略进行计划与管理，在一个共同的框架协议下以双方都获得最低成本为目标，由供应商来管理库存，由供应商代理分销商或批发商行使库存决策的权力，并通过对该框架协议经常性的监督和修正使库存管理得到持续的改进。

VMI 一般分为两种形式：一是供应商在用户的所在地，代表用户执行存货决策，管理存货，拥有存货所有权；二是供应商不在用户的所在地，但是定期派人代表用户执行存货决策，管理存货，供应商拥有存货的所有权。该形式体现供应商在用户的允许下设立库存，确定库存水平货物和补给策略，行使对库存的控制权的基本思想。其管理理念来源于产品的市场全过程管理思想，即只要产品没有被最终消费者购买并得到满意的消费，那么这个产品就不能算作已经销售，并构成供应上的一种潜在风险，供应商同样负有监控该产品的流通状况的责任，而不管该产品的产权归属是怎样的。其实质上就是供货方代替用户管理库存，库存的职能由供应商负责。

（二）VMI 的核心思想与原则

VMI 是基于企业间合作的由供应商拥有存货所有权的库存管理模式，以系统的、集成的管理思想进行库存管理，由供应商将供需双方的库存管理职能活动实施跨企业边界的集成与协调，以达到企业间业务活动同步化，使供应链系统获得同步化的优化运行，实现低成本、高服务水平的目标。VMI 的核心思想体现在以下四个原则中：

（1）合作性原则 VMI 需要供需方之间有紧密的合作，如果仍然使用各自为政的管理模式，VMI 是无法实施的。合作需要深层次、多层面，包括战略层面的合作、战术层面的合作和操作层面的合作。

（2）互惠性原则　VMI 的目标是实现供需双方的总库存成本最低。但是这时至少是将库存的管理权限完全转移给供应商，这显然会增加供应商的成本。互惠性是要双方进行利益分割，以求达到双赢。

（3）目标一致原则　双方的目标要一致，在这个前提条件下，责任也要明确。这些都是需要在预先签订的协议中明确的。

（4）连续改进原则　在 VMI 实施以后，在操作实践中，对其中不完善的地方进行完善，对其中不合理的地方进行改正。

（三）实施 VMI 给合作双方带来的益处

VMI 对买方的益处体现在以下几个方面：

（1）减少库存成本，增加资金利用率。

（2）减少日常库存管理工作。

（3）降低市场风险，特别是处于导入阶段的新产品，或季节性产品。

（4）缩短供货提前期，提高供应链的灵活度等。

VMI 对卖方的益处体现在以下几个方面：

（1）提升客户服务满意度，可增加市场份额。

（2）可降低物流运输成本。

（3）减少"牛鞭效应"导致的库存量。

（4）主动控制库存能更有效地安排生产采购等活动。

（四）实施 VMI 的前提条件

VMI 库存管理方式并不是在任何两个供需企业之间都可以使用的。有效实施 VMI 需要有一定的前提条件：

（1）正确选择合作伙伴　只有合作伙伴对 VMI 都感兴趣，并且对库存管理的观念基本一致，VMI 控制的策略和方式才能基本一致。

（2）成本与风险的合理分担　只有合理分担风险与收益，才能保持长久的合作并促进项目投资与运行。

（3）流程的标准化管理　主要指订单业务处理的标准化管理由供应商和用户共同负责，质量保证由供应商负责等。

（4）信息平台的支持　如补货决策支持系统、电子数据交换系统、信息搜集系统、运输跟踪系统、智能化自动补货系统等。

（5）信息共享与相互信任　供应链企业伙伴之间共同合作，相互信任，共享所需要的信息和库存控制参数。库存状态对供应商透明化是实施 VMI 的关键，这又离不开相互之间的信任合作。

（五）实施 VMI 的挑战

尽管 VMI 是一种有效的供应链库存管理模式，并在许多大公司，如强生、宝洁、雀巢、沃尔玛和家乐福的实践中证明可以有效降低整个供应链的成本，能够给企业带来很大的经济效益，但是，根据对我国 VMI 的抽查结果，国内应用 VMI 模式的企业微乎其微。VMI 实施并不完美，它还需要解决以下一些问题：

（1）库存所有权问题　由于管理的边界往往是不明确的，这就产生了库存所有权的归属问题。还有一种情况，库存在从供应商至零售商的运输途中以及在待销期间内，到底归谁所有，也是库存所有权归属问题。

（2）风险分担问题　用户的库存由供应商持有，那么一旦供应商出现突发情况，用户就面临着很大的缺货风险。另外，库存由供应商管理，这对供应商的要求势必会提高，也会提高供应商的风险。从供应链的角度来看，传统上由于各方都保有库存，在一方出现问题的时候，供应链可以保持运转；但是在 VMI 的情况下，只有一方持有库存，只要供应链上的任何一个节点企业出现问题，供应链就会断裂，整个供应链就会面临很大的风险。

（3）保密性问题　由于供应商掌握着所有用户方的情报，这是用户面临的一个保密问题。如果供应商与这个用户合作期满，又和其竞争对手合作，并将这些商业机密透露给竞争对手，必定会给原企业造成重大损失。

（4）绩效评估问题　VMI 缺少有效的绩效评估标准，很难衡量实施效果的好坏。

除了面临以上问题外，我国企业的信息系统等支持技术落后、管理水平跟不上，还没有建立一套信用机制，企业之间无法在互相信任的基础上进行合作。所以，我国的 VMI 实践还有很长的路要走。

二、联合库存管理

在供应商管理库存中的框架协议虽然是双方协定的，但因供应商处于主导地位，决策过程中缺乏足够的协商，难免造成失误。VMI 的实施减少了库存总费用，但在 VMI 系统中，供应商比以前承担更多的管理责任，库存费用、运输费用和意外损失（如物品毁坏）不是由客户承担，而是由供应商承担。由此可见，VMI 实际上是对传统库存控制策略进行"责任倒置"后的一种库存管理方法，这无疑加大了供应商的风险。为了克服以上 VMI 系统的局限性，并同时避免或减少"牛鞭效应"，联合库存管理（Jointly Managed Inventory，简称 JMI）应运而生。

（一）JMI 的含义

简单地说，JMI 是一种在 VMI 的基础上发展起来的上游企业和下游企业权利责任平衡和风险共担的库存管理策略。JMI 体现了战略供应商联盟的新型企业合作关系，强调了供应链企业之间双方的互利合作关系。

JMI 是基于协调中心的库存管理策略，强调供需双方同时参与，相互协调，共同制订库存计划，使供应链过程中的每个库存管理者都从相互之间的协调性考虑，在供应商和用户之间建立起合理的库存成本、运输成本及意外损失的分担机制，将 VMI 系统中供应商的全责转化为各个用户的部分责任，通过加强供应链管理模式下的库存控制来提高供应链的系统性和集成性，增强企业的敏捷性和响应性，体现战略供应商联盟的新型企业合作关系，是一种风险分担的库存管理模式。

（二）JMI 模式运作及其优劣

JMI 是一种供应链集成化运作的决策代理模式，它把客户的库存决策权代理给供应商，由供应商代理分销商或批发商行使库存决策的权力。近年来，在供应链企业之间的合作关系中，更加强调双方的互利合作关系，联合库存管理就体现了战略供应商联盟的新型企业合作关系，在供应链主要成员之间，充分共享信息，合理分担风险，共同进行库存决策等。图 7-5 描述了有第三方物流企业参与的 JMI 运作模式。

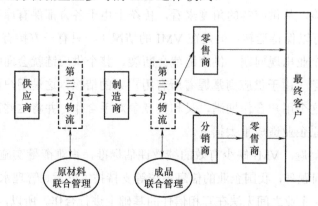

图 7-5　第三方物流企业参与的 JMI 运作模式

JMI 模式的优势在于：库存成为供需双方信息交流和协调的纽带，为实现供应链的同步化提供条件；通过协调管理中心共享信息，减少供应链中的需求扭曲现象，降低库存的不确定性，消除供应链的波动，提高供应链的运作稳定性，为实现零库存管理、准时采购创造条件；实现供应链管理的资源共享和风险分担。

JMI 的劣势在于：过度地以客户为中心，使得供应链建立和维护费用很高。虽然通过 JMI 能及时准确地预测由各项促销措施或异常变化带来的销售高峰和波动，使销售商和供应商都能做好充分的准备，赢得主动。但是，建立和协调这种库存管理模式需要较高的成本，而且企业之间的合作要求很高，联合库存的协调中心不容易建立，其运作也有很高的要求。除此之外，联合库存的管理还要求有高度的监督。

三、协同式供应链库存管理策略

（一）协同式供应链库存管理的含义

协同式供应链库存管理（Collaborative Planning Forecasting and Replenishment，简称 CPFR）是一种协同式的供应链库存管理技术，建立在 JMI 和 VMI 的最佳分级实践基础上，同时抛弃了二者缺乏供应链集成等主要缺点，能同时降低分销商的存货量，增加供应商的销售量。它应用一系列处理过程和技术模型，覆盖整个供应链合作过程，通过共同管理业务过程和共享信息来改善分销商和供应商的伙伴关系，提高预测的准确度，最终达到提高供应链效率、降低库存和提高客户满意度的目的。CPFR 的最大优势是能及时准确地预测由各项促销措施或异常变化带来的销售高峰和波动，从而使分销商和供应商都做好充分的准备，赢得主动。CPFR 采取了多赢的原则，始终从全局的观点出发，制定统一的管理目标以及实施方案，以库存管理为核心，兼顾供应链上其他方面的管理。因此，CPFR 更有利于实现伙伴间更广泛深入的合作，帮助制定面向客户的合作框架，基于销售报告的生产计划，进而消除供应链过程约束等。

（二）实施 CPFR 库存管理的条件

CPFR 除了可以帮助企业节省成本之外，同时也能帮助企业找回流失的市场占有率，并改善企业创造附加价值的过程。导入 CPFR 后，买卖双方共同制订一套预测计划，由于共同参与预测，相对也必须共同承担风险，可用同样的标准指针来评价绩效。根据共同预测计划，零售商及制造商承诺冻结订单，可让制造商库存量减少且改善客户服务水准，而零售商可确保其订单能被满足，不会失信于顾客。实施 CPFR 库存管理可以减少许多作业成本，报酬率就会相对提高。由于供应链效率和生产力得以改善，企业的费用降低，以资产负债表而言，库存降低使营运资金提高，进而提高了整体投资报酬率。

然而，CPFR 的建立和运行离不开现代信息技术的支持，这些技术可以使 CPFR 更具有灵活性。CPFR 信息应用系统的形式有多种，应尽量保持现行的信息标准不变，信息系统尽量做到具有可缩放性、安全性、开放性、易管理和维护性、兼容性等特点。如 CPFR 服务器用于 CPFR 共同业务处理，由供应链中的核心企业管理和维护，而每个企业通过互联网与 CPFR 服务器连接，使供应链中较小的企业也能加入 CPFR 系统中进行工作，且不必承受开发和维护系统的安全等风险。同时 CPFR 信息应用系统还便于合作伙伴采用统一的标准和技术。可以看出，通过 CPFR 技术所解决的问题包括：共享预测和历史数据信息；灵活地安排合作并将其和商业计划接轨；识别和评估异常情况；使修正和评估更具实施性。另外，CPFR 对信息系统集成也有着较高的要求，协同预测和补货的数据要与企业的 ERP 系统进行交换和协同，以利于生产计划的组织等，因此，必须确定统一的数据交换标准和格式，各相关系统同时也要预留相应接口，才能使各系统整合应用，发挥出最大效益。

实施 CPFR 面临的六个主要障碍分别为：

（1）管理例外及再次检查过程的预测（销售及订单预测）不易。

（2）交易伙伴过于专注在传统供应链上的阶段，而不是例外及再次检查的过程；促销及新产品项目不在事前共同规划的事项之内。

（3）目前没有一个联合决策支持系统可以提供消费者、顾客及市场的相关信息；预测的过程中非常需要信息科技。

（4）没有共同的目标。

（5）企业间对于分享敏感性的资料缺乏信任，分享的信息标准过于零碎。

（6）企业内部缺乏协同预测的基础。

　　根据供应链中各节点企业合作程度的高低，可以看出供应链库存管理模式的演进，经历了从单纯的交易处理到企业的协同计划决策的过程，从而逐渐地转移到整体的供应链库存管理上来。各种库存管理模式的比较如表 7-2 所示。

表 7-2　供应链环境下库存管理模式的比较

模式类别	传统库存管理模式	JMI 模式	VMI 模式	CPFR 模式
管理实体	各节点企业	核心企业/联合主体	供应商	协同计划协调工作组
主要思想	各节点企业独立管理自有库存，寻求降低自身缺货、需求不确定等风险的方法	各节点共同参与库存计划管理，共同制订统一的生产计划与销售计划，并将计划下达到各制造单元和销售单元执行	各节点企业共同帮助供应商制订库存计划，要求供应商来参与管理客户的库存，供应商拥有和管理库存控制权，本质上是将多级供应链问题变为单级库存管理问题	CPFR 应用一系列的处理和技术模型，提供覆盖整个供应链的合作过程，通过共同管理业务过程和共享信息来改善零售商和供应商的伙伴关系，提高预测的准确度，最终达到提高供应链效率、减少库存和提高消费者满意度的目标
主要优点	降低缺货、需求不确定性等风险以及对外部交易商的依赖	共享库存信息，加强相互间的信息交换与协调，改善供应链的运作效率，降低成本与风险，改善客户服务水平	降低库存、减少成本，改善缺货、提高服务水平，缩短提前期、提高库存周转率，提高需求预测的精确度，实现配送最佳化	实现企业之间的功能合作，显著改善预测准确度，降低成本、库存总量和现货百分比，改善客户服务，发掘商业机会，发挥出供应链的全部效率
主要缺点	库存量过高，存在严重的牛鞭效应，库存管理各自为政，缺乏协调沟通	建立和协调成本较高，企业合作联盟的建立较困难，建立的协调中心运作困难，联合库存的管理需要高度的监督	缺乏系统集成，协作水平有限；对供应商依存度较高，要求高度信任；决策过程缺乏足够的协调，加大了供应商的风险	以客户为中心的思想未能完全实现，CPFR 始于需求预测，终于订单产生，因此合作过程不是十分完善
适用范围	传统的库存各自分离，协作信任程度较弱，对待风险态度较保守	供应链节点企业有良好的沟通与信任基础，有联合库存管理中心如大型分销中心，具有良好的配送能力	下游企业没有 IT 系统或基础设施来有效管理它们的库存；上游厂商实力雄厚、市场信息量大、有较高的直接存储交货水平	供应链企业都有良好的 IT 系统支持并且协作关系固定，对供应链中业务流程保持高度的一致，整个系统能够快速响应客户与预测客户需求
支持技术	MRP/MRPII、订货点技术方法、双堆/多堆系统	企业内部大型 ERP、SCM、CRM 系统，基于 Intranet/Extranet 的网络通信系统	EDI/Internet、条码技术、连续补货系统、企业信息系统	企业间的交互系统如基于 SCM/ERP/CRM 集成的系统，高级计划与协调系统、商业智能等技术
实施策略	确定独立需求库存，制定订货库存策略，设定自有安全库存量，按安全库存量补充库存	建立供需协调机制，发挥制造与分销两种资源计划的作用，建立快速响应系统，充分利用第三方物流系统	建立顾客情报系统，建立销售网络系统，建立合作框架协议，进行组织机构的变革	供应链伙伴达成协议，创建共同业务计划，创建销售预测，辨识销售预测的例外情况，例外情况的解决/合作，创建订单预测，识别订单预测的例外情况，例外项目的解决/合作，产生订单

第四步 ｜ 供应链环境下的库存控制实践

一、理解库存的种类和根源

　　从库存的功能和根源上看，库存可分为周转库存、安全库存和多余库存三类，应对办法也各有不同。

1. 周转库存

第一类库存是维持正常运转所必需的，叫作周转库存。从供应商到公司的生产线，再到销售渠道，总得维持一定的库存量，以维持正常运营。比如生产周期是 4 周，那就意味着生产线上有 4 周的过程库存；运输过程是 2 周，那注定就有 2 周的在途库存。周转库存的根源是周转周期。只有缩短周转周期，才能从根本上降低周转库存。产品的标准化设计、产品与工艺设计的交互优化、精益生产等措施，从根本上都是为了缩短周转周期，从而降低周转库存。

2. 安全库存

第二类库存是应对不确定因素的，比如需求波动、补货延误、质量问题等，叫作安全库存。安全库存是供应链对不确定因素的自然应对，其根源是不确定因素。只有减少不确定因素，才能从根本上降低安全库存。产品的标准化设计增加了规模效益，降低了需求和供应的不确定性；提高供应商的按时交货率，降低了供应端的不确定性；周转周期缩短了，相应的不确定性也会降低。这些都客观上降低了安全库存。

3. 多余库存

剩下的库存既不是支持正常运转，也不是应对不确定因素的，叫作多余库存。订单取消、设计变更、预测失败等造成的呆滞库存，批量采购、批量生产、策略采购等造成的库存都属多余库存（策略采购是基于某种策略，比如预计材料会涨价而做的采购）。多余库存的根源是组织行为，比如计划失败、无序导入设计变更、大批量采购以获取价格优惠等。所以，控制多余库存必须从组织行为上着手，比如促进供应链上的信息共享、推动协同计划、预测与补货，以及提高决策水平，这些都是防止多余库存的有效举措。

降低库存之所以屡战屡败，是因为没有触及库存的根源。这三类库存根源不同，应对措施既有区别，也有联系。下面我们分别分析周转库存、安全库存和多余库存，以及相应的应对措施。

二、缩短周转周期，降低周转库存

1. 全面缩短采购、生产、调试、安装周期

为全面缩短采购、生产、调试、安装周期，企业应全面导入精益生产，并实行 JIT 生产方式，对传统的生产线进行改组。但实施的结果有好有坏，总体效果有时不甚理想。精益生产的看板管理体系等简化了物料流，生产现场更加井井有条，生产线员工的效率显著提高。但是，设备行业的周期性很强，业务起伏波动非常大，对精益生产而言是个挑战，注定没法推行 JIT 生产方式。实行 JIT 的前提是稳定的生产计划，比如丰田生产汽车，每天、每周、每月的产量都尽可能稳定。但对于需求变动较大的行业，比如半导体设备行业，季度变化量动辄可达 30%～40%，精益生产线和 JIT 还是很难应对的。

2．优化流程和系统，缩短信息处理周期

伴随流程的是信息流。流程低效，信息流就低效。信息流驱动产品流和资金流，信息流的周期延长，产品流和资金流的周期也会延长。于是周转周期就会更长，决定了周转库存居高不下。库存高，库存成本就高；库存高，表明运营水平低，运营成本就降不下来。

在供应链管理上，人们习惯于聚焦成本，但成本就如库存，是结果，不是根源。根源是时间，比如周转周期。如果能系统地把周转周期缩短，库存就会降下来，成本相应也会降低。20世纪90年代，波士顿咨询集团的两名顾问出版了一本著作，书名叫作《基于时间的竞争》，核心概念就是竞争基于时间，而不是成本。这是他们系统对比北美和日本企业后得出的结论。日本企业关注的是时间，时间缩短了，成本就会降低；美国企业关注的是成本，但因为时间没缩短，成本也无法持久控制。这也是为什么众多成本控制项目虽然能够取得一时的成功，最终却因成本反弹而失败。我们这里从供应链库存入手，缩短了周转周期，也能更持久地降低成本。这也是从库存着手解决供应链问题的根本原因。

三、控制不确定性，降低安全库存

前面说的是周转库存，即维持企业正常运营的库存，需要通过缩短周转周期来降低。供应链上的不确定因素来源挺多。就需求端来说，需求预测的准确性、及时性以及实际需求的变动，都需要安全库存来应对。就供应端来说，供应商的按时交货率、质量问题都会造成不确定性，同样需要安全库存来应对。采购提前期越长，采购期间的不确定性就越大，相应的安全库存就越高。

四、改善计划，降低多余库存

可以说，历史数据是需求预测的定量因素，销售、客户的判断则属定性因素。两者结合才能产生最好的需求计划。这就是所谓的需求计划"由（历史）数据开始，由判断结束"，如图7-6所示。

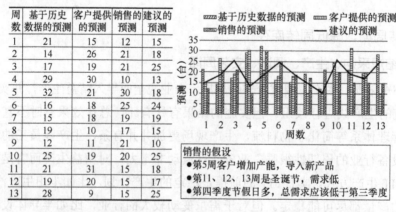

周数	基于历史数据的预测	客户提供的预测	销售的预测	建议的预测
1	21	15	12	15
2	14	26	21	18
3	17	19	21	25
4	29	30	10	13
5	32	21	30	18
6	16	18	25	24
7	15	18	19	19
8	19	10	17	15
9	11	9	21	10
10	25	19	20	25
11	21	31	15	18
12	19	20	15	17
13	28	9	15	25

图 7-6　需求计划由（历史）数据开始，由判断结束（示例）

制订需求计划的步骤如下：

第一步：从数据开始。需求计划经理在历史需求数据的基础上，用统计模型导出需求预测的初稿，这是需求计划的定量分析部分。

第二步：由判断结束。由销售、市场、产品、品牌、高层管理对最终客户需求信息提供反馈意见，从而对需求预测做出调整，这是需求计划的定性分析部分。

第三步：跨职能达成共识，结合历史需求和各职能的意见，得到集合公司最佳智慧的"同一套数字"，驱动从营销到供应商的整条供应链。达成共识有两层含义：①在具体的产品层面，需求计划经理协调销售计划、需求计划和供应计划；②在产品线层面，销售副总协调更高层次的销售、需求、供应和财务计划，以及处理产品层面未能达成的共识。这样，最终的成果就是"同一套数字"驱动营销和整个供应链。

供应链中普遍存在的高成本、高库存、重资产的顽疾，只有通过对供应链的需求前端防杂，强化产品管理和标准化设计，降低复杂度驱动的成本；后端减重，提高供应商管理能力，走轻资产运作之路；中间治乱，改善供应链计划，控制库存，有效平衡需求和供应才能有效解决。

拓展阅读

我国服装企业"不约而同"受库存所累

保暖内衣行业前几年着实风光无限，然后就是集体跳水再到行业的几乎整体崩溃，为什么会这么快跳水？因为市场容量有限，产品卖不出去，库存积压太多，对于大部分厂家来说，不跳水肯定是死，跳水或许还能死得慢一点，起码还能收回一部分资金。所以，一旦有品牌点燃导火索，价格大战马上一发不可收拾。南极人、俞兆林等保暖内衣行业的领导品牌还在到处抛售其前几年的库存。

休闲服装市场这几年增长很快，据说光广州北京路，一年就有过亿的休闲服销售额，领导品牌班尼路、佐丹奴、CY 等都在那里开有大型旗舰店。中山沙溪也成为一个全国知名的休闲服装生产基地，休闲服饰对流行趋势非常敏锐，所以更新淘汰很快，一不小心就会带来大量的库存。像广州北京路上的班尼路、佐丹奴等店铺，时常见到新品上市的时候售价在一两百元，而到换季时候则经常只卖 59 元、69 元一件。厂家往往是出于处理库存、回笼资金的角度考虑而进行甩卖。而甩卖的结果是什么？消费者对品牌的价格体系严重产生怀疑。据调查，佐丹奴曾是消费者心目中的名牌服装，而现在呢，还有几个人会因为穿佐丹奴而荣？

西装、衬衫等男装产品，是款式变化相对较慢的品类，落伍淘汰的风险似乎相对要小些。但只要去看看杉杉、雅戈尔等巨头在很多特卖场处理前几年的产品，就知道它们面临的库存压力有多大了。现在聪明的消费者通常都会选择在换季的时候买衬衫，因为那时候必然有很多品牌会为清货而进行打折。

生产女装的企业日子更难过，因为女装款式、面料更新很快，女性消费者谁也不愿意自己落伍。女装企业卖不出去的产品到第二年恐怕连处理都难了。积压的产品在仓库里越堆越久，越堆越多。这也是制约中国女装发展，导致中国女装至今缺乏大品牌的主要原因。

做文胸的内衣企业更是深受库存所累，文胸产品订料、生产周期长，对市场必须有一定的预测性和前瞻性，但谁也不敢保证自己的眼光百分之百准确。如果产品库存不够的话，一旦畅销肯定就会断货，再去补单生产又错过了市场，而一旦某些产品滞销，就必然会导致大量的库存。南海一家大型内衣企业，曾因为发展过速，库存过大，导致资金链濒临断裂，原材料商拒绝供货，车间技工大量流失，差一点就要关门大吉。

拓展阅读

电子制造行业 PSS 公司供应链系统面临严重的库存积压问题

电子行业内许多公司包括一些知名的跨国公司，正是因为库存的积压导致没有盈利甚至亏损。PSS 公司的库存问题经过组织变革虽然有了很大的改善，但迫于下游客户交货期的压力，PSS 公司对主要大客户仍然保持一定的库存。随着行业的价格变化，2002年 PSS 公司的内部财务报表显示，PSS 公司承担了巨大的存货跌价损失。出于降低自身库存风险考虑，PSS 公司 2003 年减少对客户的库存管理，强行在上游供应商推行供应商管理库存（VMI）。2004 年，PSS 公司的账面库存确实降低了很多，平均库存金额相当于 9 天的平均销售额（行业平均水平在 20 天）。供应链管理部在实际的分析中发现，虽然公司的库存风险大部分转嫁到上游供应商身上，但是供应链的整体库存仍然很大。供应商特别是一些核心供应厂商，按照 PSS 公司的要求一般备有 2～3 周的安全库存，对于一些旺销的成品库存 CM 公司备有 1 周的库存。这些库存量大都是 PSS 公司利用自己的强势地位要求供应商保证及时供应的，并没有正式的合同对于库存的消化处理问题做出规定。从表面上看，PSS 公司的库存成本较低，实质上供应商把库存风险成本的一部分分摊到价格上，由 PSS 公司与供应商共同承担了库存风险。

主要原因分析：

1. 供应商管理库存本身并没有降低供应系统的库存

PSS 公司推行 VMI 实际上是对传统库存控制策略进行"责任倒置"后的一种管理方法，这无疑加大了供应商的风险。PSS 公司推行的供应商管理库存有一些前提条件，但 PSS 公司管理层并未考虑到公司与供应商和零售商的协作水平有限；PSS 供应系统不对称的责任与风险处理机制加深了企业之间的不合作与不信任，供应商抵触情绪很大，难免造成不满与阳奉阴违的行为。

2. 市场需求的突变与工程更改导致大量历史遗留库存

2003 年，CM 公司作为 PSS 公司的战略合作伙伴积极配合 PSS 公司的库存计划。但到年底，原来非常畅销的一系列产品因市场原因滞销，CM 公司的仓库堆积了大量成品库存无法处理。特别是一些海外物料，其中有许多的特殊物料因产品的更新换代而变成呆滞料，金额也非常巨大。在双方的合作协议里，PSS 公司承担因订单变更或工程更改而造成的库存损失，但在实际操作过程中有很多库存是无法完全分清责任的。以上的一些呆滞料仅属于双方有争议的一部分。在 PSS 的供应链系统中，约有 300 家厂商成为 CM 公司的合格供应商。在这庞大的供应链体系中，材料的库存也是惊人的。有很多公司为了与 PSS 公司合作，自愿准备 2～3 周的库存。一旦市场需求变化，这些库存就会变成难以处理的呆滞料，蒙受的损失只能由供应商自己承担。已有十几家规模较小的下游供应商因为无法周转资金而倒闭。

3. 采取不适应公司情况的库存管理策略

在 PSS 的供应链系统内，制造工厂的上游供应商有 300 多家，上千种不同的物料各自的提前期也不一样。有的物料的采购周期长达一个半月，而普通的物料平均的采购周期为 4～6 天。采购提前期一般通过增加安全库存来平衡。另外，对于材料安全库存的设定与管理，PSS 的上游供应商采取的是一刀切的方式，并没有考虑到不同物料的价值与特点加以区别对待。这也无疑增加了系统的库存量。

在电子制造行业，下游供应商普遍被动地接受上游供应商权责不对称的要求，库存风险非常大。PSS 公司在前几次变革中成功地把自身的库存风险降低了许多，但其供应链系统中特别是上游供应商的库存风险并没有得到明显的改善。从长远来看，这些库存风险都只能在系统内消化，从而造成供应链系统的不稳定甚至瘫痪。所以，如何解决供应链系统的库存问题，成为 PSS 公司进一步推进供应链管理面临的不可回避的难题之一。

任务二 供应链环境下的物流管理

情景导入

科技企业的物流外包

由于产品更新速度快，原材料和产品单价高且全球化程度高，售后备件处理任务重，所以科技企业面临的物流环境比较复杂。为获得更大的市场，全球性的物流公司也不断推出新的物流和供应链服务。科技企业将物流系统外包给第三方物流企业正在成为一种趋势。

在与敦豪公司合作以前，西门子公司的仓储、库存及派送业务均由公司内部自行管理，其各个生产工厂都需要设立小型产品存储仓库，由员工进行手工管理。在敦豪公司接管及引进电子数据交换系统后，原来由 19 名西门子公司员工才能完成的物流管理工作现在由 8 名驻上海的敦豪公司员工即可完成。科技企业和第三方物流公司的这种合作正在亚太地区逐渐普及。朗讯科技公司（Lucent）和另一家全球性的物流企业美国联合包裹公司（UPS）合作进行物流管理。联合包裹公司相关业务部门设立一个专门工作组，负责管理朗讯科技公司所有空中和陆上的货运业务、跨港口仓储业务及物流系统的运行。朗讯科技公司供应链网络部副总裁吉姆·约翰逊（Jim Johnson）认为："这项物流管理方案将在整个层面上监督物流网络的运行，包括如何管理送货车驾驶员、缩短各个物流环节之间的间隔、提高整个物流系统运行的透明度等。"可见，第三方物流企业的介入可以让科技企业各个物流环节之间的连接更为顺畅。

科技企业的物流外包需要大发展，仍面临着一些障碍。如何满足科技企业的个性化需求是其中最重要的一点。敦豪公司全球客户解决方案部亚太区电子元器件部销售总监说："运输一箱芯片同运输一箱衣服的要求当然不同，需要根据客户的需求提供必要的确保货物安全的服务。"如敦豪公司在与影像企业爱克发公司（Agfa）合作中，就必须为爱克发公司的影像产品提供特殊的环境，如对温度和湿度严格控制，在仓库内设置专用工作间用于仪器的校准等。敦豪公司上海区域转运中心 1.8 万平方米的仓库中常设 500 余个爱克发公司专用库存单元，占据了全部物流中心的 1/6。个性化的需求显然会带来成本的增加。如某物流企业为高价值的芯片等产品提供的特殊服务，采用全球定位、特别保镖和装甲卡车等措施，这样的服务开价不菲。

虽然基础设施的限制以及管理体制的制约仍然影响着科技企业外包物流的决心，但科技企业外包物流在中国已经开始兴起。中外运-敦豪国际航空快件有限公司副总经理说："目前在这个领域，发达国家外包的比例为 45%～50%，中国为 20%～24%，还有很大的增长空间。"

（资源来源：物流师资格，考试大网。）

导入问题：

1. 如何定义企业的核心能力？
2. 何为业务外包？科技企业为什么要把物流业务外包？
3. 第三方物流企业的兴起原因与发展趋势是什么？
4. 供应链环境下如何选择合适的专业的物流服务商？

第一步 | 企业核心能力与物流业务外包

一、企业核心竞争力的含义

核心竞争力又称核心能力。美国战略管理专家普拉哈德和哈默尔在 1990 年《哈佛商业评论》上发表的论文《企业核心能力》中首次提出这一概念。普拉哈德和哈默尔认为，企业的核心能力是一种稀缺的、难以模仿的、有价值的、可延展的能力。就短期而言，公司产品的质量和性能决定了公司的竞争力；就长期而言，起决定作用的是企业的核心能力，公司所拥有的核心能力组合与价值创造体系对企业的竞争优势起决定性的作用。自普拉哈德和哈默尔提出核心竞争力的概念之后，很多学者专家分别研究了什么是企业的核心竞争力，并持有不完全相同的观点。麦肯锡咨询公司认为，"核心竞争力是某一组织内部一系列互补的技能和知识的结合，它具有使一项或多项业务达到竞争领域一流水平、具有明显优势的能力。"波特教授认为，一个企业的竞争优势取决于两个因素，即所选择产业的吸引力与产业内企业的战略定位。也就是说，企业要取得竞争优势一方面要有能够进入具有吸引力的产业的资源和能力，另一方面拥有不同于竞争对手且能形成竞争优势的特殊资产。而国内一部分研究者认为，核心竞争力应是企业的系统、整合能力，或是企业某一方面的能力，譬如华为公司的研发能力、戴尔电脑所具有的快速满足用户定制化需求的能力、UPS 公司的追踪及控制全世界包裹运送的能力。企业只要在业务流程的某一两个环节上具有明显优于竞争对手并且不易被竞争对手模仿的能够满足客户价值需要的独特能力，就能在激烈的市场竞争中获得一席之地，这就是核心竞争力。

一种能力要想成为核心竞争力，必须是"从客户的角度出发，是有价值并不可替代的；从竞争者的角度出发，是独特并不可模仿的"。一般认为核心竞争力应该具备以下基本特征：

1. 价值优越性

核心竞争力能够为顾客带来利益，而且这种利益是可感知的；能帮助企业在创造价值和降低成本方面比它们的竞争对手做得更好。核心竞争力不仅要具有"技术"上的先进性，更要具有市场上的可行性。从经济学的角度分析，一项能力之所以是核心的，其检验和判别的标准之一就是能给消费者带来好处。

2. 稀缺性

这是核心竞争力的本质特征，指那些极少数现有或潜在竞争对手能拥有的能力。核心能力应当是稀有的：如美国的沃尔玛公司，由于其率先运用从采购点收集的数据来控制库存，这种技能使之获得了一种相对卡马特公司的竞争优势。

3. 不可模仿性

核心竞争力是其他企业不能轻易建立的能力。它们往往只能通过"干中学"和"用中学"而得到，靠口头传授或书本学习是不行的。如果其他企业很容易模仿、复制、购得或用其他方式获得，那么企业独享的核心竞争力的状况就会很快被改变，其他企业的成功仿效会打破原有的竞争优势。

4. 难替代性

即依靠核心竞争力生产出来的产品或服务在市场上很难被其他产品或服务取代。核心竞争力必须难以被替代。它是企业经过漫长时间的锤炼而形成的战略性资产，开发不但花费一定的时间，而且具有相当的难度，是其他企业不易仿制，其他技术难以替代的战略资源。

5. 可延伸性

即企业的核心竞争力不仅可以为当前提供某些特殊的产品或服务，而且还能帮助企业开发出新的具有竞争力的产品或服务。

6. 持久性

核心能力是企业在长期发展过程中逐渐形成的，一旦企业确立了自己的核心能力，就需要长期不懈地进行资源投资，使核心能力长期保持优势地位。企业的核心竞争力一旦建立，将持久地发挥作用，使企业在一个相当长的时期内与竞争对手相比具备竞争优势。

柯达公司将核心能力集中于技术核心能力，我们称之为"战略技术"，它们是竞争优势的核心，柯达的目标是必须保持世界领先。例如，卤化银材料技术就是柯达的战略技术。卤化银是照相技术中的关键物质，是成像过程有效的光敏催化剂。柯达通过开发新型卤化剂，有效提高了彩照清晰度。另一类技术柯达称之为"可行技术"。这些技术是竞争获胜必需的技术，但并不构成竞争优势，因此在此方面柯达的目标是不比竞争者差，也不必自控。例如，测量卤化银颗粒上少量染料的技术，此技术是制造可再生卤化剂的重要技术，但不是竞争优势的核心。

二、业务外包

（一）业务外包的含义

业务外包的核心思想是：企业在内部资源有限的情况下，为取得更大的竞争优势，仅保留其最具竞争优势的业务，而将其他业务委托给比自己更具成本优势和专业知识的企业。外包本身并不能使企业产生核心竞争力，而是在企业已明确核心竞争力的情况下，帮助其突出并强化核心竞争力。因此，企业若仅考虑成本等因素，盲目地将部分业务分包出去，而不保留企业的竞争优势很可能得不偿失。

（二）业务外包的原因

进入 21 世纪，企业越来越关注自身核心能力的建设，外包的程度逐步加深。企业越来越意识到，如果在供应链上的某一环节不具有竞争优势，并且这种活动不是公司的核心业务，那么可以把它外包给世界上最合适的专业公司去做。企业开展业务外包的原因主要有如下几点：

1. 集中资源发展核心业务

企业应更注重高价值的生产模式，更强调速度、专门知识、灵活性和革新。与传统的"纵向一体化"控制和完成所有业务的做法相比，实行业务外包的企业更强调集中企业资源于经过仔细挑选的少数具有竞争力的核心业务，也就是集中在那些使它们真正区别于竞争对手的技能和知识上，而把其他一些虽然重要，但不是核心的业务职能外包给世界范围内的"专家企业"，并与这些企业保持紧密合作的关系。因此，企业为了适应新的竞争环境，去整合内部资源与外部资源是企业实现竞争力的关键之一，这也就是企业自制与业务外包决策的出发点。

2. 利用外部资源获取知识与技术

如果企业没有有效完成业务所需的资源（包括所需现金、技术、设备和人才），而且不能盈利，企业也会将业务外包。这是企业临时外包的原因之一，但是企业必须同时进行成本/利润分析，确认在长期情况下这种外包是否有利，由此决定是否应该采取外包策略。

3. 分担经营风险，增加经营灵活性

企业可以通过向外资源配置分散由政府、经济、市场、财务、自然社会环境等不确定因素所产生的风险，企业经营活动可以变得更有灵活性，更能适应变化的外部环境。

4. 降低和控制经营成本，节约资金

许多外部资源配置服务提供者都拥有能比本企业更有效、更便宜地完成业务的技术

和知识，可以实现规模效益，并且愿意通过这种方式获利。企业可以通过向外资源配置避免在设备、技术、研究开发上的大额投资。纽约业务外包研究公司的一项调查表明，节约资金是企业业务外包的最重要的原因，有 64%的被调查企业由于"经费问题"而实施业务外包。

（三）业务外包的方式

企业业务外包的具体方式主要包括以下五种：

1. 临时服务和临时工

企业可用最少的人员，最有效地完成规定的日常工作量，而在有辅助性服务需求的时候雇用临时工去处理。出于对失业的恐惧或对报酬的重视，临时工对委托工作更认真。

2. 子网

为了夺回以往的竞争优势，大量的企业将"控制导向""纵向一体化"的企业组织分解为独立的业务部门或公司，形成母公司的子网公司。

3. 与竞争者合作

与竞争者合作使得两个竞争者把自己的资源投入共同的任务（诸如共同的开发研究）中，这样不仅可以使企业分散开发新产品的风险，同时，也可使企业获得比单个企业更高的创造性和柔性。

4. 非核心业务完全外包

日本本田公司认为，发动机和电机是汽车工业的核心能力，公司专注于独立开发发动机和电机。通过对自己核心竞争力的自主开发培育以及与外包经销商紧密的合作，本田公司迅速、成功地进入了广泛的业务领域，从众多竞争者中脱颖而出。

5. 转包合同

在通信行业，新产品的寿命周期基本上不超过 1 年，美国电信公司 MCI 就是靠转包合同而不是靠自己开发新产品在竞争中立于不败之地。MCI 公司的转包合同每年都在变换，它们有专门的小组负责寻找能为其服务增值的企业，从而使 MCI 公司能提供最先进的服务。

（四）业务外包可能出现的问题

成功的业务外包策略可以帮助企业降低成本、提高业务能力、改善质量、提高利润率和生产率。但是它也同时也会给管理带来新的问题。

（1）失去对过程的控制　业务外包减少企业对业务的监控，企业必须不断监控外包企业的行为并与之建立稳定长期的联系。

（2）可能选择错误的供应商　在业务外包时，如果选择了合适的供应商可以获得更大的灵活性；相反，如果选择了错误供应商，则会影响公司竞争力，那将非常危险。

（3）公司空心化　外包过程中可能产生的另一个问题是增加公司失去关键技术或者生

产能力的潜在可能性。目前很多公司将生产业务外包给低成本供应商,这种现象被称为"公司空心化"。

（4）可能延长提前期,增加风险　很多零部件由自制变为外包,增加了对供应商管理的难度和经营风险。交付提前期可能因某些物料的供应问题而延长,导致客户抱怨甚至失去订单。

三、物流业务外包的推动因素

供应链管理要求供应链核心企业将其他不具有核心竞争力的业务外包给其他能够做得更好的企业。一般制造企业和商业企业的核心竞争力并不存在于物流方面,它们为了发挥自己在主营业务上的特长,提高效率,降低在不擅长的物流运作方面的成本,必然要把自己所在供应链上的物流业务外包给适合的、能胜任的第三方物流企业去完成。

物流业务外包的推动因素主要有以下几点:

1. 物流需求的增长

经济全球一体化趋势使物流功能众多,物流服务区域广泛,增加了物流运作的规模和范围,也增加了企业物流运作的复杂性;同时企业之间的竞争日趋激烈,企业为保持其竞争优势,被迫将其主要资源和精力集中于核心业务上;与此同时,顾客需求越来越个性化,企业为满足顾客日益增长的需求而花费的物流费用不断增长。企业越来越倾向于使用第三方物流,来满足企业内部部分或全部的物流功能的需要,即企业物流外包的行为越来越普遍。

2. 专业物流服务商队伍的发展壮大

运输业解除管制促使第三方物流业的兴旺发展,专业的物流服务提供商不断壮大,并不断提高专业化管理水平。第三方物流企业自身所具有的核心竞争力就是自己的物流业务能力、自己在物流方面的专业能力,以及在物流资产、设备、设施、物流人才方面的优势。专业的物流服务商只有不断增强核心竞争力,才能参与供应链管理,与供应链核心企业共同发展壮大,使企业把物流业务外包给第三方物流服务商成为可能。

3. 信息技术迅速发展

计算机硬件和物流软件技术的不断提高,信息技术、通信以及电子商务的迅猛发展,使企业之间的信息交流更为便捷、准确有效,促进了供应链各个环节业务的集成,从而降低了企业物流外包的风险,减少了许多弊端,促进了物流外包发展。

第三方物流企业,从事的是专业化的物流服务,一般拥有专门的知识和信息网络,在物流服务水平、服务质量上等方面可以获得竞争优势;第三方物流企业为众多的物流需求企业提供服务,能够实现规模经济;规模经济又带来了成本的降低。所以说,物流经营是第三方物流企业的核心能力。企业将物流业务交给外部组织,就可以强化自身在产品研发、核心部件的生产和销售等方面的核心能力,同时又可以充分利用外部企业的核心能力获得互补能力,提高交易质量,并以整个供应链的竞争优势提高企业的竞争力。企业将有限的资源用在核心能力上,整合利用外部资源,实施物流外包仍是明智之举。

第二步 │ 第三方物流企业的兴起与合作

一、第三方物流企业的兴起

（一）第三方物流概念

在社会分工日益专业化的现代经济中，没有哪一家厂商能够完全做到自给自足，只有将企业有限的资源用于加强自身核心竞争力，才能够成为赢家。同样，如果企业自己不是物流公司，那么最好将企业的物流业务交给一家独立的专业化的物流公司去做。需求方为采购而进行的物流，被称为第一方物流，如赴产地采购、自行运回商品。第二方物流是指供应方为了提供商品而进行的物流，如供应商送货上门。由物流的供应方和需求方之外的第三方所进行的物流，称为第三方物流。在理论研究上，关于第三方物流的（Third Party Logistics，简称 TPL）定义，无统一定论。在国外常称之为契约物流、物流联盟、物流伙伴或物流外部化。"第三方物流类似于外协或契约物流"，也有学者认为第三方物流是指由与货物有关的发货人和收货人之外的专业企业，即第三方物流企业来承担企业物流活动的一种物流形态。美国的有关专业著作将第三方物流供应者定义为：通过合同的方式确定回报，承担货主企业全部或一部分物流活动的企业。第三方物流企业所提供的服务形态可以分为与运营相关的服务、与管理相关的服务以及二者兼而有之的服务三种类型。

（二）第三方物流的特点

随着物流业务外包的兴起，第三方物流得到快速发展，第三方物流与传统物流有明显的区别，如表 7-3 所示。

表 7-3　第三方物流与传统物流的区别

功 能 要 素	第 三 方 物 流	传 统 物 流
合约关系	一对多	一对一
法人构成	数量少（对用户）	数量多（对用户）
业务关系	一对一	多对一
服务功能	多功能	单功能
物流成本	较低	较高
增值服务	较多	较少
质量控制	难	易
运营风险	大	小
供应链因素	多	少

作为优秀的第三方物流服务企业，必须具有如下条件：

（1）必须具有经营管理的组织机构、业务章程和具有企业法人资格以能够与用户方或其代表订立物流服务合同。

（2）具备一定的信誉　从用户方或代表手中接收货物后，能签发自己的物流服务单证以证明合同的订立、执行和接收货物并开始对货物负责任。为确保该单证作为有价证券的流通性，物流服务商必须在提供相关物流服务时具备一定的资信或令人信服的担保，尤其是开展国际物流服务的第三方物流企业。

（3）必须具有与经营能力相适应的自有资金　在涉及综合物流服务，甚至国际综合物流服务时，物流服务商要完成或组织完成全程服务，并对服务全程中的货物遗失、损害和延误运输负责，因此，必须具有开展业务所需的流动资金和足够的赔偿能力。

（4）具有一定技术的能力　物流服务商必须能承担物流服务合同中规定的与仓储、运输和其他服务有关的责任，并保证把货物交给物流服务单证的持有人或单证中指定的收货人。因此必须具有与合同要求相适应的，能承担上述责任的技术能力。国际物流服务商要具有自己的国际运输服务线路，有一支具有国际运输知识、经验和能力的专业队伍，在各条运输线路上要有完整的分支机构、代表或代表人组成的网络机构，要能够制定各线路多式联运单一费率。

（三）第三方物流的经营方式和业务范围

一些传统的物流企业，比如仓储运输企业，可以通过自主发展模式或合作发展模式发展成为优秀的第三方物流模式。承担物流服务业务的企业的经营方式通常有以下三种：企业独立经营型、大企业联营型和代理。常见的供应链物流服务项目及服务内容如表7-4所示。

表7-4　供应链物流服务项目及服务内容

供应链物流环节	物流服务项目举例	服务内容
采购物流	代理供货系统	原材料、零部件从供货商到生产线供货 及时配送、共同保管、共同配送、库存管理、紧急应对
生产物流	工厂物流业务整体外包	工厂内物流、发送管理等对顾客生产活动的侧面支援、物料管理、包装设计、包装作业、发送管理、运输作业等
销售物流	信息、保管、配送网络系统 长距离运输网络系统 大型物件、精密机器物流	集信息、保管、配送功能一体化的物流系统 经济、快捷的国际运输网络 长距离整车运输、配载运输、特殊物品运输、中转运输 各种工程项目用物资，需要谨慎搬运的精密仪器、商品的运输、搬入、安装等一条龙服务
国际物流	进口、出口物流 海外物流 第三国物流	陆、海、空运输手段的效率化 利用国际物流信息系统顺畅地进行进口、出口以及第三国物流活动
其他	会展品、美术品运输 搬家、大规模搬迁	会展品、美术品的包装、运输、搬入、安装、搬出 搬家、工厂大规模搬迁等

世界知名物流企业的业务经营范围如表7-5所示。

表 7-5　世界知名物流企业的业务经营范围

公 司 名 称	经营业务范围
UPS	美国国内业务占 90%，运输方式以陆运为主，为全球 220 多个国家和地区提供快递服务，全球日均递送 1 910 万件包裹和文件，全球最大的快递承运商之一
FedEx	美国国内业务占 76%，全球最大的快递运输公司之一，为美国各地和全球超过 220 个国家和地区提供快递服务。运输方式以空运为主，全球日均处理 500 万件包裹，兼并了大量同行
德国邮政	欧洲业务占 71%，邮政业务占总收入的 49%，拥有 83 家分拣中心，与 DHL 合作开展速递业务
马士基	拥有庞大的货运网络，覆盖全球约 120 个国家或地区的 300 多个港口，全球最大的航运公司，占丹麦 GDP 的 37%，每年运输 1 200 万个集装箱
日通	日本国内业务占 93%，运输方式以汽车运输为主，提供现代化的仓储服务

与国外的物流企业比较，我国的第三方物流企业还有一定差距。我国的第三方物流企业仍以运输、仓储等基本物流业务为主，加工、配送、定制服务等增值服务功能还处在发展完善阶段。像宝供、中海这样功能完善的第三方物流企业目前为数不多，规模也不是很大。我国物流服务商的收益 85% 来自基础性服务，如运输管理（占 53%）和仓储管理（占 32%），增值服务及物流信息服务与支持物流的财务的收益只占 15%。增值服务主要指货物拆拼箱，重新贴签，重新包装，包装、分类、并货、零部件配套，产品退货管理，组装、配件组装，测试和修理。即使是像中远集团、中外运集团、中国储运总公司这样大型的运输、仓储企业，虽已向第三方物流企业转化，但它们的传统运输、仓储业务仍占主要部分，第三方物流的功能还不完善。生产企业和商业企业的外包物流主要集中在市内配送、单纯仓储和干线运输。其中生产企业的外包物流中，单纯仓储占 21%、干线运输占 36%、市内配送占 28%、包装占 4%；商业企业的外包物流中，单纯仓储占 37%、干线运输占 21%、市内配送占 43%、包装占 14%。

二、选择第三方物流公司的原则

随着企业物流外包业务的迅速增长，没有利用外包的企业将面临落后的危险，那些没有对外包进行妥善管理的公司可能会失望。克里弗德曾经在《物流外购—— 管理手册》一书中指出，在实施物流外包的过程中，坚持下面这 10 个基本规则是企业获得成功的保证。

规则 1：制定外购的战略

需要谨慎考虑外购战略，要认真与自我解决方案进行比较。这将有助于分辨每种选择方案的优劣。要从起点仔细考虑过程中的每一个供应商。

规则 2：建立一个严密的供应商选择程序

检查企业已经存在的客户关系和财务状况。仔细分析公司的管理深度、战略方向、信息技术能力、劳资关系、管理者个人风格和可亲近程度。

规则 3：清楚地定义你的期望

大量不成功的外购关系都是由不明确的预期所导致的。供应商经常面临这样的窘境：在对产品的体积、尺寸和运送频度等信息掌握不全的情况下提供服务。这是因为企业往往缺少对自身物流活动的准确和详细的描述。除此之外，提供服务的成本，特别是在信息技术领域，通常都是被低估的。这些不准确的要素导致供应商成本的上升，而这往往是与预期不符的。

规则 4：设计一个好的合同

要为共享收益的合同双方的运营状况和生产力提供一种有效的预测机制，其中一定要讲清楚双方的义务期望和补偿方案等。

规则 5：制定合理的政策和程序

给服务提供者设计一个操作手册。更理想的是，手册可以由双方共同制定，要包含所有的政策、程序以及高效的外购活动运作所必需的所有其他信息。

规则 6：明确并尽力避免潜在的摩擦点

双方都要明确可能会出现的摩擦点，提前发现摩擦点并协商制定相关的解决方案。

规则 7：与物流合作伙伴有效沟通

与无效的计划相比，无效的沟通是导致失败的外购关系的第二个重要原因。必须经常对合作的所有细节进行沟通，而且沟通必须是双方的。

规则 8：进行绩效评估

建立合作关系之后，要明确绩效评估的标准并与服务供应商达成一致，同时要经常与服务供应商进行沟通，要经常进行绩效评价。

规则 9：激发并奖励供应商

要学会对供应商良好的服务进行奖励，但是不要想当然。表扬、认可、激励和奖品都是已经被证明的有效的激励手段。尽可能地勇于表达自己对供应商的良好的态度。

规则 10：做个好的合作伙伴

好的合作关系是会令双方受益的。不好的合作关系则不然。物流供应商良好的服务于你和你的客户的能力能够提升你的业绩表现，否则将会使你的业绩大打折扣。

三、物流外包决策过程

企业的物流外包决策对于企业来说是一把双刃剑，遵循一定的科学决策程序慎重选择物流服务商非常必要。在实践中，企业物流外包采用如下决策过程。

1．分析企业内外部因素

企业要想制定一个好的物流经营策略，需要对外部宏观环境、内部环境进行彻底调查和分析。外部宏观环境因素包括：物流市场的现状、环境法规与政府管制、技术环境和经济环境等。内部环境包括：企业核心能力、物流在企业中的地位、企业拥有的物流资源、企业成本控制要求、企业规模和实力、企业性质、物流转换成本、物流变革的阻力、企业的基础管理水平等。

2. 判断是否为核心业务

只有物流是企业的核心活动，而且集团公司内部企业的物流资源具有可持续性的竞争优势，企业才可以实施内部外包。否则，不管企业持有多少物流资源，只要物流不是企业的核心能力，或虽然是企业的核心业务但自身或集团公司内部在物流运作上不具有可持续的竞争优势，企业就应该外部外包物流。

3. 确定物流外包方式

企业可以对物流外包的方式进行定量分析和定性分析，从而决定物流外包的方式。企业物流业务外包的方式有：物流业务部分外包、物流业务全部外包、物流系统接管、战略联盟、物流系统剥离、物流业务管理外包。

4. 选择外包物流供应商

选择合适的外包物流供应商作为供应链中的合作伙伴，是外包物流策略最重要的内容之一。如果企业选择合作伙伴不当，不仅会损失企业的利润，还会使企业失去与其他企业合作的机会，从而无形中抑制了企业竞争力的提高。对第三方物流商进行初选时应考虑以下几点：第三方物流供应商应具有必要的资源条件，如运输能力、品牌知名度、网络覆盖率、较好的声誉、广泛的业务范围、丰富的物流配送经验等；合作双方具有互补性；双方之间具有相互沟通的信息平台等。

5. 控制物流外包中的风险

为了最大限度地避免风险，提高合作的综合质量和效益，选择物流服务商不应只考虑物流服务成本，还应考虑第三方物流的综合能力和最终客户满意度。

6. 专人负责物流外包实施

企业高层管理者对于外包物流管理要给予足够的重视与支持。要成立专门的小组，协调可能发生的矛盾和冲突，促进外包物流目标的实现。

7. 考核与激励物流外包服务供应商

为了防止风险，有必要对第三方物流提供商建立从过程到结果的考核体系，还必须建立机制确保本企业能与物流市场、本行业的发展保持密切联系。可以由外包物流的企业组成评审小组或聘请独立的外部人员对第三方物流提供者的绩效进行监控，以便发现问题及时改正，并可根据合同中的条款进行适当的处理。通过绩效考核，可以明确下一步改进的计划，给第三方物流提供便利条件。因此绩效管理对客户企业和物流服务的提供商都可起到一定的激励作用。

企业物流外包的决策过程如图7-7所示。

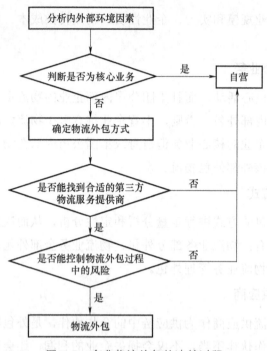

图 7-7　企业物流外包的决策过程

第三步 ｜ 怡亚通的供应链综合解决方案

一、公司简介

怡亚通的前身为深圳市怡亚通商贸有限公司，成立于 1997 年，并于 2004 年整体改制为股份有限公司，更名为深圳市怡亚通供应链股份有限公司。

怡亚通从进出口贸易起步，在实践中不断创新，先后经历了"单一代理通关"和"IT物流"等第三方物流模式，在此基础上逐步导入供应链管理模式，并形成怡亚通特有的"一站式"供应链服务新模式，最终在短短十几年间，从一个年营业额 6 000 万美元的纯商贸企业，发展为年营业额超百亿元的专业供应链服务商，营收年均增长 30%，逐步向"中国领先的专业供应链服务商"迈进。公司自 2007 年上市以来，从过去单一的广度供应链业务，发展形成了"广度供应链业务、深度供应链业务、全球采购中心产品整合业务、供应链金融业务"四大业务集群。经过摸索，深度供应链业务、全球采购中心产品整合业务、供应链金融业务在业务模式、客户拓展、运营管理等方面已经趋于成熟。

二、主要业务模式

怡亚通广度供应链服务（或称生产型供应链服务），是指从原材料采购到产品销售的供应链全程运作中，企业客户可选择性地将全部或部分非核心业务外包给怡亚通，例如：采购执行、分销执行以及物流服务、信息服务。怡亚通协调整合供应链上下游资源以达到协同运作、帮助客户提升供应链效率、总成本领先的目的，并通过服务创新帮助客户实现供应链价值增值。其服务对象包括：生产型企业、整合型企业、品牌企业等。广度供应链服务是怡亚通的基础业务，也是业务量占比最大的业务集群，已建立了全国性服务平台。2013 年，怡亚通对广度供应链业务加强业务审核，选择性地退出盈利能力较弱的项目，同时努力为客户提供更多的增值服务。

怡亚通的主要业务模式有以下几种：

（一）进出口通关

怡亚通在进出口通关服务方面有丰富的运作经验，在全国各口岸（海关、机场）为进出口客户提供全面完善的通关服务。其服务内容包括订单处理、出口文件筹备、到门（港）提货及通关监管运输等。其是"深圳市直通车服务企业"，深圳海关"客户协调员"制度的第一批试点企业，因此在缩短通关时间，减少货物在途时间方面具有突出的竞争优势。

怡亚通的主要业务有：代办进口批文、快速通关、办理进口检验检疫、代办 3C 认证、代开 L/C、垫付采购资金、零在途快速付汇、全程保险、代客租船订舱、办理 C.O. 和 FORM A 证书、垫付出口退税款。

进口清关业务仅作为怡亚通为客户开展配套服务的内容之一，怡亚通通常不单独为客户提供该项服务。怡亚通通常与客户签订一定期限的供应链管理综合服务合同，根据合同提供量身打造的个性化服务，基于业务发生金额、提供服务类型，按一定比例收取服务费。由于业务的多样化及非标准化，怡亚通没有一个标准化的费率水平，进口清关费用囊括在项目综合服务费中。

由于采用收取综合服务费的方式，因而怡亚通可通过整合各服务项目，控制各相关服务环节的成本，来优化整体物流项目以及有效地控制成本。

在服务内容上，怡亚通区别于其他进出口清关同行的最大特点是，它能为客户提供垫付采购款服务（即贸易代理服务）。其主要客户群体（多为电子、IT 客户）的资金需求旺盛且量大，该项附加服务能使采购商及时有效地获得生产所需的物资，也避免了预付大量资金的风险，因此具有很大的竞争优势。该种业务模式相当于进口贸易代理与物流的组合业务。在该模式下其既赚取代理利润，又赚取物流利润。

但该业务模式可能遭遇货权管控、客户因跌价弃货等风险。因此为有效规避该风险，怡亚通在业务开展之前会对服务客户及产品进行严格、谨慎的风险评估。目前怡亚通的主要服务客户群还是其所擅长的电子、IT 产品领域。

（二）物流配送及仓储服务

怡亚通通过覆盖全国各区域的营运网络，在深圳、上海、北京、香港建设了一流的营运平台；在香港、深圳、广州、上海、北京、西安、武汉、成都、沈阳、大连、厦门建成了专业的配送（仓储）中心，形成了覆盖全国一线、二线城市和主要三线城市的物流网络，以协助客户实现货物在全国范围内的快速、有效流动。怡亚通公司提供"门到门"和"门到港"服务，有汽运、空运、铁路运输、海运、联运等多种运输配送方式以供选择。针对以各地配送中心为基地辐射其覆盖区域范围的一线、二线城市和主要三线城市，怡亚通提供特快专递、专人专送、专车配送、异地调拨及配套的信息反馈、代收货款等配送服务。

怡亚通的物流配送和仓储服务基本采用外协资源，包括合作的车队和外包仓库。其成本来源于物流服务提供商采用买卖差价模式向怡亚通收取的费用。怡亚通通过对社会资源的整合，避免固定资产的大量投入，并通过较好的资源管理，可以有效地减低成本。

怡亚通的仓储配送服务主要以全国各地的保税仓库为平台，配套客户的国际采购、进口清关、出口转进口等业务的开展，主要为客户提供一条龙的综合服务，很少提供单个物流项目的服务。另外，怡亚通的服务主要围绕自己的大客户进行，与客户签订长期的合作合同，基本上没有单票的零散客户。其综合服务的收费方式主要采用以交易额为基准的浮动收费法，即根据业务量（交易额/量）的一定比例收取服务费，每个客户项目的服务费率的制订需要经过严格的成本分析，并通过与客户协商签订合同来最终确定。

怡亚通自身拥有较多网点和多个配送（仓储）中心，但是，公司目前的物流服务主要是整合整个供应链各节点资源，并不直接拥有大量运输工具，而将相关业务（运输配送、仓储服务）再外包，通过自身较高的管理水平，整合、管理社会资源，以提高供应链运行效率。

当然，过多地利用外部资源同时也带来了更大的经营风险和管理问题，例如需要增强对货权的控制、对外部资源的风险管理，需要提高多种资源的协调管理能力等。

从服务模式来看，目前，怡亚通的服务主要围绕全国各地的保税仓库来进行，为客户提供综合服务（仓储、配送服务一般作为综合服务的一部分），很少提供单项物流服务，这无疑使怡亚通少了一些只要求个别物流服务的低端客户。当然，这和怡亚通的市场定位有关系。怡亚通主要为高端客户服务（主要为电子行业的生产企业），服务的行业产品有价值高、流通环节多、仓储周期短等特点，这类客户往往对物流综合服务要求较高。

（三）保税物流平台服务

怡亚通是国内唯一全面入驻全国保税物流园区的企业，凭借其完善的经营网络，可帮助境外公司在保税区域内直接从事国际贸易，客户货物甚至不需要移动，就可完成多次货权转移和资金交付。其保税物流平台服务可为企业提供以下服务：

（1）"境外一日游"业务，解决保税加工型企业各种内销限制。

（2）出口集货，提前办理退税手续。

（3）形成真正的境外交易或国际结算，免征增值税和消费税，方便企业开展多种形式的国际贸易业务。

（4）帮助企业实现货物"区港联动"，实现进出口集拼箱及国际中转业务，进一步降低企业国际运输成本。

"境外一日游"业务为怡亚通保税物流产品中的核心业务。自2003年以来，怡亚通已为飞利浦、明基、上海贝尔、三洋等跨国公司提供了该项服务。而出口复进口业务是"境外一日游"整合物流园区政策优势及怡亚通全面服务能力后的创新业务模式。

该服务项目采取服务费的方式，即根据交易额按一定的费率收取服务费。在实际操作中，还根据不同项目的特点，区别进行收费。如在某一特定的项目中，仓储出货周期较长或仓储量较大，则会在约定费率的基础上，仓储费项另外收费。

怡亚通利用保税物流平台，为境外公司在保税区域内直接从事国际贸易提供服务，客户的货物甚至不需要移动，就可完成多次货权转移和资金交付。而出口复进口业务模式，更是改变了保税加工产品"境外中转"的问题，解决了企业面对成本、交货时间、流程控制、货物安全等方面的压力。该业务得以顺利开展，则是基于怡亚通完善的保税物流网络，以及前期所积累的电子、IT行业等"出口复进口"需求旺盛的客户群体。

（四）供应商管理库存

实现零库存是每个成长的企业的管理目标之一，供应商管理库存（VMI）能有效地避免企业因市场变化而产生的库存损失，同时为企业与众多供应商之间提供动态的、科学的弹性供应管理。不论市场如何变化，VMI都能保证供应的顺畅与及时。

采用供应商管理库存模式可以降低企业库存成本，提高企业的市场应变能力，减少库存风险，缩短供应商供货响应时间，提高采购效率，提高材料配套率，减少仓储、运输、报关等环节的费用，减少供需双方库存管理成本，降低供应链总成本。供应商管理库存适合于供应链核心企业，如大型制造企业或大型零售企业。

怡亚通提供的供应商管理库存服务，是将供应商的集货仓库设置在离工厂最近的保税区域，按照工厂的生产需求，通过绿色通道模式最优化供货响应时间，满足工厂准时制生产需求。这种业务模式将所有供应商的货物集中在一个仓库操作，可以通过第三方物流的增值服务，将配套好的货物直接送上生产线，减少中间环节的费用和时间；通过提高仓库利用率、整合报关、拼车运输等措施降低运作费用。

怡亚通VMI服务采用以交易额/量为基准的浮动收费法。在成本控制方面，由于集货仓库设置在离工厂最近的保税区域，库存成本由原来的完税成本改变为保税成本，直接降低了17%（或更高）的库存成本，进而降低由于库存造成的资金积压，提高资金周转率。

供应商管理库存模式不仅有利于减少中间环节费用和时间，同时还能确保货物在国际市场的自由流动。目前，供应商生产的产品已经越来越多地向全球供应，因此集结在VMI网络中心内的货物是否能够自由地输出到需求国去，也成了VMI项目实施的一个关键点。而保税物流园区的单纯境外属性，确保了这种全球化采购及供应的需求。

怡亚通的VMI服务在服务内容上与BAX等物流服务相比，没有太大的变化。怡亚通的优势在于它拥有网络覆盖面较广的国内保税物流节点，是国内唯一全面入驻全国保税物流园区的供应链企业，不过在信息系统的支持上可能要落后于后者。

（五）采购执行服务

（1）根据企业采购订单需求，依托怡亚通全球服务能力及资源整合能力，提供面向上游供应商的贯穿于整个采购及采购执行环节的商务操作、物流运作、资金配套/结算及信息处理服务。

（2）将客户-供应商的"一对多"模式简化为客户-怡亚通的"一对一"模式，采购过程非核心业务外包，降低运营成本，简化操作管理，提高采购执行效率，加快响应市场需求。

（3）适合于采购价值高、采购数量大、采购环节复杂（包括境外/境内采购）、供应商多的企业。

（六）分销执行服务

（1）根据企业销售需求，依托怡亚通全球服务能力及资源整合能力，承接企业面向代理商、卖场及最终用户的贯穿于整个销售执行过程的订单操作、物流配送、资金配套/结算及数据信息处理服务。

（2）减少销售渠道层次，降低运作成本，提高产品竞争力，降低客户销售网点当地库存，提高配送效率，缓解销售资金压力，提高流通环节资金周转率。

（3）适合于对零售终端直接掌控需求高、追求渠道扁平化的企业。

拓展阅读
TNT 与惠普公司的物流服务合作案例

1999 年，TNT 物流公司成为惠普的第三方物流提供商，管理着惠普的零部件仓库和运输业务。当时其他许多公司的零部件需要在仓库和工厂间运来运去，既耗时又费钱。而在惠普位于罗斯韦尔的工厂，由于仓库和生产线是在同一处（这种经营方式又称为"同址"运营），配送零件通常只需一辆叉车跑一个来回。在接到要求提取某一零部件的提货单后，一名 TNT 员工就会在排满了 8 000 种库存产品的巨大货架上找到所要的零部件，然后更改库存记录，最后把零件送到组装线上。通常这个过程只需要 30 分钟，不仅节省了时间，而且避免了产品的损耗和破坏。但在过去，由于仓库和厂房遍布罗斯韦尔全城，运送一趟通常需要两到三个小时。

TNT 物流公司除了管理惠普上千万美元的库存，还从惠普员工手中接管了运输管理业务，这在惠普公司历史上尚属首次。TNT 将过去众多的运输商减少为寥寥几家。其中 Eagle 物流公司负责重型产品的美国国内空运；安邦快递公司则运送小部件；Schneider 公司、US Freightways、Con-Way 公司和联邦快递货运公司负责惠普美国国内运输 70% 的业务；Expeditors 公司承担亚洲地区的空运业务，并且是惠普在亚欧地区的货运代理；德迅公司（K&N）在欧洲空运业务中发挥作用。

TNT 的运输经理就像是沟通惠普采购经理和公司供应商的桥梁。TNT 从惠普手中拿到订单后，联系供应商，确保零部件能及时送到惠普的工厂，中间具体的运输过程就是承运商的事了。每周，TNT 都会对每一条产品线上的国内和国际运输费用列出清单，这在惠普历史上也是从未有过的。在与惠普合作的头 6 个月，TNT 就通过减少加急运输，为惠普节省了 250 万美元。另外，TNT 还通过减少运输商的使用、改变运输方式，为惠普省下了 400 万美元。同时，TNT 还利用旧垫板，而不是像原来租用带垫板的面包车，这又为惠普在半年内省下了 50 万美元。过去，惠普要租赁大量飞机保证及时运输，但现在 TNT 只在为了保证生产线继续运转的紧急情况下才使用空运，其余情况下都通过公路运输。

惠普自身也在进行着变革，公司原来的物流经理都离开了原有岗位。惠普与康柏合并之后，新公司使用的第三方物流供应商有 30 多家，遍布全球。新公司对所有的第三方物流公司都进行合同评估，公司内部对于运营的集中化程度分歧很大。过去惠普都是对每一地的物流单独管理，但现在人们对于本地化还是集中化持有不同的意见。对于 TNT 来说，必须让当地工厂的经理和总部的决策者双方都满意。过去惠普是反对外包的。而在康柏，外包是企业文化的一部分。在合并过程中，TNT 必须加倍小心，因为他们通常是和那些在惠普有着二三十年工龄的老员工打交道。

现在惠普和康柏已合二为一了，双方的物流业务正慢慢融合。如果康柏在物流方面占上风的话，那么对第三方物流来说，将会有更多的外包机会，而且业务会越来越集中到少数企业中。TNT 物流公司还替康柏管理着五个卫星枢纽，这和惠普在罗斯韦尔的情况大不相同。这五个仓库的库存由供应商管理，TNT 并不掌控库存。而在罗斯韦尔，惠普掌握着所有的库存。惠普之所以最后选定 TNT，并不是因为价格，而是 TNT 的作风。

TNT 物流公司和惠普之间签订了一个颇具激励性的合同，TNT 必须在不提价的前提下，达成一系列指标。当 TNT 成功地把成本减少 12% 时，其中的 4% 作为奖励给予 TNT 的员工。成本得以缩减，很大程度上得益于 TNT 在 200 多名员工中进行的交叉培训。

（资料来源：中国物流与采购网）

知识测试

一、判断题

1. 库存可以带来规模经济效益，可以作为供需不确定性的缓冲，保持合理库存是必要的。
（　　）

2. 库存品是独立需求的，该物料需求与其他物品需求在数量、时间上有相关性。
（　　）

3. 库存周转率等于年销售额除以年平均库存值，库存周转越快，表明库存管理的效率越低。
（　　）

4. CVA 管理法和 ABC 分类法结合使用，可以达到分清主次、抓住关键环节的目的。
（　　）

5. JMI 是一种在 VMI 的基础上发展起来的管理方法，在实践中效果更好。（　　）

6. CPFR 的建立和运行离不开现代信息技术的支持，这些技术可以使 CPFR 更具有灵活性。
（　　）

7. 核心竞争力是其他企业不能轻易建立的能力。它们往往只能通过"干中学"和"用中学"而得到，靠口头传授或书本学习是不行的。
（　　）

8. 外包本身并不能使企业产生核心竞争力，而是在企业已明确核心竞争力的情况下，帮助其突出并强化核心竞争力。
（　　）

9. 企业将有限的资源用在核心能力上，整合利用外部资源，实施物流外包仍是明智之举。
（　　）

10．企业的物流外包决策对于企业来说是一把双刃剑，没有必要遵循一定的科学决策程序慎重选择物流服务商。（　　　）

二、名词解释

1．经济订货批量（EOQ）
2．关键因素分析法（CVA）
3．供应商库存管理（VMI）
4．联合库存管理（JMI）
5．第三方物流（3PL）

三、简答题

1．简述库存的积极作用与消极作用。
2．简述 ABC 分类法在库存管理中的应用。
3．简述 VMI 的含义、价值及实施条件。
4．简述核心能力的特征。
5．简述业务外包的含义及意义。
6．简述选择第三方物流企业的原则。

实训任务　# Nokia 供应链共赢之道：VMI 中心的运作与管理

任务目标 | 结合案例分析并回答问题。

（1）分析 Nokia 手机供应链结构。
（2）Nokia 手机供应链存在哪些突出问题？
（3）Nokia 东莞厂区引入供应商管理库存的具体做法有哪些？
（4）Nokia 东莞厂区引入 VMI 对供应链企业带来的影响有哪些？
（5）Nokia 东莞厂区成功实施 VMI 有哪些经验值得借鉴？
（6）谈谈你对 Nokia 东莞厂区 VMI 中心运作的看法。

任务要求 | 分组完成任务，并制作 PPT 汇报。

一部手机用到的零配件有几千个，模块则有数百个，对于诺基亚这样实现大规模批量生产的企业而言，每年所需的零配件数量之大可以想象。虽然当时的诺基亚中国公司已经拥有众多全球优秀的原材料、零部件供应商，但在北京却没有一家成规模的供应商，要么得向国内其他省、市、自治区的厂商购买原材料，要么得不辞辛劳地从国外直接进口相关零部件。于是，诺基亚产生了一个想法：成立一个工业园，把遍布全球、相对分散的供应商聚集在自己的北京手机工厂周边。

主动召集供应商和自己毗邻而居，把原来需要空运、海运等方式才能实现的原料和零部件的采购变得简易，节省了以前耗费很多的高端运输成本，库存成本几乎降至为零，从而能最高效地保证生产，提高自己的产能。更重要的是，资金周转速度大大提高。

诺基亚供应链各个部分的主要企业如揖斐电、威讯、富士康、三洋等都已入园，当时总数达十五六家，而这得益于诺基亚共赢的理念。

从上述例子我们可以知道，在过去 Nokia 的零部件要从国内不同的地方进行采购，以满足其生产的需要，甚至为了满足生产还不计成本地从外国进口相应的原材料和零部件。这造成 Nokia 本身以及其所处的供应链产生了一系列的问题。首先，供应链过长，供应商不集中，曾发生断货的现象。Nokia 生产本部与其上游供应商的距离较远，造成生产零部件的运输需要花费更多的时间，跟不上 Nokia 的生产进度和计划，这给 Nokia 带来的直接后果就是产品生产的延误和产品的短暂性断货。其次，库存成本过高，风险大。由于零部件的供应与生产计划的不同步，造成 Nokia 本身和其供应商都存在大量的库存，使得双方的库存成本都增加，并且电子产品的更新换代速度较快，库存积压，产品周转速度减慢，明显增加了双方的投资风险。再次，市场变化的反应速度慢。供应商与 Nokia 的对接存在较大时间差，使得整个供应链对顾客的需求反应迟钝，从而跟不上产品市场的变化，再次增加了投资的风险。最后，物流运输成本过高（空运）。要从全国各地将生产零件集中到 Nokia 的生产线，需要较长距离的运输、中转、仓储等环节，造成 Nokia 的物流成本偏高。

为改善上述的问题，Nokia 东莞厂区引入 VMI 理念，用 VMI 理念指导和构建东莞 Nokia VMI 中心，以改造 Nokia 供应链及其物流的运作与管理。东莞 Nokia VMI 中心的改进方式大致如下。

（1）两仓合一，聚集全球主要的供应商。

（2）英国空运（Exel）为诺基亚提供全程服务。

（3）率先在全国采用"进口保税与出口监管两仓合一"的运作模式，7 天 24 小时运作。

（4）通过信息系统整合所有供应商，采用自动补货系统。

（5）实施"供货商管理库存"（VMI）及"零库存"。

（6）实施最先进的生产物流管理，区分恒温区与非恒温区。

（7）建立战略同盟。

经过 VMI 改造的 Nokia 东莞厂区及其供应链上的各个节点都得到了极大的改善，整个供应链网络的运作效率与效益明显提高，达到了供应链各节点共赢的目的。经过 VMI 改造的供应链各节点效益改善具体表现在以下几个方面。

1. Nokia 的效益改善

（1）供应链总成本降低，库存成本与风险降低。

（2）反应速度（24 小时）更快。

（3）引入了 VMI 及 JIT 生产方式。

（4）形成了信任型的合作关系，能够实现风险共担。

2. 供应商的效益改善

（1）交易成本（直供）降低。

（2）管理成本降低。

（3）形成了牢固的供应关系。

（4）专注于质量管理。

（5）形成了规模优势，服务于示范地区其他厂商。

3. 电信运营商的效益改善

（1）分工专业化水平更高。

（2）投资回报率更高。

Nokia 东莞厂区 VMI 中心的构建和运作是一个相当成功的物流运作与管理案例，接下来我们将一起来分析东莞 Nokia VMI 中心是如何取得成功的。

（1）Nokia 战略同盟的建立是成功的关键。东莞 Nokia VMI 中心之所以能够建立并顺利地运作起来，且给 Nokia 及其供应链各个节点带来如此大的效益，其基础就在于以 Nokia 为中心的战略同盟的建立。合作伙伴关系的建立，使得 Nokia 的供应链和物流改造计划得到了强大的支持和配合，给以 Nokia 为中心的供应链带来了预期的经济效益。

（2）通过实行两仓合一、集成供应商和 7 天 24 小时运作，降低成本，提高响应速度。东莞 Nokia VMI 中心率先在全国实施进口保税仓和出口监管仓的合一运作，使得其产品零部件的进出口能在同一地点、同一时间得到有效处理，使其产品零部件能快速进入流通环节，不仅节省了时间，提高了 Nokia 产品零部件的物流速度，而且提高了整个供应链网络的响应速度。Nokia 将原来分布在全国各地，甚至分布于世界各地的主要供应商集中到东莞的生产中心附近，这样不仅降低了供应链的物流成本，而且提高了 Nokia 物流的速度，更为供应商自动补货、供应商管理库存、准时生产计划的实施奠定了基础。供应商的有效集成使 Nokia 的生产不再存在零部件断货的可能，因此 7 天 24 小时生产运作由此而生，而这一制度的实施更为重要的意义在于它提高了 Nokia 对客户的响应速度，Nokia 能在任何时间响应客户的订单需求，并能即刻生产，保证 24 小时内供货。

（3）信息系统的建立为东莞 Nokia VMI 中心的成功运作和管理保驾护航。如果没有有效的信息系统的对接和应用，以 Nokia 东莞厂区为中心的 Nokia 手机生产供应链是不可能有效运作起来的。通过对供应链上各节点的信息系统进行对接和改造，使得各节点能同时获知供应链的客户需求，并同步地对客户需求做出反应。

现在我们大致能了解到 Nokia 东莞厂区的物流运作和管理流程，就是把原来的长供应链变成短供应链；把原来的各自拥有库存变成供应商拥有库存，并负责库存的管理；把原来的到货生产，变成准时生产；把原来可能出现断货的情况，变成 24 小时响应。

综合上述成功因素，我们不难看出 Nokia 东莞厂区的物流运作和管理所依赖的就是供应商自动补货、供应商管理库存和准时生产计划联合运作，同步实施。以上三个系统的实施是 Nokia 东莞厂区物流运作的基本路线，也是其物流运作管理成功的重点。

供应商自动补货、供应商管理库存的实施缩短了 Nokia 生产物流的距离，提高了 Nokia 生产的响应速度。通过对供应商的集成，使供应商的仓库所在地与 Nokia 生产中心的距离大大缩短，供应商的供货运输距离也就此缩短，同时使产品零部件的运输时间缩短，使得供应链的响应速度大大提高。

供应商自动补货、供应商管理库存和准时生产计划最为重要的目的在于使 Nokia 东莞厂区实现零库存。Nokia 实行 JIT 生产方式，也就是订单生产，即只有接到订单才开始生产。Nokia 生产所需要的产品零部件存放在其供应商的仓库里，通过供应链的信息系统，它能快速获得自己生产所需要的产品零部件，而不需要担心出现断货的可能，同时也降低了自己的库存成本。

项目八
供应链绩效评价与风险管理

能力目标
---

1. 能够初步运用 KPI、BSC 等构建绩效评价指标体系。
2. 能够简单运用基于 SCOR 的供应链绩效评价模型。
3. 能够初步识别供应链的风险。
4. 能够初步对供应链风险进行管理控制。

项目思维导图

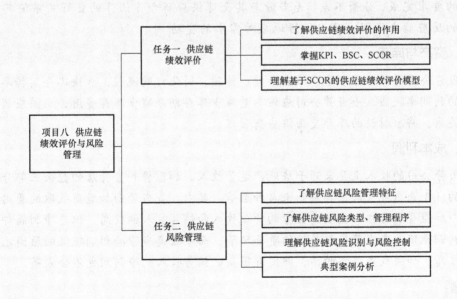

任务一　供应链绩效评价

情景导入

麦当劳的供应链绩效评价分析

　　麦当劳是一家大型连锁快餐集团，在世界上大约拥有 3.7 万间分店，遍布全世界六大洲百余个国家和地区，主要售卖汉堡包、薯条、炸鸡、汽水、冰激凌。在很多国家，麦当劳代表着一种美国式的生活方式。

　　对麦当劳供应链进行绩效分析可以从交付绩效、反应能力、资产与库存和成本利润四个方面展开。

一、交付绩效

　　1990 年，麦当劳进入中国内地市场。2009 年，麦当劳在全国范围主力推广 24 小时送餐服务麦乐送。麦乐送高度集约及无缝衔接的服务系统能够追踪每一份订单的进程，掌握从接到消费者的订餐电话直至食品送达消费者手中的每一步情况。这些物流系统的支持为麦乐送服务提供了强有力的保障，使麦当劳做到了 24 小时全天候送餐，即使在营业高峰时段也能实现 30 分钟内送达的承诺。麦当劳的订单履行率、准时交货率也因此得到了认可。

二、反应能力

　　麦当劳从原料到粗加工再到物流配送都是由其供应商完成的，从这个方面来说，麦当劳"仅仅是个餐厅"。麦当劳和供应商的关系，也是世界上最奇怪的"关系"。虽然大部分事情都由供应商完成，但麦当劳对供应商的影响和渗透却胜过企业自身，麦当劳有一套全球统一的产品品质规范和要求，供应商的每个生产和运输环节都一丝不苟地按照麦当劳的要求完成，分毫不差。麦当劳与其全球供应商合作伙伴的良好关系使其所在的供应链的反应能力很强，可以很好地应对需求的变动。

三、资产与库存

　　麦当劳公司降低库存水平，减少存储、传输，简化订购流程，加快库存周转率，使得该公司的利润率较高。麦当劳公司应该尽量减少库存期来减少库存费用，与供应商建立合作伙伴关系，将原材料的库存交由供应商管理。

四、成本利润

　　麦当劳公司的收入主要来源于房地产运营收入、加盟费和直营店的盈余三部分。麦当劳收入的 1/3 来自直营店，其余则来自加盟店。其中，麦当劳向加盟商收取的费用包括两部分，即加盟费和房租。虽然麦当劳的营业收入和销售收入都较高，但是净利润却较低，提高净利润无疑是麦当劳应该关注的重要环节。而导致麦当劳净利润较低的原因之一则是其成本较高。如果成本很高的话，即使有很高的销售收入，净利润也不会太高。

导入问题：

1. 什么是绩效评价？有何意义？

2. 如何选取绩效评价指标？

3. 供应链绩效评价有何特点？

4. 如何有效地进行供应链绩效评价？

第一步 ┃ 企业绩效管理与评价指标体系

一、绩效管理的含义

绩效管理是对绩效实现过程中各要素的管理，是基于企业战略的一种管理活动。绩效管理是通过企业战略的建立、目标分解、业绩评价，并将绩效成绩用于企业日常管理活动之中，以激励员工持续改进业绩并最终实现组织战略目标的一种管理活动。公司许多管理人员认为年末填写的那几张考评表就是绩效管理。事实上，那只是绩效考评，绩效考评是绩效管理过程中的一个环节，绩效考评绝不等于绩效管理。完整的绩效管理是包括绩效计划、绩效考评、绩效分析、绩效沟通、绩效改进等方面的管理活动。在绩效管理过程中，不仅强调达成绩效结果，更要强调通过计划、分析、评价、反馈等环节达成结果的过程。绩效管理所涉及的不仅仅是员工个人绩效的问题，还包括对组织绩效的计划、考评、分析与改进。

选择和确定什么样的绩效指标是考评中一个重要的，同时也是比较难以解决的问题。企业在实践中追求指标体系的全面和完整，针对不同的部门采用不同的绩效指标，职能部门的绩效指标是部门职责的完成情况，而员工的绩效考核指标则应考虑德、勤、能、绩等一系列因素，可谓是做到了面面俱到。然而，在如何使考评的标准尽可能地量化且具有可操作性，并与绩效计划相结合等方面却考虑不周。绩效管理应该主要抓住关键业绩指标，针对不同的员工建立个性化的考评指标，将员工的行为引向组织的目标方向，太多和太复杂的指标只能增加管理的难度和降低员工的满意度，影响对员工行为的引导作用。

二、绩效管理的关键——关键业绩指标体系

1. 关键业绩指标的含义

关键业绩指标（Key Performance Indication，简称 KPI），是通过对组织内部某一流程的输入端、输出端的关键参数进行设置、取样、计算、分析，衡量流程绩效的一种目标式量化管理指标，是把企业的战略目标分解为可运作的远景目标的工具，是企业绩效管理系统的基础。KPI 是现代企业中受到普遍重视的业绩考评方法，可以使部门主管明确部门的主要责任，并以此为基础，明确部门人员的业绩衡量指标，使业绩考评建立在量化的基础之上。建立明确、切实可行的 KPI 指标体系是做好绩效管理的关键。

2. 建立 KPI 指标体系应遵循的原则

（1）目标导向。即 KPI 必须依据企业目标、部门目标、职务目标等来进行确定。

（2）注重工作质量。因工作质量是企业竞争力的核心，但又难以衡量，因此，对工作

质量建立指标进行控制特别重要。

（3）可操作性。KPI 必须从技术上保证指标的可操作性，对每一指标都必须给予明确的定义，建立完善的信息收集渠道。

（4）强调输入和输出过程的控制。设立 KPI，要优先考虑流程的输入和输出状况，将两者之间的过程视为一个整体，进行端点控制。

3. 确定 KPI 的重要原则

确定 KPI 有一个重要的 SMART 原则，SMART 是 5 个英文单词首字母的缩写：S 代表具体（Specific），指绩效考核要切中特定的工作指标，不能笼统；M 代表可度量（Measurable），指绩效指标是数量化或者行为化的，验证这些绩效指标的数据或者信息是可以获得的；A 代表可实现（Attainable），指绩效指标在付出努力的情况下可以实现，避免设立过高或过低的目标；R 代表现实性（Realistic），指绩效指标是实实在在的，可以证明和观察；T 代表有时限（Time bound），注重完成绩效指标的特定期限。

4. 建立 KPI 指标的工作要点

（1）明确企业的战略目标，并在企业会议上利用头脑风暴法和鱼骨分析法找出企业的业务重点，也就是企业价值评估的重点。

（2）用头脑风暴法找出这些关键业务领域的 KPI，即企业级 KPI。

（3）各部门的主管需要依据企业级 KPI 建立部门级 KPI，并对相应部门的 KPI 进行分解，确定相关的要素目标，分析绩效驱动因素（技术、组织、人），确定实现目标的工作流程，以便确定评价指标体系。

（4）各部门的主管和部门的 KPI 考核人员一起再将 KPI 进一步细分，分解为更细的 KPI 及各职位的业绩衡量指标。这些业绩衡量指标就是员工考核的要素和依据。这种对 KPI 体系的建立和测评过程本身，就是统一全体员工朝着企业战略目标努力的过程，也必将对各部门管理者的绩效管理工作起到很大的促进作用。

（5）指标体系确立之后，还需要设定评价标准。一般来说，指标指的是从哪些方面衡量或评价工作，解决"评价什么"的问题；而标准指的是在各个指标上分别应该达到什么样的水平，解决"被评价者怎样做，做多少"的问题。

（6）最后必须对 KPI 进行审核。比如，审核这样的一些问题：多个评价者对同一个绩效指标进行评价，结果是否能取得一致？这些指标的总和是否可以解释被评估者 80% 以上的工作目标？跟踪和监控这些 KPI 是否可行？等等。审核主要是为了确保这些 KPI 能够全面、客观地反映被评价对象的绩效，而且易于操作。

三、经典的企业绩效评价体系——平衡计分卡法

1990 年，哈佛商学院教授罗伯特·S.卡普兰（Robert S. Kaplan）和戴维·P.诺顿（David P. Norton）提出"全方位绩效看板"的研究计划，并最终于 1992 年在《哈佛商业评论》上

发表了一篇文章，题为《平衡计分卡：企业绩效的驱动》。按照卡普兰和诺顿的观点，平衡计分卡（Balanced Score Card，简称 BSC）是一套系统评价和激励企业绩效的方法，共由四项指标组成：财务、客户、内部运营和学习与成长，其核心思想如图 8-1 所示。

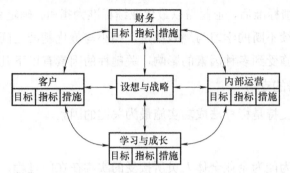

图 8-1 平衡计分卡核心思想

（1）财务指标：财务层面的指标有营业收入、资本报酬率、经济增加值等。

（2）客户指标：客户层面的指标通常包括客户满意度、客户获得率、客户盈利率，以及在目标市场中所占的份额。

（3）内部运营指标：管理者需确认组织擅长的关键的内部流程，使各种业务流程满足股东对财务回报的期望。

（4）学习与成长指标：这一指标涉及员工满意度、员工保持率、员工培训和技能等。管理者应优先创造一种支持企业变化、革新和成长的氛围。

这四个方面要平衡兼顾短期目标和长期目标、理想结果和结果驱动因素、客观目标和主观目标，它们可以科学地衡量企业包括客户关系、创造能力、质量水平、员工积极性、数据库和信息系统等在内的无形资产在创造持续的经济价值方面所起的作用。因此，平衡计分卡不仅是一种新型的企业绩效衡量工具，更是一种以系统性的过程来实施企业战略和获得与其有关的反馈的管理系统。

四、标杆管理

标杆管理法是美国施乐公司于 20 世纪 70 年代末首次确立的经营分析手法，定量分析公司现状与其他公司现状，并加以比较，后来经过美国生产力与质量中心进行了系统规范化。标杆法是一个持续的过程，是将那些出类拔萃的企业作为企业测定基准，以它们为学习的对象，迎头赶上，并进而超越之。一般来说，标杆法除要求测量相对最优秀的企业的绩效外，还要发现这些优秀公司是如何取得这些成就的，利用这些信息作为改善企业绩效的目标、战略和行动计划的基准。值得指出的是，这里的优秀公司也并非一定是同行业中的佼佼者，它可以在各种业务流程的活动中，与那些已取得出色成绩的企业进行比较。

标杆法有如下四种标杆化方式：内部标杆化、竞争性标杆化、功能性标杆化和综合标杆化。每种方式要涉及两个关键工作：

（1）寻找业界最佳业绩标准作为参照的基准数据（如客户满意度、劳动生产率、资金周转速度等）。

（2）确定最优业绩标准后，企业需以最优业绩标准为指引，确定企业成功的关键领域，通过各部门及员工持续不断的学习与绩效改进，缩小与最优基准之间的差距。

标杆法的成功实施受到多种因素的影响，关键性的因素有以下几个：

1．企业高层领导的支持

高层领导的大力支持是标杆法成功实施最为关键的因素。

2．全员参与

绩效标杆必须成为能为企业全体人员所接受的实实在在的过程，而不能搞形式主义，全体人员必须把绩效标杆看作建立企业竞争战略的长久措施。

3．数据准确有效

企业必须注意搜集有关数据。首先要了解哪些企业是第一流的，然后要分析为什么这些企业能够成为第一流的企业，最后还要确定标杆实施效果的定量分析方法。标杆过程的成功实施依赖于细致、准确的数据和信息处理，这是整个标杆实施过程的一个重要组成部分。

在标杆化过程中，为了详细而准确地收集数据，其中一个主要任务就是确定数据来源。一个较为常用的方法是从商业期刊或者图书馆的资料库获得相关数据和信息。商业期刊及其他出版物经常报道一些经营或管理出色的企业，其中就有关于该企业的绩效评估等内容。学术研讨会和行业的交流会也是很好的信息来源，这些会议通常就不同的主题进行讨论，交换思想。一些处于领先地位的企业经常被邀请做报告，通过这些会议可以获得哪些企业是最优秀的线索，因此，企业管理人员要经常参加各种学术会议或研讨会之类的活动。

4．正确确定超赶对象

了解自身的业务和业务中存在的优势与劣势，了解行业领先者及竞争对手，认清自身的竞争力，使用适当的标杆法方式，学习最优者，获得优势并超过标杆对象。

第二步 ｜ 供应链绩效评价的特点与原则

一、供应链绩效评价的特点

相对于企业绩效评价体系而言，供应链评价体系更加复杂，不能直接将对单个企业的评价直接移植到对供应链的绩效评价上。在供应链系统中，企业内部各部门的利益和目标经常是相互冲突的，没有一个指标能够反映企业内部供应链的效率。供应链上各企业的利益和目标也是相互冲突的，很少有跨企业的绩效指标能反映整个供应链的状况。供应链是一个动态系统，它随时间和地点的变化而变化。市场需求在变，供应商的能力和关系在变，企业内部各部门的能力和协调也在变。因此，供应链运作绩效评价也必须是动态的和经常性的。

一个好的供应链运作绩效评价系统应具有如下三个特点：

（1）供应链运作绩效评价体系必须是一个综合性的多指标体系。它运用多个不同的指标来反映供应链不同的绩效。这些指标还具有相互冲突的性质。企业在运用这些指标时，还需要根据企业的战略目标来有所侧重。

（2）供应链运作绩效评价体系必须是全面的。全面在这里指的是它必须既能描述企业供应链的整体情况，又能刻画供应链各具体环节的运作。供应链的整体指标用来反映企业供应链的整体绩效，而供应链环节分解指标则为诊断供应链问题提供工具。

（3）供应链运作绩效评价体系必须是量化的，而不是定性的，不可测量的。常见指标有财务的和非财务的。只有量化的指标才有助于不断地测量和监视。供应链运作绩效评价系统应该包含一些最佳供应链实践和技术手段。最佳实践指的是在某些供应链环节上能采用最好的做法。技术手段指的是最佳实践中采用的技术和工具（如特定的信息系统等）。

二、供应链绩效评价的意义

加入 WTO 后，我国企业面临着必须大幅度提升企业竞争力的压力。我们必须要对我们的供应链进行改进。要改进我们的供应链，我们需要知道供应链运作的情况如何，需不需要改进、哪里需要改进，以及有什么手段可供选择。供应链运作绩效评估体系就是我们解决这些问题的主要手段。具体来说，供应链运作绩效评估体系有以下四个作用。

（1）了解和监视供应链运作现状。

（2）诊断供应链的问题和寻找供应链改进机会。

（3）确定供应链改进的目标和手段。

（4）评价改进供应链的效果并对继续改进提供方向。

供应链绩效是指供应链各节点成员企业通过信息协调和共享，在供应链基础设施、人力资源和技术开发等内外资源的支持下，通过物流管理、生产、市场营销、客户服务、信息支持、产品开发及商业化等活动增加和创造价值的总和。供应链绩效评价是供应链管理的重要内容，对确定供应链目标的实现程度和提供决策支持具有重要意义。

评价体系应该随着组织结构的改变而改变，不应该成为组织发展的阻力。传统的企业绩效评价体系并不能完全适应供应链管理的需要，必须建立新的绩效评价体系。建立有效的供应链管理绩效评价机制，对有效地监督资源和优化配置资源起着非常重要的作用。

三、供应链绩效评价的目标及作用

1. 供应链绩效评价的目标

（1）判断各方案是否达到了各项预定的性能指标，能否在满足各种内外约束条件下实现系统的预定目标。

（2）按照预定的评估指标体系评出参评方案的优劣，做好决策支持。

2．供应链绩效评价的作用

（1）对整个供应链的运行效果做出评估　对整个供应链进行评估的目的是通过绩效评价而获得对整个供应链的运行状况的了解，找出供应链运作方面的不足，及时采取措施予以纠正，为供应链在市场中存在、组建、运行或撤销的决策提供必要的客观依据。客观评价原有供应链可以及时发现原有供应链的缺陷和不足，以帮助提出相应的改进方案。

（2）对供应链内企业运行及合作关系做出评估　主要考察供应链的上游企业（如供应商）对下游企业（如制造商）的质量，从客户满意度的角度评估上下游企业之间的合作伙伴关系的好坏，对供应链内各节点成员企业做出评估。

（3）作为供应链业务流程重组的评价指标，建立基于时间、成本和绩效的供应链优化体系；寻找供应链约束和建立有效激励机制的参照系，同时也是建立标杆活动、标杆供应链体系的基准。

四、供应链绩效评价指标的设计原则

埃森哲公司认为，供应链绩效评价指标的设计必须有利于在组织中激励正确的行为。如图 8-2 所示，设计出的供应链指标体系能够通过激励组织中正确的行为，确保企业在不同的分流程取得它想要得到的结果。埃森哲公司强调了供应链绩效评价指标设计必须遵循的几项基本原则：可度量、可控制、和公司目标一致、反映公司战略、全面反映流程、可持续及时地汇报、支持可持续发展等。

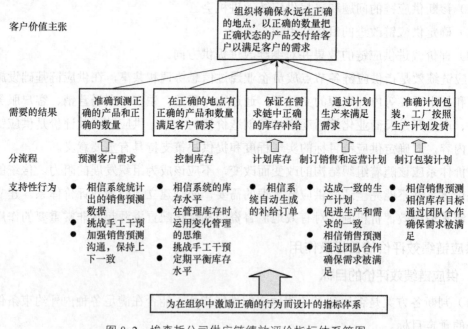

图 8-2　埃森哲公司供应链绩效评价指标体系简图

Roger 教授认为，现有的评价指标已经不能反映 21 世纪供应链的绩效，必须建立新的绩效评价指标。他认为客户服务质量是评价供应链整体绩效的重要手段。具体来说，应从以下10 个方面进行评估：

（1）有形的外在绩效：该指标用于评价企业内的工具、设备、人事，甚至营销手册等实体的外在绩效。

（2）可靠性：该指标反映了供应链或企业履行承诺的能力。例如，物流管理就是为了度量其能否正确地满足客户的订货需求。

（3）响应速度：该指标反映了企业服务于客户的意愿和提供服务的迅捷性，时间是该指标的主要度量变量。

（4）员工能力：是指要达到既定的服务水平，员工必须掌握的技能和知识。

（5）服务态度：与客户接触时企业或者服务人员的表现，如是否礼貌、友好，考虑问题是否周全及对客户是否尊重。

（6）可信性：该指标反映了供应链或者企业按时交货的能力。

（7）安全性：该指标反映了企业降低和避免风险、危险和冲突的能力。

（8）可接近性：即客户或者供应链外的组织与供应链成员接触的便捷性，如客户能够以多快的速度找到客户服务代表。

（9）沟通能力：即企业与客户或者其他成员的交流能力，如标准的语言、符号等。

（10）理解客户的能力：反映了企业对客户的理解能力，如企业是否真正了解客户的需求。

国内学者马士华教授将各个重要的指标分成两大类：反映整个供应链运营绩效的评价指标和反映供应链上下节点企业之关系的绩效评价指标。

总之，随着供应链管理理论的发展和供应链实践的不断深入，为了科学、客观地反映供应链的运营情况，需要建立与之相适应的供应链绩效评估方法，并确定相应的绩效评价指标体系。如何建立科学合理的供应链绩效体系作为供应链评价的标准，描述供应链的运营状况，为供应链管理体系的优化提供科学的依据，成为管理工作者富有挑战性的工作内容。对于复杂的集成化供应链体系而言，其整体绩效受到各子系统的影响和制约。构建整体绩效和子系统绩效的评价体系比较困难；供应链绩效评价体系缺乏统一的指导性标准，对于供应链之间的比较与运行状况难以得出客观的结论。

第三步 ｜ 典型的供应链绩效评价模型

一、基于 BSC-SC 模型的供应链绩效评价模型

马士华、李华焰、林勇在卡普兰和诺顿的平衡计分法基础上提出了改进的平衡供应链计分卡（Balance Supply Chain Scorecards，简称 BSC-SC）法，以及相应的评价指标。该模型的评价包含四个角度：供应链内部运作、客户导向、未来发展和财务价值，如表 8-1 所示。BSC-SC 模型的核心思想反映在一系列指标间形成平衡，即短期目标和长期目标、财

务指标和非财务指标、滞后型指标和领先型指标、内部绩效和外部绩效之间的平衡。

表 8-1 基于 BSC-SC 模型的供应链绩效评价模型

评 价 角 度	指 标
供应链内部运作角度	供应链有效提前期率
	供应链生产时间柔性
	供应链持有成本
	供应链目标成本达到比率
客户导向角度	供应链订单完成的总周期
	客户保有率
	客户对供应链柔性响应的认同
	客户价值率
未来发展角度	产品最终组装点
	组织之间的共享数据占总数据量的比重
财务价值角度	供应链资本收益率
	现金周转率
	供应链的库存天数
	客户销售增长及利润

二、基于 3A 模型的供应链绩效评价模型

该模型由斯坦福大学教授李效良（Hau L.Lee）提出，他在 15 年中对包括沃尔玛、百思买和玛莎等在内的 60 多家注重供应链管理的领先公司进行了研究，发现一流的供应链具备三大特点：反应敏捷（Agile）、适应性强（Adaptable）、能让各方利益协调一致（Aligned）。他认为，只有建立起了 3A 供应链的企业，才能持续获得竞争优势。因此 3A 模型的评价维度为敏捷性、适应性、协调一致性，如表 8-2 所示。

表 8-2 基于 3A 模型的供应链绩效评价模型

一 级 指 标	二 级 指 标	三 级 指 标
敏捷性	供应链的反应速度	提前订货期
		缺货率
	物流系统效率	完成订单的准确率
		库存周转率
		物流成本
	供应链沟通能力	订单处理方式
		信息共享程度
		能否实现信息跟踪和实时提醒
适应性	市场占有能力	市场占有率与成长性
		顾客需求预测准确性
		商品柔性（一定时期内上架新单品种类占总单品种类的比率）
		供应商数量与分布
		配送中心数量与分布
	财务状况	流动资金周转率
		商品毛利率
		净资产收益率
		资产负债率
	人力资源状况	员工流动比率
		员工素质产业适应性

（续）

一级指标	二级指标	三级指标
协调一致性	合作伙伴业务协同能力	是否有明确的业务执行标准
		供应商（或第三方物流商）准时交货率
		供应商产品合格率
	顾客满意度	顾客退货率
		顾客投诉处理率
		顾客回头率
	价值共享	是否有明确的合作战略
		是否对合作伙伴有明确的奖惩激励
		供货商对渠道费用的满意度

三、基于 SCOR 模型的供应链绩效评价模型

基于 SCOR 模型的供应链绩效指标分为以下两类：

（1）面向顾客的指标。它们从顾客的角度来看待供应链的整体运作，反映了供应链对顾客的价值。这类指标包括供应链的可靠性、供应链的反应速度和供应链的柔性。

（2）面向企业内部的指标。它们从企业的角度来看待供应链的运作。这类指标包括供应链成本和供应链资产管理效率。

表 8-3 列出了基于 SCOR 模型的供应链绩效评价指标。

表 8-3　基于 SCOR 模型的供应链绩效评价模型

基于 SCOR 模型的供应链绩效指标类型	供应链整体绩效指标亚类	具 体 指 标
面向顾客的指标	供应链的可靠性	按时供货完成率[1]
		即时供货率
		完美订单完成率[2]
	供应链的反应速度	完成订单的提前期[3]
	供应链的柔性	供应链对市场的反应周期
		生产周期
面向企业内部的指标	供应链成本	单位销售所需的成本
		供应链的总成本
		附加价值的劳动生产率
		保修/退货的处理成本
	供应链资产管理效率	回款周期
		所需库存天数
		资产周转率

[1] 按时供货完成率是按时完成订单的比率，而即时供货率指的是能够直接用库存满足的订单比率。即时可供货率越大，供应链越可靠，但所需库存也越大，成本也越大。

[2] 完美订单完成率是指订单在没有任何差错的情况下完成的比率。差错包含了订单处理、发货质量和数量都无差错。完美订单完成率越高，供应链越可靠，成本越低，周期越短。

[3] 完成订单的提前期决定了供应链的反应速度。

四、主流供应链绩效评价模型的比较分析

主流供应链绩效评价模型的比较分析如表 8-4 所示。

表 8-4　主流供应链绩效评价模型的基本特征分析

比 较 项 目		基于 SCOR 模型的供应链绩效评价模型	基于 BSC-SC 模型的供应链绩效评价模型	基于 3A 模型的供应链绩效评价模型
针对行业		制造业	偏重制造业	零售业
理论背景		流程导向，以流程为中心	基于兼顾财务和非财务指标的平衡计分卡理论	3A 供应链理论
指标选择		按 SCOR 模型分解的指标体系	按 BSC-SC 模型，从供应链运作、客户导向、财务价值、未来发展四个方面进行指标分解	基于 3A 模型分解的综合指标
评价效度	客观程度	好	较好	一般
	执行成本	较低	较高	较低
	责任落实	指标较容易分解到岗位	指标较难分解到岗位	指标较容易分解到岗位

同时，当前主流的供应链绩效评价体系也存在不足之处，主要表现在以下几个方面：

（1）绩效评价很少与战略挂钩，绩效目标与供应链上各企业的战略目标缺乏有效衔接，供应链绩效的改进很难为企业所服务，从而导致实践应用效果差。

（2）绩效评价指标的数据来源于财务结果，在时间上略为滞后，不能反映供应链动态运营情况。

（3）绩效评价指标主要评价企业职能部门工作的完成情况，不能对企业业务流程进行评价，更不能科学、客观地评价整个供应链的运营情况。

（4）现行企业绩效评价指标不能对供应链的业务流程进行实时评价和分析，而是侧重于事后分析，因此，当发现偏差时，偏差已成为事实，其危害和损失已经造成，并且往往很难补偿。

（5）部分绩效评价模型的评估指标数量过多，取数有难度，较难操作落实。

> **拓展阅读**
>
> ### 服装企业 EM 品牌的供应链绩效评价
>
> #### 一、EM 公司发展沿革
>
> EM 公司创建于法国，经数年的发展，先后在英国、比利时、意大利等地开办连锁店，近年进驻中国，发展势头良好。EM 公司旗下有六个品牌，实行品牌事业部制，由品牌总监负责统筹规划。EM 公司品牌事业部内部（设计部、产品部、生产部）及公司支撑部门（如物流部、供应链部、版师等）协同工作，运营顺畅。EM 品牌在中国开设有多家零售店，年销售额逾亿元。图 8-3 为 EM 公司品牌事业部的组织结构图。

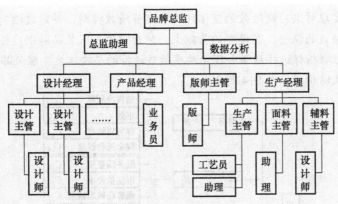

图 8-3 EM 公司品牌事业部组织结构图

二、EM 品牌的供应链流程

服装品牌市场占有率的获得很大部分源自出色的产品设计与丰富的产品线,对于自行设计开发产品的服装品牌来说,产品企划开发无疑是公司工作的重中之重。产品企划开发流程复杂,且占用了较多的人力。与供应商的有效协作是服装品牌供应链稳定快速运作的前提之一。公司特设供应链管理部管理面料供应商、服装加工厂与样板房等业务活动,还根据订单种类选择供应商,制订生产计划。公司的商务管理部掌管物流配送,保证货品在总仓、分仓、门店之间的准确且及时的传输,其管理下的信息部则维护信息流的有效传输。

制订缩短从企划到产品上柜周期的初期方案,需要对每个环节的时间节点提出合理化标准。上柜周期的缩短主要依靠前期企划流程的优化及与供应商更有效地协同。EM品牌采用传统的"中行""顺序"产品开发模式,某些环节在运作时因缺乏时间节点的控制存在较长的缓冲期。

三、EM 品牌供应链存在的主要问题

EM 品牌的供应链存在如下问题:

(1)开发流程时间节点控制困难:品牌以故事的形式展开每波段产品的策划,通常会对开发流程进行纸面规划。但在实际操作过程中,往往因为款式样衣的频繁修改、面辅料交期不准,导致无法按计划完成。由于各种原因延误了封样的预定产出时间,导致大货生产的推迟,最终造成产品上货时间的延误。

(2)整体企划能力有待提高:品牌设计部分为三个设计小组,每个小组独立负责一个故事的策划。小组内成员对于面料、辅料、色彩、廓型策划设计的分工并不明确,多以参考品牌以往畅销款或畅销品牌抓款的方式,进行面辅料、色彩、廓型的填充。设计时,由于调整过多,影响面辅料花版的下达,以及样板和样衣的制作。整体企划能力的欠缺对后续流程中各环节时间节点的控制造成较大的延迟影响。

(3)信息支撑较为薄弱:品牌在进行设计企划时,会一定程度地依据流行信息、市场销售情况和顾客反馈信息进行产品开发方案企划和流程规划。但实际操作过程中,由于企业对信息采集分析力度不够,且缺乏信息共享平台,EM 品牌只能对销售部门反馈的数据进行简单的传递,没有专门的部门进行系统的数据挖掘、整合与分析。

四、构建供应链绩效评价指标体系

首先结合平衡计分卡和供应链参考模型构建服装品牌供应链绩效评价模型,该模型从四

个层面六个维度实现对供应链绩效的整体评价和环节绩效控制，并通过绘制战略图的形式实现指标的分解与绩效的调整。在模型的基础上，分析讨论了服装品牌供应链绩效指标的初拟和最终确定，并根据指标选择结果和理论构建绩效评价的层次体系。服装品牌 EM 的供应链绩效评价体系层次结构图如图 8-4 所示。

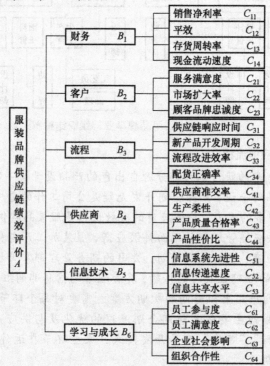

图 8-4　服装品牌 EM 的供应链绩效评价体系层次结构图

五、实际效果

通过供应链绩效评价体系的实际应用，考察品牌供应链各环节的绩效表现（如表 8-5 所示），找出薄弱环节，并提出相关的改进建议。

表 8-5　品牌供应链各环节的绩效表现

品牌 指标	ZARA	E 品牌（优化前）	E 品牌（优化后）
M_1 产品开发综合周期（天）	75	161	87
M_2 存货周转率（次/年）	11	3	5
M_3 供应商准时交货率（%）	95	75	75
M_4 新品上市频率（次/年）	36	24	32
M_5 开发款式总数（款）	12 000	4 000	5 400
M_6 快速反应单比例（%）	20	10	17
M_7 净利润率（%）	14	8	9

（资料来源：数据根据公司年报、企业调查及深度访谈结果整理汇总得出。）

建议品牌在今后的战略调整中，在把握建设快时尚模式的总体大方向下，加强对供应链信息支撑体系、信息传播途径、信息共享平台的开发与建设。

任务二 供应链风险管理

情景导入

日本9级地震引起全球汽车供应链的断裂风险

2011年3月11日，日本东北部海域发生里氏9.0级地震，并引发大规模海啸，东北部工业区遭受重创。据悉，该地区的经济规模占日本国内生产总值的6%～8%。尽管并不是日本的主要工业区，也集中了汽车、核电、石化、半导体等众多重要产业工厂。根据最新的报道，此次地震和海啸过后，日本汽车业遭受损失最为严重，日本三大汽车厂商丰田、本田、日产一共有22家工厂已经关闭。

汽车工业是全球经济一体化程度最高的产业。日本地震海啸对我国汽车产业，乃至全球汽车产业的影响都很大。全球知名经济咨询机构IHS表示，自日本发生地震以来，短期内全球汽车行业产量或将下降30%。汽车制造商和世界各地的零部件供应商正在紧锣密鼓地寻找关键零部件的来源，特别是出现短缺的电子及传动部件。

据了解，我国从日本进口的汽车整车金额占汽车商品进口金额总额的13%，汽车零部件金额占汽车商品进口金额总额的21%；我国出口日本的汽车零部件金额占汽车商品出口金额总额的9%左右。日本地震海啸对我国汽车产业乃至全球汽车产业的影响是全面的，除日本在中国合资合作企业和一级供应商，在日本的二级、三级及原材料供应商对我国企业也产生了较大影响。中国汽车工业协会发现，中国品牌的企业和其他合资企业的很多二级、三级供应商也在日本采购零部件，例如芯片等。本田（中国）汽车有限公司主要利用日本和中国的日系工厂生产的零配件组装汽车出口至欧盟市场，工厂本身实行"零库存"管理，零配件和整车在工厂自身没有库存，如果上游零配件供应受到影响，本田（中国）的生产就不能正常进行，进而导致出口萎缩。

事实上，因为突发事件改变汽车消费格局的案例屡见不鲜。曾席卷全球的丰田召回事件，事后被证明最大的受益者为现代汽车公司，因为丰田在北美份额的下滑，直接促成了现代在美国销售的增长，并成为全球五大汽车公司之一。但在中国，因为丰田事件受益最大的是大众，在地震之后，相比丰田和现代这两个品牌，大众在中国的市场影响力还会进一步增加。

经历此次灾难洗礼的日本汽车工业，将不得不反思与中国合资企业之间进一步加强技术合作，使得合资企业具有更全面的技术能力；进一步提高国产化率，至少要给供应商找到理想的"备胎"，以确保无虞。此外，在全球范围内加大零部件供应商合作伙伴的建设，加快本土零部件企业在境外的产能建设，调整储备规模等也应该提上议事日程。

导入问题：

1. 什么是风险管理，为什么要进行风险管理？
2. 供应链风险的来源有哪些？
3. 日本地震为何会给全球汽车供应链带来巨大风险？
4. 如何进行供应链风险管理？

第一步 | 供应链风险的特征及类型

一、供应链风险的特征

供应链风险管理是指运用风险管理方法和工具，采取有效的识别、评估、监控、防范、化解等风险管理措施，协调供应链上各成员，在平衡成本、效率等绩效基础上，力图降低供应链风险事件或不确定性发生的概率和不利影响，或在风险发生后最大限度地减少损失并尽快恢复原状。与一般的风险相比，供应链风险具有如下特征：

1. 客观性和必然性

无论是自然灾害导致的风险，还是人类社会的人文因素导致的风险（如经济周期波动造成的系统风险），都是不以人类的主观意志为转移而客观存在的。因而，供应链风险的发生是一种本质的、必然的和客观存在的现象，人们只能通过主观能动性不断地加强自身对供应链风险的认识，遵循供应链风险的规律，趋利避害，不断降低供应链风险。

2. 不稳定性

供应链系统是一个复杂的系统，是一个包含从供应商到零售商，再到消费者的整个动态网络结构。供应链的运营受到企业内外部各种因素的影响。很多风险因素难以识别，但随着内外部环境和资源的变化，这种不确定因素会逐渐凸显出来。因此，供应链的风险往往是伴随着企业的经营发展不断出现的，具有较强的不稳定性。

3. 传递性

供应链风险在供应链节点企业之间及供应链的各个环节之间彼此依赖，相互影响。

供应链上任何一个环节出现问题，都可能波及其他环节，进而影响整个供应链的正常运作。供应链中非常典型的"牛鞭效应"便是由这种传递性引起的。传递性会利用供应链系统中的依赖性，促使供应链风险对整个系统内的企业造成破坏，并将损失也逐步蔓延到上下游企业。

4. 此消彼长性

各个风险之间往往是互相联系的，一种风险的消失很可能会造成另一种风险的加剧。

如库存持有风险和缺货风险就是一对此消彼长的风险，若库存持有过多，就会造成物资的库存积压，占用过多的库存资金。但实践中经常会出现企业由于缺货造成供应链中断，导致企业失去市场有利地位的现象。

5. 复杂性和层次性

一方面，供应链中的企业是相互影响、相互依赖的，尤其是社会分工的专业化使企业与外部的联系更加紧密了，导致供应链风险的来源呈现复杂性的特征；另一方面，供应链的结构呈现层次化，即供应链中企业的地位是呈现层次化的，整个系统中往往存在一个核心企业，其他相关企业都围绕着核心企业而进行运作。不同层次的供应链成员对供应链运作影响程度不同，同样的风险对不同层次的供应链成员的影响程度也不同。

二、供应链风险的分类

有效的风险分类是企业进行供应链风险管理的前提条件，只有对风险进行了有效的分类，企业才能对风险进行有效的识别。现有的学者们对于供应链风险的分类观点各持己见。梅森·琼斯（Mason-Jones）和图威尔（Towil）将供应链风险源分为环境风险源、需求风险源、供给风险源、程序风险源、控制风险源。科林多弗尔（Kleindorfer）和萨阿德（Saad）将供应链风险分为两大类，其中一类是调节供给和需求一致性的风险，另一类是对供应链正常运营造成的风险，例如自然灾害、社会突发事件。尤特纳（Juttner）等把供应链风险分为三类：外部供应链风险、内部供应链风险和相关网络风险，其中，又将外部供应链风险划分为自然、政治、市场风险；将内部供应链风险划分为员工罢工、产品故障及信息技术不确定性造成的风险；将相关网络风险定义为供应链内外部企业之间的合作性风险。

综合上述研究，本书认为供应链作为一个由多个组织共同构成的系统，应该将供应链风险划分为外部供应链风险、内部供应链风险和网络风险，如图8-5所示。

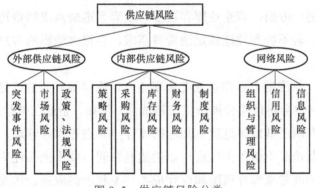

图 8-5　供应链风险分类

1. 外部供应链风险

（1）突发事件风险　突发事件风险主要包括自然灾害和社会突发性事件。

1）自然灾害是指自然界的各种灾害，它给供应链系统带来的风险主要有水灾、雪灾、火山爆发、山体滑坡、火灾、地震、闪电、雷击、风暴、陨石等。

2）社会突发性事件主要指由于人类行为所引起的灾害，如战争、社会解体性事件等。社会环境灾害往往会造成社会基础设施、交通运输的重大破坏，从而为企业货物和商品的流通带来不利影响，严重时会引起整个供应链的瘫痪。

（2）市场风险　市场风险是指由于产业变更、新技术的发展、客户需求的不确定性等因素所带来的供应链风险。伴随着科学技术的发展、产品更新换代的速度不断加快，消费者个性化需求越来越强，若企业不能够提高产品创新能力，将会面临较大的市场风险。

（3）政策、法规风险　政策、法规风险是指国家对企业宏观经济政策、法律法规等的调整从而造成供应链风险的发生。比如当经济出现疲软时，国家会制定相对宽松的财政政策与货币政策，刺激企业进行筹资活动，企业就会用筹集的资金扩大再生产、增加相应的固定资产投资，进而导致企业信贷风险的增加。

2．内部供应链风险

（1）策略风险　策略风险是在供应链的建立和合作中需要考虑的重大问题。如供应商选择策略（包括战略合作伙伴、重要合作伙伴关系、一般合作伙伴关系等）、采购策略（如采购方式的选择：招标管理、框架+订单采购、定向采购等）、下游分销商的选择策略（包括产品定价、渠道选择、促销策略等）等。

（2）采购风险　采购活动在供应链管理活动中起着至关重要的作用，企业必须要以合适的成本、在合适的时间将产品或服务采购给需求部门。而采购的每个环节都包含着风险，比如采购需求计划的审批若未结合企业库存和消费者需求，就会造成库存风险；若采购效率过低，不能按时将需求部门所需产品送达指定地点，就会造成停工待料的风险。

（3）库存风险　库存风险包含两个方面：一方面是库存积压风险，若库存过多，就会造成大量库存积压，不仅占用大量的库存资金，还会造成库存物资的过期、变质等，给企业造成较大损失。另一方面，若企业库存过少，就容易造成需求物资短缺，尤其是面临需求多变的需求市场，若不能有效地满足消费者需求，会极大地影响客户忠诚度，造成企业市场占有率的下降。

（4）财务风险　供应链上合作企业在实现成本、库存等方面的信息共享后，会降低企业的议价能力，同时也会将风险分摊给供应链成员。例如，企业在推行 VMI 的过程中，生产企业要求供应商在制造基地附近建立相应的库存点并进行库存管理，这样就会增加供应商的管理成本，若制造商不给予供应商一定的盈利空间，或不能保证库存物资的有效流动性，都会给上游供应商带来库存风险和库存成本，不利于供应链合作关系的长期发展。

（5）制度风险　供应链管理包含错综复杂的运作流程，必须要有一套完备的制度流程规范来对供应链管理活动进行约束，尤其是在招标的组织、招标的决策等环节，若缺乏明确的规定，则极易发生供应链风险。另外，企业应加强供应链各环节流程之间的接口管理，这些流程包括需求管理流程、采购流程、生产计划流程、出入库流程、发运流程、供应商管理流程等。

3．网络风险

（1）组织与管理风险　由于各个伙伴有各自不同的企业文化和管理模式，因而在相互协作中可能会出现一些在管理和组织方面的冲突，这些冲突如果解决不好，有可能使得组织协调失衡，管理失控，最终导致供应链组织的失败。同时，供应链模式要求在快速多变的供应链环境下，供应链成员企业能灵活地根据需要快速调整，如果供应链成员企业，特别是核心企业的组织结构不能与整个供应链的要求相适应，也将会影响供应链组织的运作。

（2）信用风险　供应链的成员，尤其是一般性供应商往往具有较强的逐利性，供应链成员间主要是一种合同关系，若在供应商选择的过程中未能有效地识别供应商的资信水平，会导致供应链合作伙伴出现违约、弄虚作假、欺骗其他供应链成员或泄露合同机密等行为的发生，这些情况都将给供应链带来无法挽回的损失。

（3）信息风险　随着供应链上成员企业越来越多，网络结构会越来越复杂，会对供应链造成多重影响。

① 信息传递的时效性和信息传达的准确性会受到较大的影响，在需求信息从下游企业不断地传递到上游企业的过程中，各个环节需求信息会被逐级放大，这在供应链领域被称为"牛鞭效应"，在牛鞭效应的影响下，上游企业为了满足下游企业的需求，总会持有比下游企业更多的库存，从而造成较大库存风险。

② 供应链信息接口风险。供应链成员企业要实现信息的有效传递和共享，就必须建立统一的信息技术平台或信息接口，但实际中不同的供应链成员间所使用的硬件、软件工具、信息技术标准等都存在较大差异，信息共享性较差。另外，信息的传递过程中也会涉及数据的加密、解密和病毒防御等安全问题。

第二步 ｜ 供应链风险管理的四个步骤

供应链风险管理是一个交叉性理论，它是结合供应链管理、企业管理和风险管理的特点进行分析总结得出的。一般而言，供应链风险管理的过程主要分为四个步骤，包括供应链风险识别、供应链风险衡量、供应链风险评价和供应链风险决策与控制。其中，风险衡量通过量化单个风险发生的概率及其风险的发生所引起的损失值来确定；风险评价是判断各风险所带来的损失，并确定损失的严重程度，最后加以排序。这两个步骤关系密切，往往同时进行，所以，它们合并构成了供应链风险评估。供应链风险评估流程如图 8-6 所示。

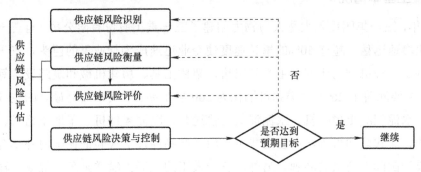

图 8-6　供应链风险评估流程图

一、供应链风险识别

供应链风险识别（Identification of Supply Chain Risk），即通常所说的供应链风险确认。作为风险管理能够高质量运作的基础，供应链风险识别应该具备准确、高效、完整的特性。要想实现这一过程，首先应确定整条供应链上所有的参与主体及其过程环节在其所处环境中可能存在的相关风险，然后具体分析各风险的特征，最后找出风险源以及关联因素。

二、供应链风险衡量

供应链风险衡量（Measurement of Supply Chain Risk）主要是指在供应链成员企业合作过程中，运用主观、客观或者是主客观相结合的方法，量化供应链各个环节中单个风险事件发生的概率及风险事件发生后对供应链的影响结果和影响程度。

三、供应链风险评价

供应链风险评价（Assessment of Supply Chain Risk）是供应链风险管理中一项重要而又复杂的艰巨任务，主要是建立供应链风险指标评价体系，采用定性分析与定量分析相结合的方法将已识别出的风险量化，确定其发生的概率和发生后对节点企业及整条供应链的影响程度，然后从供应链整体出发对其面临的风险进行排序，确定供应链的整体风险或者供应链面临的主要风险，对其有一个较好的评价，为后续工作提供方便。

四、供应链风险决策与控制

供应链风险决策与控制（Decision & Control of Supply Chain Risk）是供应链风险管理的实施阶段，主要是通过一系列合理有效的管理方法、决策技术以及规章制度来有效降低或消除供应链风险带来的影响，使供应链能够持续良好地运作；根据供应链风险评价的结果对供应链风险进行有针对性的实时监控，取得快速反应、快速治理的效果，并实时反馈，动态管理供应链面临的各种风险。

第三步 ｜ 三一重工的供应链风险管理案例

一、三一重工基本情况

1994 年，三一集团投入大量人力物力创建了三一重工股份有限公司。自三一重工成立以来，企业增速迅猛，超过 50% 的增长速度使企业迅速成为行业里的巨头。三一重工的业务重点落脚于工程机械的研究、生产和出售，架桥工具、房建机械和筑路设备等成为主要的生产品，主要涵盖了 26 个大类并可细化为 200 多个品种，其中效益最好的主导产品有沥青搅拌机、水泥混凝土搅拌机、水泥混凝土输送泵、路面摊铺机、平地压路机、龙门起重机、千斤顶、叉式装卸机等，而且这些主导门类产品经过实践验证在国内外享有极高的声誉，已经成为国际上公认的品牌。另外，三一重工的混凝土输送泵车、混凝土输送泵和全液压压路机市场占有率位居国内前列。三一的工程机械研发制造基地已经按照合约在印度开发区和美国高新技术产区相继动工。2011 年，三一又在德国正式签约了投资一亿欧元的基地开发项目，并且仍在不断扩大海外市场。三一重工 6S 中心已遍布全国主要大中城市，在全球拥有近 200 家销售分公司、2 000 多个服务中心、近万名技术服务工程师。

二、三一重工供应链的构成

三一重工的供应链包括从原材料及零部件的采购到产品交付的所有流程。企业内部：

需要协调采购、仓储、制造、销售和研发等部门的各个环节，促进各部门之间的合作与沟通。企业外部：一方面，同一类产品的供应商一般在两家或两家以上，有些产品的供应商数目甚至达 10 家之多，如此之多的同类产品供应商必然导致供应链的层次增加，纵向结构更加复杂；三一重工的供应商一般包括 A 类供应商、B 类供应商和 C 类供应商，同时还存在供应商的供应商，这一多级结构必然增加供应链的长度，导致供应链横向结构更加复杂。另一方面，企业要把产品交付到供应链下游的客户手中，这一过程一般是通过经销商来完成的，但是特殊情况下企业直接和客户进行交付。三一重工供应链结构如图 8-7 所示。

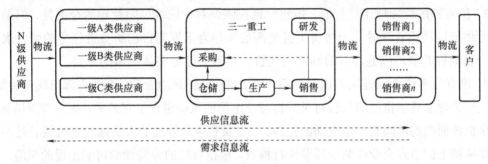

图 8-7　三一重工供应链结构图

三、三一重工供应链风险管理现状与问题

三一重工供应链风险管理现状可以从以下几个方面进行说明：

（1）上游供应商风险管理的现状及问题

1）对于三一重工本身来说，由于传统观念的影响，企业管理以价格为导向，为了降低产品成本，企业也比较注重供应商的风险管理。企业成立专门的供应商管理部门负责供应商的管理，除了处理采购中的日常活动，还负责采购过程中出现的以及可能出现的各种风险的处理工作，但是负责供应商管理的都是一些采购人员，对风险管理并没有系统的概念，仅仅凭借经验进行管理，难以实现高效的管理效果。

2）企业开始建立信息共享平台，以期降低供应环节可能出现风险的概率，但是起步晚、发展慢，目前信息透明化程度不够高，仍不能达到预期效果，企业还需继续努力，建立完善的信息共享平台。

3）没有比较完善的供应商管理体系，导致企业在面临供应商风险的时候无从下手，或者是效率较低，影响企业的正常运作，甚至增加整条供应链的运作成本。

（2）中游核心企业风险管理的现状及问题

1）高层管理者关于供应链风险管理的实施力度不够。在供应链管理过程中，不免会遇到各种各样的风险影响节点企业和整条供应链的正常运作，企业管理者也开始意识到供应链风险对节点企业和整条供应链的影响越来越大，对其重视程度逐渐提高，但是关于供应链风险管理的实施力度并不是很大，员工关于供应链风险管理的意识也不强，导致供应链风险管理无法落到实处，而且企业没有建立一套科学、合理的供应链风险管理体系。

2）没有专门的供应链风险管理部门。三一重工企业内部虽然有专门的供应链管理部门，但是并没有专门的供应链风险管理部门，企业内部负责供应链风险管理工作的部门是供应链管理部和风险管理部，供应链管理部主要负责采购、配送等环节可能面临风险的管理，风险管理部主要负责一些合同、法律等方面的风险管理。两个部门都只涉及一部分供应链风险的管理，对于整条供应链的风险管理工作没有一个很好的协调，导致供应链风险管理职责不明，很多风险被疏忽，而往往正是这些风险会给企业带来巨大的经济损失，影响企业和供应链的发展。

3）供应链风险管理比较片面。虽然一直在强调对供应链风险管理的全面性，但是企业在进行供应链风险管理时，一些员工甚至高层领导为了提高自己所负责任务的绩效水平，往往会以牺牲其他供应链环节的利益为代价，导致供应链整体成本的升高。

4）没有完善的供应链风险识别体系。对于供应链的风险管理，企业内部出现两种情况：一是高层管理者凭借自己的经验对供应链可能出现的风险进行主观预测，提出改善措施，不能对供应链面临的风险有一个全面的把握。二是负责风险管理的人员通过定时或者是不定时地对供应链上的节点企业或某一环节进行检查，根据自己的经验预测可能出现的风险，对于一些影响不大的风险直接或者寻求风险管理部门的意见之后采取一些防范和规避措施；对于一些可能对供应链产生较大影响的风险，由风险管理人员向领导汇报寻求解决措施，但由于经验的不同，往往不能得到领导的认可，导致供应链风险不能及时得到处理。总的来说，由于三一重工没有建立完善的供应链风险识别体系，供应链面临的风险不能很好地被识别，导致后续工作无法开展。

（3）下游企业风险管理的现状及问题。下游企业对于整条供应链的作用不言而喻，如果下游企业被破坏或者是中断将会导致整条供应链的瘫痪。三一重工成立了专门的供应链管理部门负责供应链企业正常运行的相关工作，但其仍属于初步发展阶段，部门负责的并不是整条供应链的管理，而主要是上游供应链和核心企业（三一重工）的相关管理工作，供应链下游的消费者并没有纳入供应链管理的范畴，或者仅仅涉及极少的关于下游消费者的管理工作。换言之，在三一重工，下游消费者的管理并没有引起足够重视，关于下游消费者的风险管理也甚少，供应链的风险管理在下游并没有真正发挥作用。

综上所述，三一重工关于供应链风险管理基本上属于盲点，主观定性分析主导供应链的风险管理，这种管理模式使三一重工的供应链风险得不到良好的处理与控制，甚至在面临风险的时候措手不及，影响供应链的运行，增加供应链的成本，如此发展必然会削减整条供应链的竞争优势，影响企业的快速发展。

四、三一重工供应链风险控制

1. 战略计划阶段的风险防范措施

战略计划阶段的企业战略计划、战略投资和战略调整的权重比例相差不多且占总比例的份额比较多，这说明这三方面风险的出现对战略计划阶段的影响都非常大，所以要针对每个方面采取防范措施，避免产生风险。

（1）三一重工作为供应链的核心企业，应及时将市场需求进行反馈，及时掌握市场需求动态，同时根据企业自身的能力，准确预测市场需求，制订计划方案。市场需求预测的准确性对企业具有重要的指导意义，否则，在信息逐级传递时，会导致信息失真，企业制订战略发展计划就会偏离正确的轨道，产生过高或过低的现象，或者是战略投资的失利，给企业带来风险。

（2）供应链不是由采购、生产、分销、销售构成的分离的块功能，而是一个相互作用，相互影响的整体，只有链上伙伴团结合作，充分利用各自的互补性，发挥合作竞争优势，才能保证在企业面临战略调整的时候，供应链上的节点企业能够以供应链的整体利益为重，确保供应链的正常运作。

（3）三一重工的决策部门在制订战略计划的过程中往往过多关注近期业绩，忽略长远发展，造成企业销售业绩的周期性波动。对于三一重工这种大型工程机械制造企业而言，要善于观察国家政策的变动、信贷的波动以及税收的调整等外界条件，总结经验，利用有利于企业发展的方面，针对不利于企业发展的方面要制定及时有效的应对措施。

（4）企业内部可以建立一个应对风险的管理部门，企业之间相互协作的各个环节，通过统一派员，共同负责对供应链环节可能出现的风险进行评估，根据风险评估的事项，制定出具有针对性的防范措施；负责风险信息的传递，保证供应链风险在各节点企业之间的透明性；定期对员工进行企业文化的教育宣传，并进行风险管理培训。

2. 原材料及零部件采购阶段的风险防范措施

从采购阶段的风险指标因素可以看出，采购阶段出现的主要风险是供应商和企业，以及企业内部的关系出现问题造成的。一方面，企业和供应商之间互不信任，没有建立一个良好的合作关系，企业也没有一个完善的供应商管理系统，导致供应商管理混乱；另一方面，企业内部各部门之间缺乏充分的横向沟通，组织结构以职能为导向划分成采购、仓储、制造、销售、研发等部门，没有以流程为导向进行划分，所以各部门之间联系渠道狭窄，本位主义严重，本部门很少为别的部门考虑，导致采购质量下降。针对这些情况，提出的防范措施是：

（1）完善供应商评价体系，对供应商进行绩效管理。在选择供应商的过程中，不能一味地打价格战，要全面地考量，完善供应商管理体系，建立并壮大中长期供应商合作团队。

（2）对于核心零部件和关键原材料，应该由两个或两个以上的供应商提供。在实际生产运作中，企业应从过去的思维模式中跳出来，注重增强供应链的柔性，增强企业在不确定性事件发生时做出快速反应的能力，完善供应商之间良好的竞争机制，确保整个供应链的稳定发展。

（3）明确供应商开发主体和开发程序。只有在当前供应商确实不能满足需求的情况下再开发新的供应商，不能一味地增加供应商的数量。

（4）与供应商的对口接洽过程烦琐、重复，工作效率低。相关对口业务部门可以直接联系，如三一重工质检部门与供应商质检部门直接联系，以减少信息传递时间和传递失真，提高工作效率。

（5）对于采购件价格的问题，成立专门的商务调查小组，对采购数量和采购金额比较大的外购件和原材料的价格组成进行调研和分析，以便更好地掌握产品价格，在价格谈判时取得优势。

（6）企业内部各部门（采购、仓储、制造、销售、研发等部门）之间必须要加强内部沟通，建立共享的信息系统，引进先进的采购技术。例如：MRP II 采购方法和 JIT 采购方法。

3．生产制造阶段的风险防范措施

三一重工生产制造过程中的风险主要包括两方面：一是生产过程控制风险，而库存管理又是生产控制过程中非常重要的环节，合理的库存管理能提高整条供应链的运作效率，提高企业的核心竞争力；二是生产技术风险，主要是由核心技术的创新能力决定的。

针对这些风险因素提出以下风险防范措施：

（1）要逐步从推动式生产向拉动式生产转变，进而逐渐扩展延伸到敏捷制造。

（2）控制合理的库存需要采购、生产和仓储等部门的共同努力，必须要逐步实现信息透明化，这对企业管理基础和信息化建设基础要求较高；必须努力打造信息共享平台，主要是利用先进的现代化通信和信息技术，例如 EDI、RFID、POS 等技术逐步实现信息共享。

（3）企业要合理引进技术研发人才，一方面实现核心技术的创新与突破，另一方面使竞争力比较薄弱的环节有所改善。

（4）积极促进战略合作伙伴的合作关系，使其加入新产品、新技术的投资和研发，促进新技术、新产品在市场上的推广，有利于整个供应链的高效运行，促进整个产业链的发展。

4．运输与配送阶段的风险防范措施

影响产品运输与配送的因素主要有配送的模式、设备、人员及信息的共享程度等，其中信息共享尤为重要，特别是三一重工的配送范围越来越大，如何防范配送过程中的风险也越来越重要。主要防范措施如下：

（1）三一重工要和供应链上下游企业紧密联系，利用先进的信息技术加强信息共享平台的建设，确保产品配送过程中交流、沟通的准确性和及时性。利用先进的配送技术，如 RFID、GIS、GPS 等来实现无缝连接，降低配送过程中的风险。

（2）企业应加强建立网络平台，实现信息化，将包装和运输服务交给第三方物流时，可以实时跟踪货物，为客户及时提供货物的动态信息，同时减少信息传输过程中的错误，提高反馈机制的效率及服务质量，保障客户的满意度，提高企业的经济效益，降低供应链风险。

（3）将配送环节外包给第三方物流公司（3PL 模式），提高配送效率，缓解资本投入，增加现金流量，从而增加企业在其他关键环节的资金投入，确保供应链的稳定性。三一重

工的主要任务就是综合考虑第三方物流企业的信誉、工程机械方面的配送经验、配送设备的先进性、配送系统的完善性等各个方面的因素，选择一个有竞争优势的第三方物流公司。

5. 企业外部环境的风险防范措施

企业面临的外部因素风险主要是国内市场需求变动带来的需求量频繁波动的风险，这部分风险可以说是最难防范的，因为其具有明显的突发性和不可控性。主要防范措施如下：

（1）派遣市场调查专员，负责调查全国各地市场，实时了解各地的产品需求量变化以及扩展业务。

（2）加强与消费者之间的联系，及时进行消费者信息反馈总结，把握市场需求变化。

（3）由于工程机械制造业属于政策性行业，企业的高层管理人员必须实时关注国内政策变动，对其有一个全局把握。

拓展阅读

一场灭顶之灾：中兴通讯危机的启示

一、"中兴通讯"被美国制裁

2018 年 4 月 16 日，美国商务部宣布立即重启对中兴通讯的制裁禁令（Order Activating Suspended Denial Order），中兴通讯将被禁止以任何形式从美国进口商品。这意味着中兴通讯在 2017 年 3 月认罪并签署的和解协议宣告失败，已缴纳的 8.92 亿美元罚款仍不足以息事宁人，甚至可能还要进一步补缴缓期执行的 3 亿美元罚款。而更可怕的是，被美国全面封杀后，对于严重依赖从美国进口芯片等元器件的中兴通讯来说，这无疑是一场灾难。

二、可能的后果

对中兴来说，最致命的影响就是不能使用安卓系统。因为根据上述禁令，谷歌将不再与中兴发生业务关系，而中兴的手机也不能被 Android 认证，如果不能被 Android 认证，中兴生产的手机就无法获得市场认可。在中兴的业务构成当中，电信运营商网络和消费者业务（主要就是手机）占 91%，如果这两项业务被掐死，那么中兴几乎就无法开展业务了。所以说，这次制裁对中兴来说是生死攸关的，一点也不为过。

三、教训与启示

中兴通讯案例对许多正处于全球化中的中国企业来说都具有警示意义。中兴通讯遭受巨额罚款暴露了企业管控合规风险的能力滞后及企业合规管理体系的重大缺陷。

（1）中兴通讯对防范出口管制合规风险的重视程度不够，缺乏对出口管制合规风险的正确评估和认识。在美方于 2012 年 3 月立案调查后，中兴没有采取必要的出口管制合规管理措施，反而想方设法规避美国出口管制规定。

（2）中兴通讯在已经受到美国政府调查的情况下，仍然没有能够把握机会堵住合规管理的漏洞，反而采取了不配合的态度，导致公司面对的出口管制合规风险进一步升级，最终导致公司在出口管制方面的合规管理完全失控。美国商务部工业与安全局（BIS）披露的信息显示，2016 年 3 月 BIS 将中兴通讯及其三家关联公司列入"实体名单"的决定，是基于其获得的两份中兴通讯机密文件而做出的，这两份分别名为《关于全面整顿和规范公司出口管制相关业务的报告》与《进出口管制风险规避方案》的机密文件描述了中兴通讯通过设立、控制和使用一系列"隔断"公司绕开美国出口管制的方案。

（3）中兴的合规管理体系存在重大缺陷。中兴的合规管理部门没有向董事会直线报告的渠道，而 CEO 或者销售部门拥有决策的权力可以轻易突破合规管控。因此，合规部门需要独立的架构和汇报线，否则风险无法传达给公司高层领导，导致合规管理形同虚设。

（4）技术含量高的关键器件严重依赖国外供应商。例如中兴通讯全球价值链所采购的高速光通信接口、大规模 FPGA 等核心部件按照出口管制规定被美国企业停止供货，中兴通讯生产难以为继。这是中兴通讯被迫与美国执法当局和解的根本原因。通过完善的合规管理体系和深入人心的合规文化抵御合规风险，已经成为现代全球型企业的软竞争力，而合规竞争也成为企业全球竞争的新规则。如果缺乏以合规体系和合规文化为核心的软竞争力，就难以适应全球竞争新形势。

知识测试

一、判断题

1. 绩效考评是绩效管理过程中的一个环节，绩效考评绝不等于绩效管理。（　　）
2. 公司在实践中所采用的绩效指标应该全面和完整，要做到面面俱到。（　　）
3. 确定关键绩效指标有一个重要的 SMART 原则，S 代表可实现，M 代表可度量。（　　）
4. 埃森哲公司认为供应链绩效评价指标的设计必须有利于在组织中激励正确的行为。（　　）
5. 相对于企业绩效评价体系而言，供应链评价体系更加复杂，不能直接将对单个企业的评价直接移植到供应链绩效评价。（　　）
6. SCOR 的第二类指标为面向企业内部的，包含了供应链成本和供应链资产管理效率。（　　）
7. SCOR 的第一类指标是面向顾客的，主要指标为供应链的可靠性、供应链的反应速度和供应链的柔性。（　　）
8. 斯坦福大学教授李效良（Hau L.Lee）提出，一流的供应链具备三大特点：反应敏捷（Agile）、适应性强（Adaptable）、能让各方利益协调一致（Aligned）。（　　）
9. 供应链风险划分为外部供应链风险、内部供应链风险和网络风险。（　　）
10. 风险衡量与风险评价关系密切，这两个步骤往往同时进行，合并构成了供应链风险评估。（　　）

二、名词解释

1. KPI
2. BSC

3．SCOR

三、简单题

1．简述 BSC 的含义及核心思想。

2．简述供应链绩效评价的特点与原则。

3．简述供应链绩效评价的 3A 模型。

4．简述基于 SCOR 的供应链绩效评价模型。

5．简述供应链风险的类型。

6．简述供应链风险管理的程序。

实训任务 B 公司基于 SCOR 模型的供应链绩效评价体系构建

任务目标｜结合案例回答问题。

（1）B 公司的业务状况如何？主要存在哪些问题？

（2）如何运用 SCOR 模型优化 B 公司的本地库存销售业务流程？

（3）如何选取供应链绩效评价指标来评估计划、供应和交货这三个基本管理流程？

任务要求｜分小组完成任务，并制作 PPT 汇报。

一、B 公司业务流程的现状

B 公司在亚太地区的业务模式总体上可以被概括为两类，即直接进口销售模式和本地库存销售模式。在直接进口销售模式下，市场部门寻找合适的客户，在洽谈成功后和客户签署销售合同，并在计算机系统中制作销售订单；根据不同的付款条件，销售订单会由计算机系统自动审核放行或由财务部进行审核后放行；然后，市场部向集团供应商发出采购订单，由供应商直接向客户发运货物。在客户收到货物后，整个流程完成。在本地库存销售模式下，市场部门先通过计算机系统向集团供应商发出采购订单，货物到达本地后由物流部安排清关、进仓储存。同时市场部门寻找合适的客户，在洽谈成功后和客户签署销售合同，并在计算机系统中制作销售订单；根据不同的付款条件，销售订单会由计算机系统自动放行或由财务部进行审核后放行；物流部在看到放行的销售订单后，制作出货单，根据交货条款交由客户自己去仓库提货或安排送货。在客户收到货物后，整个流程完成。

二、运用 SCOR 模型的流程设计

B 公司在管理中已经使用了平衡计分卡模型，但是主要指标结构仍局限于财务角度，客户角度和内部运营角度的指标非常少，所以新的绩效评价指标的设计将侧重于这两个方面的指标。同时因为所需建立的供应链绩效评价指标体系衡量的范围不涉及研发，仅仅围绕订单流程，所以 SCOR 模型对优化 B 公司的供应链有很大的参考价值。

三、供应链绩效评价指标的构建

B 公司最终选择了 10 个供应链绩效评价指标分别评估计划、供应和交货这三个基本管理流程，并分别对这些指标的定义、评价目的进行了规范。

1. 对计划流程采用的指标

对计划流程的评估采用以下三个指标：

（1）销售预测准确率

定义：对 B 公司经营的所有产品总需求的预测准确率。

评价目的：通过持续提高销售预测准确率实现库存精确度（包括数量、时间、地点）的改善。

（2）库存天数

定义：根据库存所有产品价值包括在途库存价值计算出的总库存周转天数。

评价目的：优化库存水平，提高库存精确度（包括数量、时间、地点），加强资金管理。

（3）老化库存（价值和百分比）

定义：从收货之日起已在仓库放置超过 180 天的库存。

评价目的：持续改进库存周转率，尽量减少周转慢的产品占用大量营运资金的情况。

2. 对供应流程采用的指标

对供应流程的评估采用以下三个指标：

（1）供应商交货能力（准时、完全交货）

定义：供应商按照 B 公司采购订单中要求的时间和数量交货的比率。

评价目的：持续提高供应商在协议的标准提前期内完全交货的能力，同时改善供应商的应变能力和柔性。

（2）供应商交货可靠性（准时、完全交货）

定义：供应商按照它在采购订单中对 B 公司第一次承诺的交货时间和数量交货的比率。

评价目的：持续提高供应商承诺的可靠性，从而改善原材料库存水平，降低缺货成本，提高客户服务水平。

（3）供应商完好订单比率

定义：供应商没有任何缺陷和过失地交付产品和运输单据的订单比率。

评价目的：持续改善供应商无过失地提供产品和运输单据的能力，从而提高客户服务水平（对于直接进口销售订单模式而言），降低安全库存水平（对于本地库存销售订单模式而言）。

3. 对交货流程采用的指标

对交货流程的评价采用以下四个指标：

（1）客户反馈比率

定义：客户关于期望未被满足的反馈数量占总销售订单数的比率。

评价目的：统计在履行订单过程中客户期望未被满足的情况，找出根源，避免客户投诉，提高客户服务水平。

（2）客户投诉解决效率

定义：在目标时间内解决的客户投诉数占所有已解决的客户投诉数的百分比。

评价目的：衡量快速有效地解决客户投诉的比率，提高客户服务水平。

（3）交货能力（准时、完全交货）

定义：按照客户在订单中要求的时间和数量交货的能力。

评价目的：不断提高 B 公司按照客户期望的时间和数量交货的能力。

（4）交货可靠性（准时、完全交货）

定义：B 公司按照它对客户承诺的时间和数量交货的能力。

评价目的：不断提高 B 公司对客户承诺的可靠性。

此外，B 公司还确定了这 10 个供应链指标的责任归属。销售预测准确率由销售人员负责，库存天数和老化库存指标由产品经理负责；供应商交货能力、供应商交货可靠性、供应商完好订单比率、客户反馈比率、客户投诉解决效率、交货能力和交货可靠性指标由客户服务人员负责。需要说明的是，因为 B 公司的客户服务人员也负责下采购订单，并与供应商联系，所以客户服务人员也负责供应流程的三个指标：供应商交货能力、供应商交货可靠性和供应商完好订单比率。在确定了责任归属后，B 公司讨论决定了供应链绩效评价的流程：每年年初，B 公司的各事业部会根据上一年度业务运营情况和总的战略目标开会讨论并确定本年度 10 个供应链绩效评价指标的目标值。这些目标值将被相应地写入销售人员、产品经理和客户服务人员本年度的目标协议中，作为年底衡量他们的工作业绩和计发奖金的判断标准之一。

4. 绩效评价指标数据生成系统的设计

B 公司在亚太地区统一使用的 ERP 系统是 SAP 系统，因此，绩效评价的所有基础数据都来源于 SAP 系统。绩效评价系统需要与 SAP 系统相连接，由系统自动将基础数据从 SAP 传输给绩效评价系统，再由绩效评价系统对这些基础数据进行整理、计算，得出供应链绩效评价指标数据。B 公司最终决定分别用两个绩效评价系统对已经选择的 10 个供应链绩效评价指标进行衡量。这两个系统分别是 BW（Business Warehouse）和 GIIC（Global Inventory and Information Control）。BW 系统用来衡量以下八个指标：销售预测准确率、供应商交货能力、供应商交货可靠性、供应商完好订单比率、客户反馈比率、客户投诉解决效率、交货能力和交货可靠性，它通过与 SAP 系统订单模块、质量管理模块及需求计划模块的连接，将这些模块中计算这八个供应链指标所需的大量基础数据进行下载，用户可根据各个指标的定义在数据库中建立一些固定的查询，然后只需定期运行这些查询就可以方便地获得这八个供应链指标的计算结果了。GIIC 系统是 B 公司已经使用的一个计算库存天数和库存寿命指标的系统，也是 B 公司进行全球库存控制的标准化系统。该系统除了可以用来计算库存天数和库存寿命外，还可以对库存数据进行细化到产品水平的分析。所以 GIIC 系统被沿用来衡量另外两个指标：库存天数和老化库存。

B 公司根据其业务内容和性质，本着成本与效益平衡的原则、简单有效的原则，设计了包含 10 个供应链绩效评价指标的评价指标体系，确定了每一种评价指标的责任归属，确定了供应链评价的整个流程。这样就顺利地完成了设计阶段的工作。

第三部分 创新拓展

方向一 | 智慧供应链与新一代信息技术应用

拓展任务目标：

课外自学，阅读案例并上网搜索相关专题资料回答如下问题：

（1）什么是智慧供应链？智慧供应链涉及哪些相关的新一代信息科技？

（2）什么是RFID？它由哪几部分组成？工作原理是什么？应用情况如何？

（3）什么是物联网？国内物联网发展的现状如何？存在哪些问题？

（4）什么是大数据？国内大数据应用的现状如何？存在哪些问题？

（5）什么是人工智能？国内人工智能发展的现状如何？存在哪些问题？

（6）结合案例分析，京东如何借助大数据构建智慧物流系统？

（7）结合案例分析，亚马逊如何借助人工智能技术优势自建物流配送系统？

拓展任务要求：

每个小组需提前四周选定方向，分组在教师的指导下完成任务，并制作PPT汇报。

拓展案例 1-1

大数据构建京东智慧物流系统

"大数据"的经典定义可以归纳为4个V：海量的数据规模（Volume）、快速的数据流转和动态的数据体系（Velocity）、多样的数据类型（Variety）和巨大的数据价值（Value）。京东的青龙系统每天处理亿级数据，具有海量信息的数据规模；支持快速的数据流转，实现了物流各个节点实时数据监控优化；系统处理各种各样的信息，包含结构化和非结构化数据；数据具有极大的价值，推动系统成本和效率优化，可以节约大量成本，具有显著的大数据特征。企业在实战中认识到，把大数据转化为智慧系统，需要具备两个基础：首先是业务数据化，并且具有数据质量保障。京东物流在青龙系统的支撑下，实现了所有物流操作的线上化，也就是数据化，并且，对每个操作环节都可以进行实时分析，这就奠定了很好的基础。如果业务都是线下操作，或者系统无法准确及时收集数据，那么，即使数据量够大，但缺乏关键数据和数据不准确，也会给大数据处理带来很大的困难。第二个基础就是大数据处理技术，包括收集、传输、存储、计算、展示等一系列技术。

京东一直强调技术创新对生产效率的提升，并在多年的运营和创新实践中，积累了优质的大数据资源。大数据的应用为智慧科技的业务层面落地实施提供了展示、评估、预测、可视化管理及辅助决策等多方面的支持，与京东具有优势的物流科技相结合，搭建了完整而开放的仓、配、客、售后全供应链一体化服务平台，可以为京东商城以外的商业体系提供服务。

从青龙系统2012年的1.0版本到目前的6.0版本的演进过程中可以发现，以大数据处理为核心是构建智慧物流的关键。大数据平台技术栈很多，有些公司可能不会自己开发，但它非常重要，因为它可以从技术上提供基础数据质量保障。如果数据质量得不到保障，后面所进行的分析就是不可靠的，数据质量就会很差。另外，如果企业对一致性要求很高，它可能导致10%的信息都丢失了；如果企业对实时性要求很高，它可能延迟好几个小时。在这种情况下，数据分析应用不可能做好。在可靠的数据源和处理技术基础上，可以逐步构建智慧物流系统。

第一步主要是通过大数据技术准确及时地还原业务。也就是说，企业可以及时、准确地采集业务运行的数据，并分不同层次需求展示出来。对于物流系统来讲也是一样，图形化展示，一图胜千言。在时间维度，实时展示各个节点的生产量、相邻节点的差异，可以很好地把控业务。此外，移动端的开发对业务非常有帮助。对于物流来讲，它是商品流、实物流、资金流、信息流的结合，因此，地理维度展示也非常有帮助。青龙系统做到了车辆和配送员实时展示，例如在京东 APP 上就可以查看订单的实时轨迹。

第二步就是通过大数据提升业务。业务日报、周报、月报等都是业务管理的基础，如果不能做到及时准确，数字化运营是无法进行的，更不用说智慧化了。对于物流这种劳动密集型行业，企业利用实时数据，进行业界排行，对现场也能起到很好的激励作用。

第三步就是利用大数据对业务进行预测。预测一直是大数据应用的核心，也是最有价值的地方。对于物流行业，如果能够提前进行业务量预测，那么，对于资源调度等非常有意义，不仅能够实现更好的时效，而且能够避免浪费。举一个青龙系统的例子，就是单量预测，根据用户下单量、仓储生产能力、路由情况等，可以进行建模预测。

最后一步就是依托大数据进行智能决策。做到了这一步，才可以称作智慧物流。目前，做决策最好的方式依然是人机结合，利用大数据和人工智能的技术，为人工提供辅助决策，让人工的决策更加合理。

京东的业务每年增长得非常快，必然会遇到如何增加配送站的问题。以前没有系统辅助决策，就只能拍脑袋做决定，但随着物流业务规模越来越大，拍脑袋做决策的代价会很大。于是，企业就想用大数据来解决建配送站的问题。首先，建站依赖什么？利用大数据进行预测的关键是找到它的关联物，而建站是跟订单相关的，我们就从订单开始着手分析这个问题。我们从订单分布数据和客户分布数据进行分析，通过订单聚合等技术手段，找到订单很密的点。然后，加入更多的数据，包括位置信息、当地租金成本、管理成本、从分拨中心到传站的距离等，就能输出一个模型分布，根据不同的维度，将建站预测展示给用户，辅助业务管理人员进行决策。并且，可以根据业务人员的使用情况，输入更多的业务知识，形成业务闭环，让系统更加智能化。

京东的智慧物流以大数据处理技术作为基础，利用软件系统把人和设备更好地结合起来，让人和设备能够发挥各自的优势，不断优化，达到系统最佳的状态。当前，青龙系统已经具备初步智能化的特征，京东会持续进行软件系统优化，利用机器学习智能化技术。另外，京东还将引入更多的智能硬件，深化智能应用，从而支持京东物流更加高效，也将为用户提供更好的体验。

（资料来源：佚名. 大数据构建京东智慧物流系统[J]. 中国信息化周报，2016（47）。）

拓展案例1-2

亚马逊自建先进的物流体系

自亚马逊宣布推出商务快递服务——亚马逊配送后，物流快递巨头联合包裹服务公司（UPS）和联邦快递（FedEx）的股价应声下跌。在亚马逊逐渐构建自己的先进物流配送体系之后，第三方快递服务企业蓦然发现，自己最擅长的业务优势已经不复存在。"亚马逊配送"到底是怎样的服务，为什么一出现这样的消息就让快递巨头们的股价应声落地？

　　长久以来，亚马逊都在开放自己的电商平台给第三方商家，这被称为"亚马逊交付"。在"亚马逊交付"的服务框架下，第三方商家只需要把自己的商品统一运送到亚马逊的物流中心，然后在亚马逊网站上建立自己的商品销售页面就可以了。一旦有客户下单付款，亚马逊的平台自动会把订单发送给自己的物流中心，然后通过亚马逊的配送系统给客户打包配送上门。新出炉的"亚马逊配送"进一步扩展了"亚马逊交付"的灵活性，不再强求商家预先把商品统一存放在亚马逊的物流中心，然后再进行订单处理。凡涉及第三方商品的用户订单，均由亚马逊通知第三方商家，然后由亚马逊从第三方商家取货后通过自己的物流平台配送给最终用户。原有的"亚马逊交付"只是从集中到分散，从亚马逊的物流中心把货品交付到用户手上，而新推出的"亚马逊配送"则彻底实现了分散到分散，从数以十万计的商家手上提取订单包裹，再根据不同路线汇总到物流骨干网上，最终分别送到每个客户手中。亚马逊的物流平台在事实上已经具备了商业快递服务的能力，这是对 UPS 和 FedEx 的最大威胁，也是消息发布后 UPS 和 FedEx 股价下跌的直接原因。

　　电商企业在相互厮杀树立竞争优势的过程中，乃至在与传统零售商互相较量时，早就突破了传统边界。此前，电商的竞争是围绕着流量入口展开的。每一个电商平台都通过搜索引擎的商品关键字优化、付费关键字和各种静态与动态的广告，把潜在客户的流量导入自己的网站和应用。物流配送只是标准服务，默默地把一个又一个包裹递送到客户家中。客户永远是见异思迁的。在转瞬的鼠标移动和应用切换间，老客户很容易就被吸引到竞争对手那边。如何构筑又宽又深的护城河，成为每一个电商平台面临的问题。亚马逊给出的答案是，从基础架构入手，通过在底层构建不同的业务模式和客户体验获得难以抄袭的竞争优势。

　　2018 年 2 月，亚马逊以 10 亿美元收购了智能锁具公司 Ring，当时 Ring 是一家拥有六年历史的初创公司，主要提供智能家居的安全产品，如门铃、摄像头和智能锁具。智能锁具已经成为智能家居的一个重要分支。因为可以提供无钥匙的临时开启权限，所以对于 Airbnb 这样的共享服务来说，智能锁具是最好的安全设备。但亚马逊的目标并不是要做共享服务，而是要为电商配送服务提供更佳的用户体验。亚马逊此前就和著名的锁具公司 Yale 合作推出了自己的智能锁具产品 AmazonKey，并为 Prime 用户提供配送进屋服务。安装了 AmazonKey 的用户在下单时，选择配送进屋，配送员到达门口后，用户可以通过手机 APP 临时打开大门，允许配送员将货品放置在屋内后锁门离开。通过 AmazonKey 配套的摄像头，用户可以全程观看配送员在屋内的活动。目前 AmazonKey 的服务已经扩展到美国近 40 个大城市，几乎涵盖了所有大众熟知的城市，如华盛顿、芝加哥、洛杉矶、旧金山、波士顿、西雅图、费城、亚特兰大、休斯敦等。一个电商企业为什么要处心积虑地进入客户家中完成配送？推行这样标新立异的服务到底有多大的意义？因为亚马逊瞄准的是那些电商还没有全面渗透的商品品类和行业。目前北美电商行业快速发展面临的最大困难还是电商渠道客户体验较差，便利程度难以和实体零售商相比，其中拖后腿最明显的就是物流配送环节。

一、亚马逊突破三大配送禁区

1. 生鲜电商——传统配送的禁区

北美现有的配送服务完全无法满足生鲜电商的需求。北美电商配送服务的主体是以联合包裹服务公司、联邦快递和美国邮政（USPS）为代表的第三方快递服务公司。这些公司主要配送包裹、信函等，无法达到生鲜电商配送过程中需要的温度控制（冷冻、冷藏）条件。另外，生鲜货品本身就有可能包含液体汁水等，需要和干货分区存放，这也是通用第三方快递服务公司无法提供的。除了配送过程的需求，配送排期对于配送服务也提出了非常高的要求。对于一些特定商品，如桶装冰激凌，若离开零下18摄氏度放置于常温环境超过30分钟，产品品质就无法保证。北美很多生鲜电商提供预约配送时间窗口，与客户约定配送上门的具体日期和时间段，以确保温度敏感的商品配送到家时能够保持新鲜。对于通用第三方快递服务公司来说，这种严格的配送排期管理需要非常高的成本，在目前条件下几乎是难以实现的。而对于电商平台来说，生鲜业务是未来的必争之地。没有任何品类像生鲜商品这样拥有每周2~3次的高频购买。亚马逊正是基于构建稳定电商消费习惯的目的大举进入生鲜电商的领域。解决生鲜电商配送难题的手段就是自建物流配送网络。

2. 急速配送——传统配送的软肋

北美传统的第三方快递服务是面向商务需求设计的，所以服务时间一直仅限于正常的工作时段，节奏也比较缓慢。当然，第三方快递服务也提供高效率的加急递送，但其收费也是极为高昂的。但目前全球电商发展的趋势是，客户越来越希望尽快拿到订购的物品，越快越好，立即就要。背后深层次的原因就是，电商希望尽快打破传统零售商的领地，大量分流传统零售商的销售收入。此时，电商的急速配送就成为改善客户体验的核心。仍以生鲜电商为例，客户往往是在白天考虑晚餐安排时才会产生购买需求，这时以天为单位的配送能力已经完全不能满足电商的配送需求了，必须发展出以小时为单位的急速配送能力。应对急速配送挑战的手段还是自建物流配送网络。亚马逊以137亿美元的价格收购了美国最大的有机食品超市全食超市（Whole Food Market），其目的之一就是进入生鲜市场。另外一个重要原因就是希望通过全食超市覆盖全美的网店提供一个更加敏捷的配送到户的终端物流网络。亚马逊在全食超市分店覆盖范围内提供2小时生鲜货品快速递送服务。只要是亚马逊Prime客户，在网站或是手机APP上订购35美元以上的货品，2小时内就可以收到货品。亚马逊的配送服务时间从早8点到晚10点，一周七天无停歇。对于需求更迫切的客户，还可以额外支付7.99美元配送费选择1小时配送到家服务。亚马逊2小时生鲜货品快速递送服务将扩展到绝大部分全食超市覆盖的地区。通过依托全食超市网络和构建自有配送体系，亚马逊可以提供传统配送无法支撑的急速配送服务。

3. 配送损耗——传统配送的雷区

不同于中国快递小哥会提前联系客户上门派送或下楼签收，目前北美第三方快递服务对于包裹的标准操作是不声不响地直接放置在门口。人在家里根本没有听见门铃，包裹已经静悄悄地被快递人员放置于门口了，这种情况屡见不鲜。主要原因是北美的人工成本较高，如果配送每个包裹都要和收货者见面势必增加大量的沟通和等待的时间，造成快递效率下降。美国包裹被盗的现象很严重。根据智能门锁公司 August 的数据，2016 年美国家庭快递包裹被盗超过 1 100 万件。Shorr Packaging 公司调查发现，31%的美国电商用户遭遇过包裹丢失。对于普通低值的商品来说，被盗或许只是给用户造成不便，但对于高值商品来说，这几乎成为电商的软肋。不论是传统的高值商品如珠宝首饰，还是一般的通用商品如各种家用电器，目前第三方快递服务这种只管送送不负责安全的方式都是不能令人满意的，这也是电商客户体验重要的短板之一。

二、亚马逊的优势

最终亚马逊希望通过"自建配送网络+入户配送"解决以上三个难题。自建配送网络可以针对生鲜业务的需求设计分区温控和隔液功能，并依托现有的线下商店网络完成局部区域的急速配送。入户配送一方面能够将冷冻冷藏商品直接送入客户的冰箱，完美解决生鲜电商的需求，另一方面也可以让高值货品直接进门，避免包裹被盗带来的损失。如果这个尝试最终能够被客户接受并取得市场全面认可，那么电商行业发展将进入一个全新阶段——电商企业将获得在便利性、时效性与安全性方面与传统实体零售商抗衡的全面能力，未来电商将进一步扩大在各个行业的渗透率。作为全球电商行业的领头羊，亚马逊在不断创新商业模式，不断拉近和用户距离的同时，也在不断突破电商用户体验的传统桎梏。除了配送入户之外，亚马逊目前还在实验另一种递送方式"配送进车"（Delivery to Trunk），就是通过智能设备控制汽车行李箱的开关。客户提供车辆停放位置后，亚马逊可以把包裹直接放置进入客户的汽车行李箱。因为配送地址是一个动态地址，所以这种配送方式对于物流网络提出了更为复杂的需求。在亚马逊逐渐构建自己的先进物流配送体系之后，传统的第三方快递服务企业蓦然发现，自己最擅长的业务优势已经不复存在。在电商更为复杂苛刻的需求推动下，亚马逊已经建立了从基础架构开始的更为复杂灵活的物流配送体系和相应的运营支撑系统。如果亚马逊打包自己的物流配送能力成为标准服务向市场开放，快递企业往日的最佳合作伙伴就将成为最可怕的竞争对手。

基于现有的技术创新，从亚马逊的仓库机器人 Kiva 到基于人工智能技术优化的供应链管理系统，亚马逊在新技术应用于物流领域已经领先于传统的第三方物流快递公司。未来，不论是无人机配送，还是基于人工智能的自动驾驶和无人配送，亚马逊的技术潜力更是远远胜于联合包裹服务公司和联邦快递。传统的第三方快递服务提供商和亚马逊之间的技术差距将会越来越大。亚马逊挑战快递企业的戏码也同样在中国上演。在京东通过自建物流体系取得竞争优势后，之前声明不会自建物流体系的阿里系菜鸟网络成立了杭州喵递宅配科技有限公司，开始布局直营物流。电商在物流配送领域的竞争，最终也将为传统第三方快递行业敲响丧钟。未来的市场上吞并甚至取代"三通一达"的，或许将是京东快递、菜鸟急送。

（资料来源：《财经》杂志，2018 年 4 月 30 日，有改动。）

方向二 ｜ 供应链金融业务模式与行业实践

拓展任务目标:

课外自学,阅读案例并上网搜索相关专题资料回答如下问题:

(1)什么是供应链金融?供应链金融有什么特点?

(2)国内外供应链金融的发展现状如何?存在哪些问题?

(3)供应链金融的常见业务模式有哪些?业务流程如何?具有哪些特点?

(4)供应链金融的主要风险有哪些?应如何防范?

(5)结合案例分析汽车行业供应链金融发展的动因。

(6)结合案例分析汽车行业供应链金融的主要业务模式及特点。

拓展任务要求:

每个小组需提前四周选定方向,分组在教师指导下完成任务,并制作 PPT 汇报。

拓展案例 2-1

供应链金融运作模式及风险防范措施

一、供应链金融概述

(一)供应链金融的概念

简单地说,供应链金融就是银行将核心企业和上下游企业联系在一起提供可以灵活运用的金融产品和服务的一种融资模式。其主要的参与主体有买方、卖方、金融机构和第三方物流企业。供应链金融具有以下特点:还款来源的自偿性;操作的封闭性;以贷后操作作为风险控制核心;授信用途的特定化。

(二)供应链金融的产生背景和动机

在供应链中,竞争力较强、规模较大的核心企业在协调供应链信息流、物流和资金流方面具有不可替代的作用,拥有话语权,供应链成员之间地位并不平等。像沃尔玛、丰田、戴尔这样的企业在整个供应链中是处于核心地位、优势地位的。而供应链中占多数的中小型企业,它们在供应链中处于弱势地位,它们或许都有这样的经历:既要向核心企业供货,又要承受着延迟收款的压力。

从供应链内部来看,核心企业不愿承担资金风险,而供应链上下游的中小型企业却由于自身规模限制、资信能力差、融资渠道单一和为中小企业服务的金融机构少等原因造成融资困难,其在信贷市场上的劣势地位根源于中小企业的先天性缺陷,就算各种金融机构进行结构性调整,也无法解决其融资难题。供应链核心企业规模大,实力强,资信好,如果核心企业能够将自身的资信能力注入其上下游企业,银行等金融机构也能够有效监管核心企业及其上下游企业的业务往来,那么金融机构作为供应链外部的第三方机构就能够将供应链资金流"盘活",同时也能获得金融业务的扩展,而这就是供应链金融(Supply Chain Finance,简称 SCF)产生的背景。

(三)供应链金融的国内实践

中国供应链金融的实践发展主要经历了以下三个阶段:①初始的萌芽阶段,此阶段供应链金融业务比较单一,主要是针对存货质押的贷款业务。②快速发展阶段,此阶段供应链金融的业务开始丰富起来,承购应收账款等保理业务开始出现。但这一阶段的供应链金融业务仍以"存货质押为主,应收账款为辅"。③繁荣发展阶段,在此阶段,供应链金融业务开始繁荣,出现了预付款融资、结算和保险等融资产品。

在我国,走在供应链金融前列的银行算是深圳发展银行(平安银行的前身),得益于改革开放的良好政策环境加上优越的港口贸易,2001 年,深圳发展银行就在广州和佛山两家分行开始试点存活融资业务(全称为"动产及货权质押授信业务"),当年年底授信余额即达到 20 亿元人民币。2005 年,深圳发展银行先后与国内三大物流巨头——中国对外贸易运输总公司、中国物资储运总公司和中国远洋物流有限公司签署了"总对总"(即深圳发展银行总行对物流公司总部)战略合作协议。短短一年多时间,已经有数百家企业从这项战略合作中得到了融资的便利。据统计,仅 2005 年,深圳发展银行"1+N"供应链金融模式就为该银行创造了 2 500 亿元的授信额度,贡献了约 25%的业务利润,而不良贷款率仅有 0.57%。

二、供应链金融运作模式

若按供应链各环节划分,供应链金融可以分为以下三种新的融资模式:①基于预付账款的保兑仓融资模式;②基于存货的融通仓融资模式;③基于应收账款的应收账款融资模式。

1. 保兑仓融资模式(采购分销阶段的供应链金融)

保兑仓是指以银行信用为载体,以银行承兑汇票为结算工具,由银行控制货权,仓储方受托存储货物,承兑汇票保险金以外金额部分由卖方以货物回购作为担保措施,由银行向卖方及买方提供的以银行承兑汇票为结算方式的一种金融服务。通俗地讲,就是企业向银行缴纳一定数额的保证金后开出承兑汇票,并由银行承兑,收款人是企业上游生产商,生产商收到汇票后就向物流或者仓储公司的仓库发货,到库后即转为仓单质押,倘若借款企业无法按时还款,则上游生产商负责回购质押货物。保兑仓融资模式如图 2-1 所示。

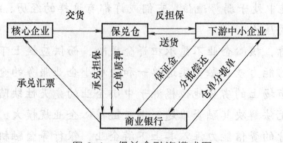

图 2-1　保兑仓融资模式图

2. 融通仓融资模式（运营阶段的供应链金融）

融通仓的服务对象主要是周边的中小企业，涵盖了中小企业信用整合、再造、配送、电商或者传统商务平台运作，基本原理是生产企业将其采购的原材料或产成品作为质押物存入第三方物流企业开设的融通仓，以此来获得银行的贷款，然后在其后续生产经营过程中分阶段还款，第三方物流企业作为融资企业和商业银行之间的中介，主要提供质押物的保管、估价、去向监管、信用担保服务。

融通仓融资模式如图 2-2 所示。

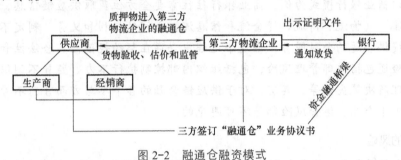

图 2-2　融通仓融资模式

3. 应收账款融资模式（销售阶段的供应链金融）

应收账款融资也称发票融资，是指企业将赊销形成的应收账款质押给银行，从而获得银行贷款，一般能获得应收账款面值的 50%～90%。

应收账款融资模式具体有以下几种应用：①应收账款抵押融资；②应收账款让受融资；③应收账款证券化。应收账款融资模式如图 2-3 所示。

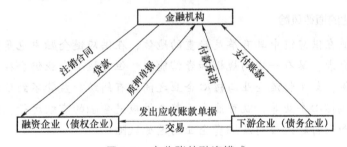

图 2-3　应收账款融资模式

三、实施供应链金融业务的风险

发展供应链金融虽然能给供应链金融的参与者，包括商业银行、供应链上下游的中小企业和物流仓储企业带来共赢效果，但是却面临各种各样的风险。供应链金融的主要风险如下：

（一）信用风险

信用风险包括了货物是否合法和客户诚信度问题，它往往与财务风险和安全风险联系在一起。以财务公司模式为例，由于财务公司所提供服务的企业生产经营可能存在不确定性，并且提供服务的企业在主观上具有逃债意图，这就有可能将风险转嫁给财务公司。信用风险在商业银行模式中其实更加明显，商业银行为供应链提供金融服务的关键是核心企业的资信能力，而不仅仅是等待融资的中小企业，在此情况下，原先并未达到商业银行资信标准的企业也由于核心企业的担保而进入供应链金融体系之中，类似于牛鞭效应，这种信用风险可能在供应链金融业务中不断放大。

（二）运营风险

从事金融业务的物流公司由于需要提供多元化的增值性的物流服务，这样也就扩大了运营范围，从仓储、运输到银企间的往来以及与客户的接触，运营风险存在于 SCF 模式的各个部分。以商业银行模式为例，商业银行往往需要全方位获取供应链信息，协调控制各主体间"四流"（物流、商流、资金流和信息流）之间的权利和义务，制定不同领域的合同为供应链提供合适的金融服务，在这个过程中会存在契约规范性、合法性和严谨性的风险。运营风险还包括内部管理风险，包括组织内部控制执行不力、监督不到位、信息和沟通不畅、管理层决策失误等。其实，对于供应链金融的各个参与方而言，不管是银行、物流公司还是中小企业，运营风险都是不可避免的。

（三）质押物的风险

在物流公司模式中，融资企业存在一定程度上的资信风险，所以融资企业会有一部分抵押物存储在物流公司，物流公司首先要考虑的是库存抵押物能否在质押期间保值，质押物会不会随着市场价格的波动而波动，会不会随着汇率的波动而波动，甚至还要考虑融资企业倘若未能按期偿还贷款，质押物能不能很容易变现的风险，同时质押物还具有所有权的法律风险和监管风险。在法律风险中，所有权的风险可能是最需要引起关注的，因为质押物会在不同的主体间转移，质押物的所有权关系不是十分明晰。

（四）核心企业可能的道德风险

虽然核心企业在供应链中具有举足轻重的地位，在供应链金融中也是银行与需要融资的中小企业的中介者，具有一定的规模和资信能力，但是核心企业仍会存有道德风险。以物流公司模式为例，如果物流企业与核心企业之间存有纠纷、监管不到位或者物流企业与中小企业合谋欺骗核心企业等，就可能影响整个供应链金融的有效运行，核心企业承担着太多的信用风险和来自物流公司及融资企业的道德风险。

（五）物流监管方风险

在 SCF 模式下，监管者必须发挥一定的作用，必须想方设法发挥物流企业的规模优势、技术优势、服务优势和专业优势，以此来降低贷款所发生的费用和成本。商业银行把融资企业交付给银行的质押物交由一些仓储企业代为保管，但是一旦把质押物交给第三方物流企业，银行就可能会减少对质押物市场信息、价格、所有权信息等方面的了解，而第三方物流企业就会对质押物的信息了解得很多，由此会产生信息不对称，这时物流企业可能做出一些不利于银行的举动，比如个别仓储企业会串通需要融资的企业向银行骗贷，或者监管企业不尽职尽责，造成质押物质量不符和货物数量缺失等情况。

（六）系统性和非系统性风险

系统风险包括国家出台的政策法规对供应链金融业务的影响，也包括整个实体经济和证券市场存在的风险波动，比如在经济危机通货膨胀或者紧缩的情况下，供应链金融业务会受到很大的冲击。非系统性风险主要存在于供应链金融参与者的内部，包括金融企业和物流企业的经营风险、市场风险、财务风险和并购风险等。

（七）业务操作风险

在 SCF 模式中，业务操作风险可能是其最需要关注的风险之一，此模式通过设计好的操作流程及三方监管方式的引进，建立了独立于企业信用的还款来源，但是这就要求有很严密和规范的操作流程，这其实是很难做到的，并且这种模式还会造成操作风险和信用风险的转移。

四、供应链金融业务风险防范对策

供应链金融业务的风险防范需要从运作主体的各个角度去应对，具体的防范对策如下：

（一）提升对全产业链上相关授信主体的综合准入管理

供应链金融的运作需要从整个产业链出发进行授信业务的管理，所以要结合供应链整体运作状况对授信企业的准入和交易的可信度进行全面客观的评价，对 SCF 中各主体的履约情况、业务水平、财务状况也都要进行综合全面的评估。授信前，商业银行必须做好对授信企业的调查工作，对授信主体方面的信息都要有所了解，这可以说是供应链金融风险防范的第一道防线。商业银行可以根据不同的授信主体制定不同的贷前指导细则和实施细则，并根据不同的业务制定翔实的调查程序和重点。

（二）提升对质押物的动态管理

质押物的监管无论对于商业银行还是对于物流公司都是相当重要的，它关系着商业银行贷款的安全性，同时它也关乎物流仓储企业的信誉。从商业银行模式的角度来看，银行在进行存货质押融资时应该时刻关注质押物的市场价格变动情况，质押物品一旦跌至预先设定好的警戒价格之下，银行就必须通知融资企业补充质押物品或者补充保证金，银行在选择质押物监管公司时也应该选择那些规模大、信誉比较好而且有监管经验的公司作为托管企业以确保质押物品的质量和数量不会出现很大的变动。同时银行也应该定期对监管企业进行考评，如果不合格则应及时督促监管企业进行改进，如果监管企业消极对待，银行就应该考虑更换监管企业。从物流公司模式的角度分析，物流公司应该合理选择质押物，最好选取那些价格比较透明、稳定、容易保值的质押物品，而且质押物品应该是质量稳定、容易保存的。物流公司应制定一整套完整的制度，明确各管理人员的职责来管理质押物品，以此避免人工管理所带来的道德风险。

（三）加强对物流监管方的准入管理

在 SCF 模式中，物流监管方实际上是扮演着监管者或者中介的角色，它不仅是受银行的委托帮助银行管理质押物品，确保质押物在质押期间的安全，保质保量，而且它也是整个供应链顺利运作的重要环节，它保证货物的安全、质量和数量的完整性，保证货物及时地出入库、运输和配送。但是，当前的物流监管企业还存在着许多不尽如人意的地方，比如监管企业缺乏基本的监管经验和专业技能，监管企业的资质也是参差不齐的，很难进行正确有保证的选择，甚至有些企业还缺乏职业道德，对质押物品随意处理，变卖、盗窃、私售状况时有发生。仓储监管的制度缺失也是我国质押监管一个很大的问题，管理过程不规范严重影响了商业银行的资金安全。

从以上分析来看，银行必须选择那些经营规模大、具有一定知名度、专业化水平比较高、仓储设备比较先进的企业，并且要督促监管企业制定完善的监管制度，对质押物的出入库信息进行严格控制。供应链金融监管方应该健全企业内部治理机制，保证公司运营规范性，在资本市场模式中，也应该完善信息披露的制度，为供应链金融参与方提供完整、可靠、及时的信息披露服务，并且要不定期对监管企业的监管情况进行考核，甚至要考核不同的监管企业，从中择优。

（四）优化业务操作流程，规范各操作环节职责要点

流程环节多、操作风险非常复杂是 SCF 模式非常显著的特点，因此在整个供应链中，商业银行在贷款之前必须优化业务的操作流程，对整个过程实施监管，必须了解供应链上下游企业的运营状况，这种调查必须在模式化的框架下进行操作，防止调查人员个人主观性的错误判断影响银行的融资决策。在贷款的落实环节，应细化与授信主体及其上下游企业之间合同协议签订，印章核实，票据、文书等的传递以及应收类业务项下通知程序的履行等事项的操作职责、操作要点和规范要求；在实施供应链金融业务后，应该加强对供应链金融业务的成本管理，这对降低企业供应链金融运作费用、提高企业效益有巨大的作用，商业银行必须制定一整套成本预算的制度，同时对企业的绩效进行考核。

（五）加强供应链金融的法律法规建设

一个国家的物流发展离不开政府的支持，良好的政策环境可以很好地促进物流业的发展，我国在物流法律法规方面还存在很大的欠缺，更不用说在供应链金融这个非常陌生的领域。制度的缺失、法律法规的不健全严重阻碍供应链金融的发展，因为供应链金融的运作会涉及很多不同类型的企业，法律问题很容易滋生。从政府层面来看，政府应该组织法律、物流和金融领域的相关人才制定一个完善的具有很强适应性的法律制度，来为供应链金融业务的健康发展提供支持。

（资料来源：刘启阔，安徽财经大学工商管理学院毕业论文，2013 年。）

拓展案例 2-2

汽车供应链金融的主要模式比较

一、供应链金融的概念

供应链金融是指商业银行对某一供应链上的资金流、物流、信息流进行整合，通过分析供应链内部的交易结构，采用自偿性贸易融资的信贷模型，并引入核心企业、物流监管公司等新的参与方，对一个产业链中的单个企业或者是上下游多个企业提供全面的金融服务，以促进供应链核心企业及上下游配套企业生产、供应、销售链条的稳固和顺畅流转，构筑商业银行、企业和商品供应链互利共存、持续发展的产业生态，是物流与金融相结合的产物。

供应链金融与传统贷款的区别如表 2-1 所示。

表 2-1　供应链金融与传统贷款的区别

区　　别	传 统 贷 款	供应链金融
贷款对象	主要为大中型企业	主要为中小企业
银企关系	单次债权债务关系	长期合作伙伴关系
授信方式	对单一企业授信	对整条供应链授信
贷款依据	单个企业的财务状况	贸易真实性、核心企业信用及中小企业信用等
资金用途	没有严格限制	只能用于单次贸易交易

二、汽车供应链金融需求

汽车供应链金融是指金融机构在汽车采购、生产、销售、流通及使用过程中，为汽车供应链提供的包括但不限于对生产商、经销商提供的短期流动型融资产品、库存融资及对终端消费者提供的消费资金融通方式。汽车供应链不仅链条长、资金需求大，而且各企业之间的关系较紧密，已经形成从原材料供应商、零部件制造商、汽车制造商、汽车经销商到最终消费者甚至到售后服务的完整的产业链，所以是商业银行开展供应链金融业务的一片沃土。自我国商业银行发展供应链金融业务以来，针对汽车行业的供应链产品就层出不穷，四大国有银行和中小股份制银行都进行了大胆的业务尝试。

1. 汽车行业供应链发展可带动多个行业发展

汽车行业供应链涉及的行业非常广阔，从原材料的采购到零部件的制造，从整车到销售、再到售后服务，会有数以百计的企业参与其中。就整车企业而言，其上游企业可以涉及铁矿、石化、橡胶和玻璃等行业，下游企业可以涉及经销商、保险、汽车维修等行业。汽车行业的蓬勃发展对这些行业有显著的拉动作用。对汽车行业展开供应链金融业务，通过支持汽车行业进而带动其他行业，对国民经济的发展意义重大。

2. 汽车行业供应链资金需求量大

汽车行业属于资金密集和技术密集型行业，提高车辆零部件质量、研发整车技术、推广汽车新品种都需要大量的资金投入，且生产周期长。在供应链上，除了大型核心企业可以通过上市、发债等方式筹集资金，上下游中小企业只能从银行贷款，长期面临资金短缺问题，虽然每个企业的资金需求量大，但是由于企业数量多，所以总的资金需求量非常可观，为商业银行开展供应链金融业务提供了广阔空间。

3. 汽车行业上下游企业关系紧密，供应链相对稳定

汽车厂商一般会选择固定的零部件供应商，对零部件的规格、质量提出个性化的需求，一种零部件满足一种车型的生产需求，由此形成长期稳定的合作关系。对于汽车经销商，汽车厂商会有严格的准入与退出机制，时刻关注经销商的车辆销售和现金流情况；经销商对汽车厂商有较大的依赖性。稳定的供应链也是开展供应链金融业务的前提条件。

三、汽车供应链金融基本模式

（一）基于核心企业连带责任的融资模式

1. 预付账款融资模式

预付账款融资模式参与方包括：商业银行、核心企业、物流监管企业、下游经销商。

核心企业凭借其优势地位，要求下游经销商提前支付款项，造成下游中小企业流动资金匮乏。预付账款模式是以核心企业将要提供的仓单作为质押物，由银行控制提货权的融资模式，通过预付账款融资，下游企业将一次性付款转化为分批付款，有效解决了下游企业提前一次性全额付款的困境。在汽车行业供应链金融业务中，预付账款融资模式主要应用在下游经销商采购阶段，其操作流程如图2-4所示。

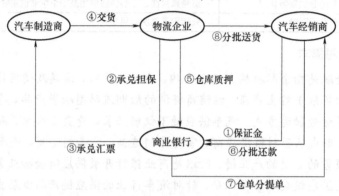

图2-4　汽车行业预付账款融资模式流程图

2. 担保融资模式

担保融资模式和预付款融资模式的原理基本相同，都是以核心企业连带责任为保障，向供应链上的下游中小企业融资，所不同的是担保融资模式淡化了质押物的概念，强化了核心企业的信誉，有时还引入第三方担保公司来抵御贷款风险。在汽车行业中，担保融资模式往往应用于采用直销模式销售车辆的汽车产业链，即省去了经销商销售环节，直接由汽车生产厂商向汽车购买者销售。但这种汽车产业链的终端购买者购车不是为了消费，而是为了生产经营。汽车行业担保融资模式流程如图2-5所示。

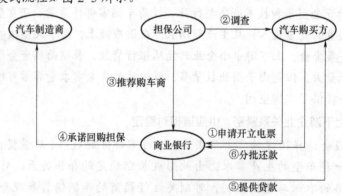

图2-5　汽车行业担保融资模式流程图

（二）基于债权控制的融资模式

基于债权控制的供应链金融融资模式也叫应收账款融资模式，是指供应链上的上游企业以对核心企业的应收账款为质押物，向商业银行申请期限不超过应收账款账龄的融资业务。在供应链中，处于核心地位的大企业凭借其优势地位和影响力，要求上游供应商先发货后付款，而由此产生的应收账款回收期通常在 3 个月以上，导致上游企业应收账款高企，影响其资金流动性。《中华人民共和国物权法》规定，应收账款可以质押，为应收账款融资模式创造了良好的法律环境。应收账款融资模式主要分为三种：①应收账款质押融资。即债权人以应收账款作为质押物向商业银行申请贷款，商业银行发放贷款以后，如果应收账款无法收回，商业银行有权向债权方追索贷款，也就是附有追索权的贷款。②应收账款让售融资。即应收账款债权方将应收账款的收款权出售给商业银行，银行独自承担风险，若日后贷款应收账款无法收回，商业银行也无权向债权人追索。③应收账款证券化。应收账款债权方将应收账款转化为可以转让和流通的证券，证券持有人同债权方共担风险。在国际市场上，这三种模式都有所体现，但由于我国目前资产市场发展尚不健全，第一种模式在我国运用较多。

在汽车行业供应链金融业务中，应收账款融资模式主要应用在原材料、汽车零部件供应商销货阶段。具体流程如图 2-6 所示。

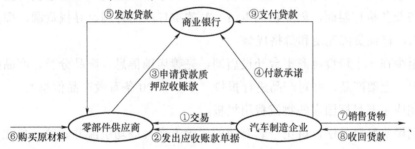

图 2-6　汽车行业应收账款融资模式流程图

（三）基于货权控制的融资模式

基于货权控制的供应链金融融资模式也叫存货质押融资模式，是指企业将存货质押给商业银行获得贷款的新型金融服务。一方面企业在生产经营过程中需要保存有存货，以备不时之需，但大部分企业存货往往占资产的很大份额，造成资金使用效率低下。另一方面，中小企业由于缺少足够的有价证券、不动产，很难以银行传统贷款模式取得贷款。根据我国现行法律法规，企业可以将其生产所用的原料、存货等流动资产作为抵押，银行与物流企业签订协议，委托物流公司对抵押物进行监管，企业逐批还款、逐批置换出存货，盘活存货。存货质押融资模式的贷款申请人可以是供应链上任何节点的企业，作为质押物的存货通常具有变现能力强、价格和质量稳定、市场需求旺盛等特点。在汽车行业供应链金融业务中，存货质押融资模式主要应用在经销商运营阶段。其流程如图 2-7 所示。

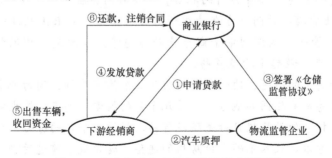

图 2-7　汽车行业存货质押融资模式流程图

方向三 | 供应链创新与跨境电商平台创业实践

拓展任务目标：

课外实践，阅读案例并上网搜索，在实践中完成如下任务：

（1）组建创业团队，确定公司名称、愿景及组织分工等。

（2）分析比较速卖通、Wish、敦煌网等国内跨境电商平台各自的优劣势和开店经营规则等。

（3）运用平台大数据分析工具，明确市场定位、用户画像并进行选品（产品与服务）。

（4）进行竞争对手分析，对各大平台中经营同类产品的店铺进行综合比较分析。

（5）探索构建供应链整体优势，创新商业模式（商业模式画布解构）。

（6）在业务执行层面，创业初期以 1～2 款主打产品为例，寻找货源，探索如何优化供应商关系，保证货源充足和价格优势。

（7）至少在一个跨境电商平台开设店铺，完善店铺信息、产品分类、产品描述，对图片进行处理，上架产品，并对产品进行报价（不少于 20 条有效产品信息）。

（8）完成主要目标国家的物流费用模板。

（9）利用头脑风暴法，讨论一套有效的促销方案，成功引流并开第一单业务。

（10）总结讨论。

拓展任务要求：

提前 8 周确定方向，在教师的指导下，课外分阶段完成任务，制订商业计划书，并制作 PPT 汇报。

拓展案例 3-1

从零开始做跨境电商——大学生创业故事

故事一：90 后创业跨境电商，仅用一年时间成功变身大卖家

90 后小帅哥 Jack 仅用一年时间就从零做到优质卖家。Jack，中文名郑伟铎，来自广东潮汕。之前他是一家传统外贸公司的职员，一年时间，摇身一变成了敦煌网 3C 行业优质卖家。Jack 毕业后两年时间一直在传统贸易公司工作，从未接触过电子商务，但是目睹了传统贸易的不景气，认识到电子商务是必然趋势。了解到敦煌网的跨境模式，Jack 毅然辞去了工作，专心做起了跨境贸易。

为了摸索电子商务的门道，他一口气注册了五个淘宝店铺，因为他觉得无论是在淘宝还是敦煌，在线交易都有相同的地方。经过几个月的摸索，淘宝店铺也能月入 2 万元，但那不是他的终极目标，他的终极目标是跨境贸易。经过 6 个月的努力，敦煌网商铺步入了正轨。没有订单、亏本、收入不够支付房租的迷茫，转化成了前进的动力和做跨境贸易的信心。又过了 6 个月，他着手推广店铺、招人、扩大办公区，成为敦煌网优质卖家，月交易额成倍增长。Jack 一定有着自己的独特玩法，才能在一年时间内，从零做到优质卖家。他善于使用社交网络进行推广，Facebook、Twitter 以及各大海外论坛，是他经常逗留的地方。有时投入 10 美元推广费，能换来 8 万点击量，他觉得这个投入非常值得。他说，"有了这个流量和点击，还用担心生意做不好吗？"此外，他还积极关注海外相关的活动，比如 2015 年拉斯维加斯举办的网游大赛。

Jack 说，"做跨境电商定位很重要，要想清楚自己想做批发还是零售。我就想做 B2B，发货和收款效率高，敦煌网很适合我。我不喜欢在其他平台上做小单，小单物流成本和人力成本都高。维护好几个大客户就不愁赚不到钱了。比如我有一个大客户，每个月采购 4 次，每次 2 000 美元，我维护好他们就足够了。"在给其他卖家的建议中，他提到三个关键词：定位、效率和坚持。对于未来，他还有着很多想法和规划，你会发现，这个 90 后丝毫不任性，很理性，有想法，有态度，想好了就去做，也许这就是跨境电商 90 后的特点吧。

故事二：90 后动漫迷敦煌网创业故事

90 后创业已经不是稀奇事儿了，在外贸电商平台上也活跃着一大批 90 后，甚至是 95 后的创业者。选择电商行业挖掘人生第一桶金，对于 90 后而言确实会是一条捷径，或者说是一个成本更低、技艺门槛更低的平台。刘××是一个刚刚大学毕业的 90 后，也是一个超级动漫迷。在动漫这个爱好方面她是下了不少功夫，如果能够从兴趣中掘金，岂不快哉。所以，在创业第一站，她就选择了动漫，还是通过跨境电商平台挖到了自己人生的第一桶金。

"门槛很低。"刘××在总结时表示，选择做跨境电商并不是因为自己的英文很好，而是希望能逃出国内一片红海，"现在国内做动漫电商的太多了，做起来很累。"她首站选择的平台是敦煌网。作为典型的跨境 B2B 电商平台，敦煌网在小 B 类客户市场上拥有十分优质的资源。而刘××目前最为活跃的客户也正是中小批发企业客户。"对于这类客户，要诀很简单，就在发货速度。"例如，她曾接受了一个客户 1 200 美元的玩偶装饰订单，"当时这个客户是要举办某个主题活动，需要大量的玩偶来当作装饰品和礼品，在很短的时间内我便备齐了产品发过去，及时收到货物的客户满心欢喜，后来成为一名老主顾。"刘××说。在电商行业中，选品是一个十分重要的技能。不过对于刘××来说，这个门槛并没有想象中那般高。"如果不是真正的玩家，就无法理解买家的需求。首先我很了解动漫，所以对货品的质量和内容都信手拈来。"她说，在学校念书的时候自己还是一个"宅女"，平时追动漫算是最大的爱好。《灌篮高手》《樱桃小丸子》《火影忍者》《海贼王》等动漫都是她喜欢的。

当然，仅仅靠兴趣支撑的选品经验还不够，刘××平时更加倚重平台上的大数据指导。利用敦煌网平台的数据智囊工具，可以进行有效的分析，提升流量，打造店铺的爆款，从而方便地对平台产品的销售状况和走势进行分析。刘××坦言，在创业的第一年，自己并非一帆风顺，但收获还是比较大的，如今她的店铺已经步入正轨并保持着高速增长，一年内营业额提升 10 倍。"如果有更多资金，我们会复制当前店铺的模式，走规模经营的路线。因为我们已经意识到做哪种产品能够真正赚钱。"她表示，"未来做到一定程度，也会尝试一些新的产品线。跨境电商时代为我们营造了一个可以自由发挥的舞台，让我们学习成长，同时体会到创业和生活的乐趣。"

构建供应链整体优势——赛维网络的跨境电商之路

2014 年 9 月 17 日上午，2014 中国跨境电子商务大会暨海贸会第四届年会在广东深圳隆重举行。赛维网络联合创始人王绪成作为演讲嘉宾，在现场分享了"从综合到垂直：我的跨境电商之路"的专题演讲。以下是经过梳理的现场演讲记录。

王绪成：各位海贸会的朋友下午好！我来自深圳赛维。其实我也是外贸电商的一个新兵，我了解这个行业是从 2005 年左右开始的。我和陈总是同事，他在 2005 年左右就开始做外贸电商了，前面几位给我们介绍了一些规划、远景，我们也在按照他们这些步子往前走，下面我就跟大家分享一下赛维。

我说一下我们未来的发展方向。赛维公司是 2008 年成立的。从赛维的发展历程可以看到，我们已经搬了很多地方了，其实我是 2012 年辞职加入赛维网络的。两年之内，我们公司搬家两次。搬家是很痛苦的，如果没有组织好，就会损失上百万。从中大家也可以了解到，跨境电商这个行业的发展其实是非常迅速的。我们公司刚开始的时候，大家都知道，是靠产品起家的。今天陈总给我讲了一个小故事，他采购一个数据线可能只需要 1 块钱，但是他可以卖到 1 美元。我们的产品数量在不断增加，现在差不多有 1 万个品种，结果就是我们不停地在搬家，步伐不停地在扩大，人员不停地在增加，也就是说，我们背后的成本也在不停地增加。我们最早也是做 3C 品类，我记得当时陈总经常去华强北看看，去找一些比较好卖的产品，慢慢地扩展到日用百货，再发展到配件、户外用品，2011 年就开始做鞋帽等，2012 年就有一些智能终端。大家可以看出来，我们的品类还是比较多的，发展还是比较快的。

其实，作为一个大的外贸电商我们也在反思。一个企业越来越大，场地越来越大，成本也越来越大，什么都有，但是带来的问题就是我们的产品质量控制难度加大。很多人都会有深刻的体会，质量差会导致退款、客户体验非常差。老板最关心的问题就是我们退款增加了。"二八定律"一直是有效的，特别是在品类多的情况下。我们发现，公司上万种商品中，真正能带来效益的只有20%，有时候可能还不到20%，真正能给公司贡献利润的品类只是一小部分。

我们一直处于激烈的价格竞争区间，我们拼的是价格，一分钱一分钱地拼。如果大家都这么竞争的话，从公司发展的角度来说，利润很快就会见底。品类增长，公司又在扩张，其实成本压力是非常大的。相比大部分做外贸电商的企业，我们其实还处在比较初级的发展阶段。看到很多具有实力的企业也开始加入竞争，我们一直在反思应该怎么活下来，觉得这个模式持续不了多久。国内的电商发展模式中最典型的是淘宝，淘宝活下来了。最早的一些大卖家中，很多都已经无影无踪了。

随着国家政策的利好，外贸电商慢慢引起媒体、政府各方面的关注。现在关注者越来越多，进入者也越来越多，竞争也会越来越激烈，这种情况下我们该怎么办？我们的电商本质上还是零售，零售的最核心还是产品，如果没有核心产品，就无法展开竞争。我们跟陈总也在分析自己公司和其他同行，分析供应链的部分。其他公司可能在推广、营销这方面非常厉害，我们还处在卖货的阶段。我们未来怎么做？预计未来的竞争形势会越来越严峻。

中国是一个制造大国，但在深圳招人不好招，厂房、租金等各项成本也在上升，最终会导致我们的产品在国际上面临的竞争加大。现在有一些产业已经开始发生转移，但是有一些产业因为供应链还比较健全，没有开始转移。

我们公司其实品类很多，但是未来可能会慢慢转型，比如说做服装，毕竟服装现在也已经成为我们比较大的品类，占我们销售的大头。虽然服装有很多都转移到了东南亚、非洲，但是这个链条还是很有优势的，所以说还是准备切入服装供应链这方面去发展。

我们在外贸电商领域有那么多年的成绩了，具体有以下几个优势：

（1）我们公司现在有大批熟悉外贸电商的人员，并且能够熟练应用各个销售平台，这方面是一个比较大的优势。

（2）因为销量有一点点小规模，又积累了很多客户，通过与客户的沟通，基本上能够了解国外客户的一些需求。

（3）外贸电商领域的竞争才刚刚开始，就跟之前淘宝的起步一样，我们还有足够的时间来对这种变化做出反应。

这一点可能就是我们公司未来的方向。我们为什么会聚焦在服装市场？因为这个市场的容量足够大，各个国家和地区需求的差异也非常大，服装没有办法做到垄断，不像3C产品，很多巨头一旦做了3C领域之后，其他的小型企业就很难切入了。

（4）建立足够强大的供应链体系，适应互联网的制造模式，把产品的性价比提高。我们希望用我们的整个链条，即从设计到制造再到销售的整个链条，进行竞争，如果这三个环节都可以掌握在我们自己的手上，我相信优势会大得多。

（5）因为我们做电商已经做了六七年了，手上的客户也比较多，我们也会尝试用大数据来分析客户，希望满足并超越客户的需求。其实用比较流行的一句话来概括，就是用互联网的思维去改造我们传统的服装供应链，使它适应互联网快销的模式。

对于供应链来说，制造行业会更有体会一些。做销售的人可能会觉得比较简单，但是真正要想做起来，我预计可能会需要2～3年的时间。如果可以做起来，有可能我们的供应链平台也会对外开放，有需要的时候我们也可以给客户提供一些快速反应，并且是客户需要什么我们就可以给客户什么，并且可以在客户预期的时间提供产品，这就是我们公司未来的发展方向。

未来我们更希望成为一家新的公司，而不是一家电商。未来电商可能就不会存在了，线上交易会成为一种常态。在某种意义上，国内电子商务的发展比国外很多地区要快很多年。另外，我们希望能够建立一个强大的供应链，提供性价比较高的产品，可以根据客户的实际需求设计产品，公司未来可能会逐步把资源向这方面倾斜。

拓展案例 3-3

跨境电商运营项目——创业计划书

第一部分　团队基本情况

1. 团队基本情况

工作室名称：红树文化电商工作室

组建时间：2014 年 5 月

办公地点：江东福明家园 3 期

本项目拟注册新公司进行规范化的运营，立足创业路线，拓展新的市场。

2. 工作室简介

团队组建于 2014 年 5 月，是以互联网技术为核心的电子商务运营工作室。工作室采用先进的网络技术与严谨的管理制度，坚持以"让客户满意，为客户服务"为服务宗旨，以搭建、运营境外电商项目平台为主要业务支撑，利用国内电商快速发展的互联网技术打通中外贸易流通渠道。

团队现阶段所运营的主要项目平台包括速卖通平台及 Wish 平台，产品包括比基尼、鞋帽、电子产品等，其中核心产品为比基尼，市场范围遍及北美、南美、欧洲等地。通过创业团队近一年的成功运作，项目得到了稳步的发展，实现了盈利，同时处于快速拓展的阶段。

团队精神：锐意进取，追求卓越

经营理念：客户满意，诚信为本

服务理念：用心服务，客户至上

3. 团队主要股东情况

团队主要股东情况如表 3-1 所示。

表 3-1　团队主要股东情况

股 东 名 称	出 资 额	出 资 形 式	股 份 比 例	联 系 电 话
××××	10 万元	现金	70%	××××××××××××
××××	5 万元	现金	30%	××××××××××××

4. 公司架构

公司架构如图 3-1 所示。

图 3-1　公司架构图

创业团队共计 4 人。

创业团队人员组成如表 3-2 所示。

表 3-2　创业团队人员组成

职 务	姓 名	工 作 单 位	学历或职称	联 系 电 话
负责人	×××	红树文化电商工作室	大专	××××××××××
运营推广	×××	红树文化电商工作室	大专	××××××××××
美工	×××	红树文化电商工作室	本科	××××××××××
在线客服	×××	红树文化电商工作室	大专	××××××××××

5. 工作室经营财务历史

工作室经营财务历史如表 3-3 所示。

表 3-3　工作室经营财务历史

项　　目	速卖通平台	Wish 平台
2014 年（5 月开始）营收	8 万美元	/
2015 年至今营收	7 万美元	1.2 万美元（2 月份开始）
情况说明	速卖通主要是针对俄罗斯、美国、巴西等市场；平台通过近一年的运营发展，现阶段月度营收额达到 2.2 万美元，同时呈现出快速增长的势头，其中最大销售订单来自波兰，金额达到 1.8 万美元	Wish 平台是公司 2015 年 2 月才正式开始运营的电商平台，主要面向北美移动端客户群。在团队成熟的运营配套基础上得到了快速的提升和发展，2015 年 3 月份销售额即达到 4 000 多美元，同时呈现出更快的增长势头

6. 项目发起人

姓名：×××　性别：女　年龄：25 岁　　籍贯：浙江绍兴

联系电话：187×××××××××　　学历：大专

所学专业：家用纺织品装饰艺术设计

毕业院校：浙江纺织服装职业技术学院　　户口所在地：浙江绍兴

主要经历和业绩：

（1）有 3 年的在校设计学习经历和 2 年电商社会实践经验。

（2）外贸公司担任速卖通运营期间，带领团队跻身行业前 50。

（3）曾在速卖通上接下波兰客人 3 500 件比基尼订单，货值 1.8 万美元。

第二部分　产品与服务

工作室现阶段运营项目平台包括速卖通平台和 Wish 平台，产品以泳衣为核心，拓展至服装、鞋帽、电子产品等领域。工作室的宗旨是将国内传统领域产品通过我公司的专业运营，推向国外市场，成功为国内传统行业打开市场渠道。

1. 速卖通平台

速卖通平台于 2014 年 5 月开始上线运营，主打产品为比基尼，增值产品包括婴儿用品、服装鞋帽包。从 2014 年至今，平台月营收达 2.2 万美元，同时呈现出快速增长的势头。市场客户来自俄罗斯、美国、巴西、欧洲等地。

2. Wish 平台

创业团队于 2015 年 2 月正式入驻 Wish 平台，主要针对北美移动端市场进行拓展。产品方面仍然是沿用速卖通平台产品。通过短短两个月的上线运营，项目平台已经逐渐走向成熟，于 3 月份就实现了 4 000 美元的营收，移动端市场是一个快速增长的渠道。

3. 产品价格

工作室产品以泳衣为主打产品，价格定位为：

引流款：5～7 美元

利润款：10～15美元

服装鞋帽、婴儿产品、电子产品等：5～100美元不等。

利润说明：速卖通平台纯利润约为15%，Wish平台纯利润约为30%。

第三部分　项目投资说明

项目名称：跨境电子商务运营拓展项目

经营范围：女性泳衣、女性服装鞋帽包、婴儿用品、电子产品等

经营期限：长期

项目定位：项目服务定位于以跨境电子商务运营拓展为方向，立足将国内产品通过我方平台打通对外贸易。前期以比基尼为主打产品，逐步拓展。同时项目以培养电子商务运营人才为己任，入驻大学生创业园，引导众多创业团队及个人从实践中学习电子商务，孵化更多创业项目。

投资方式：

（1）出资方式：货币出资+技术辅助。

（2）项目总投资：15万元。

（3）投资方向：团队储备、固定投资、采购储备、运营投资。

（4）投资周期：3个月。

资金使用计划如表3-4所示。

表3-4　资金使用计划　　　　　　（单位：万元）

序 号	时 间	数 额	备 注
1	固定投资	2.5	办公设备、装修等
1.1	办公运营场地建设	0.5	基本装修
1.2	办公设备	2	桌椅、计算机采购等
2	团队储备	5	办公设备、装修等
2.1	团队工资储备	3.5	现阶段季度储备
2.2	新增人员储备	1.5	新增团队成员储备
3	运营投资	1.5	平台运营推广投资
4	产品采购	6	销售产品采购储备
	合计	15	前期投资计划

第四部分　营销与发展

一、本项目营销推广的几大优势渠道

1. 运营端

关键词营销：经过近一年的运营经验，团队在平台运营端积累了众多经验；如在速卖通平台我们以引流产品及热门产品配合进行速卖通渠道的推广。以此不仅可以增加销量，同时可以带动利润款的销售。

站外引流：如VK、Facebook、Instagram社交营销，还有10Buck跨境返利平台等。

其他：平台长期性的营销活动，如新品发布、折扣、反馈等，平台保持着与用户长期的互动。

2. 产品端

在产品方向上，坚持以服装类为核心产品，塑造良好店铺口碑，同时拓展增值类的产品，以此可以增加店铺形象特色；同时国内优质低廉的产品在跨境电商中拥有着巨大的优势。

3. 管理端

经过近一年的管理摸索和市场体验，团队在管理方面拥有成熟标准的模式，现阶段已经实现了盈利，已处于拓展阶段。

二、项目发展情况规划

1. 平台端

项目现阶段总营收近 2.7 万美元/月，其中速卖通 2.2 万美元/月，Wish 平台 5 000 美元/月。项目通过本次的拓展，以及 Wish 的快速营收增长，计划将在半年内实现总营收 5 万美元/月的发展规模，届时将考虑进一步的发展规划布局。

2. 产品端

坚持以泳衣产品为核心，打造品牌特色店铺，同时也注重辅助类产品的拓展，逐步完善产品和服务类目。在以用户体验为核心的电商时代，注重产品将是我们永远坚持的理念。

3. 业务端

团队立足于跨境电商运营，将利用自身的成功经验带动周边其他个人或者团队进行实践学习，孵化更多创业团队的诞生。

三、发展前景

自 2011 年起，跨境电商模式进入中国扎根发展，目前中国已成为全球主要跨境电商市场之一。中国跨境电商市场增速飞快主要由两个因素推动。首先，中国政府出台政策利好跨境电商的引入。政府扶持各地成立保税区，以全新的通关流程和优惠的税收刺激跨境电商市场的成长。其次，国内快速发展的互联网技术是跨境电商不断壮大的动力。

第五部分 风险分析

1. 财务风险及其控制

风险描述：本项目投资属于小型项目，同时项目处于拓展阶段，盲目扩大运营和加大推广成本可能会导致资金链的断裂，导致项目失败。

风险控制：项目将依照速卖通平台的发展模式，稳步拓展，绝不盲目拓展，加大成本，以此在本阶段的拓展过程中给予项目平台一个安全的过渡阶段。

2. 市场风险及其控制

风险描述：跨境电商的快速发展，导致越来越多的企业或创业团队加入跨境电商的行列，会导致竞争。

风险控制：团队基于前期的成功运营，积累了众多的受众和运营经验，团队入行相对并不算晚，同时积累了资源，只要塑造自身特色，必定能抵御竞争。

3. 经营管理风险及控制

风险描述：在实际运营中，因经营管理人员的管理能力欠缺和对项目的忠诚度不高，可能造成经营管理的问题。

风险控制：平台将建立严格的管理制度和监督机制，运营管理会继续按照管理制度和管理体系来运行。平台非常重视核心团队的建设，其强有力的人力资源策略能够支撑平台整体的人力资源的发展。

第六部分　综述

以上对项目的规划和项目现阶段发展状况的介绍，可以证明项目的可行性；同时根据项目对社会的效益及项目的发展双边价值关系可以看出，项目将呈良性的发展路线。同时工作室将秉承着健康发展、服务社会的价值理念，诚挚渴望加入大学生创业园，共筑创业之路。

（资料来源：百度文库，李艺，跨境电商项目创业计划书，2016年。）

参 考 文 献

[1] 周任重，赵艳俐，林勉. 供应链管理实务[M]. 北京：人民交通出版社，2009.

[2] 刘宝红. 供应链管理：实践者的专家之路[M]. 北京：机械工业出版社，2017.

[3] 刘宝红. 采购与供应链管理：一个实践者的角度[M]. 2版. 北京：机械工业出版社，2017.

[4] 施云. 供应链架构师：从战略到运营[M]. 北京：中国财富出版社，2016.

[5] 胡奇英. 供应链管理与商业模式：分析与设计[M]. 北京：清华大学出版社，2016.

[6] 内克，格林，布拉什. 如何教创业：基于实践的百森教学法[M]. 薛红志，等译. 北京：机械工业出版社，2016.

[7] 乔普拉，迈因德尔. 供应链管理[M]. 5版. 陈荣秋，等译. 北京：中国人民大学出版社，2013.

[8] 马士华，林勇，等. 供应链管理[M]. 5版. 北京：机械工业出版社，2016.

[9] 陈民伟，林朝朋，陈香莲. 供应链管理实务[M]哈尔滨：哈尔滨工业大学出版社，2017.

[10] 赵继新，阎子刚. 供应链管理[M]. 3版. 北京：机械工业出版社，2017.

[11] 李建丽，等. 供应链管理实务[M]. 3版. 北京：人民交通出版社，2015.

[12] 阮喜珍，等. 供应链管理实务[M]. 武汉：华中科技大学出版社，2013.

[13] 冯永华. 丰田精益管理：采购与供应商管理[M]. 北京：人民邮电出版社，2014.

[14] 麦尔森. 精益供应链与物流管理[M]. 梁峥，等译. 北京：人民邮电出版社，2014.

[15] 宋华. 供应链金融[M]. 北京：中国人民大学出版社，2015.

[16] 深圳发展银行-中欧国际工商学院"供应链金融"课题组. 供应链金融：新经济下的新金融[M]. 上海：上海远东出版社，2009.

[17] 杨以雄. 服装物流管理教程[M]上海：东华大学出版社，2013.

[18] 吕建军，侯先云，田雯. 供应链管理实训教程[M]. 北京：机械工业出版社，2012.

[19] 三谷宏治. 商业模式全史[M]. 马云雷，等译. 南京：江苏凤凰文艺出版社，2016.

[20] 奥斯特瓦德，皮尼厄. 商业模式新生代[M]. 黄涛，等译. 北京：机械工业出版社，2016.

[21] 利丰研究中心. 供应链管理：香港利丰集团的实践[M]. 2版. 北京：中国人民大学出版社，2009.

[22] 周任重. 纵向结构与企业创新激励——基于全球价值链的视角[M]. 北京：经济科学出版社，2013.

[23] 赵艳俐，周任重，等. 采购与供应管理实务[M]. 北京：人民交通出版社，2009.

[24] 张瑞夫. 跨境电子商务理论与实务[M]. 北京：中国财政经济出版社，2017.

[25] 国家科技风险开发事业中心. 商业计划书编写指南[M]. 2版. 北京：电子工业出版社，2012.

[26] 胡军. 供应链管理理论与实务[M]. 北京：中国物资出版社，2006.

[27] 哈里森，李，尼尔. 供应链管理实务[M]. 黄朔，译. 北京：中国人民大学出版社，2006.

[28] 田雪. 食品行业与服装行业供应链管理案例集[M]. 北京：中国财富出版社，2015.

[29] STADTLER H, KILGER C. 供应链管理与高级规划[M]. 王晓东，译. 北京：机械工业出版社，2005.

李习文，等译．北京：机械工业出版社，2005．

理[M]．邵晓峰，等译．北京：中国财政经济出版社，2003．

流程绘制[M]．王进奎，译．北京：机械工业出版社，2006．

管理流程设计与工作标准[M]．北京：人民邮电出版社，2006．

等．供应链管理与 SAP 系统实现[M]．王天扬，等译．北京：机械工业出版社，2004．

参 考 文 献

[1] 周任重，赵艳俐，林勉. 供应链管理实务[M]. 北京：人民交通出版社，2009.

[2] 刘宝红. 供应链管理：实践者的专家之路[M]. 北京：机械工业出版社，2017.

[3] 刘宝红. 采购与供应链管理：一个实践者的角度[M]. 2版. 北京：机械工业出版社，2017.

[4] 施云. 供应链架构师：从战略到运营[M]. 北京：中国财富出版社，2016.

[5] 胡奇英. 供应链管理与商业模式：分析与设计[M]. 北京：清华大学出版社，2016.

[6] 内克，格林，布拉什. 如何教创业：基于实践的百森教学法[M]. 薛红志，等译. 北京：机械工业出版社，2016.

[7] 乔普拉，迈因德尔. 供应链管理[M]. 5版. 陈荣秋，等译. 北京：中国人民大学出版社，2013.

[8] 马士华，林勇，等. 供应链管理[M]. 5版. 北京：机械工业出版社，2016.

[9] 陈民伟，林朝朋，陈香莲. 供应链管理实务[M]哈尔滨：哈尔滨工业大学出版社，2017.

[10] 赵继新，阎子刚. 供应链管理[M]. 3版. 北京：机械工业出版社，2017.

[11] 李建丽，等. 供应链管理实务[M]. 3版. 北京：人民交通出版社，2015.

[12] 阮喜珍，等. 供应链管理实务[M]. 武汉：华中科技大学出版社，2013.

[13] 冯永华. 丰田精益管理：采购与供应商管理[M]. 北京：人民邮电出版社，2014.

[14] 麦尔森. 精益供应链与物流管理[M]. 梁峥，等译. 北京：人民邮电出版社，2014.

[15] 宋华. 供应链金融[M]. 北京：中国人民大学出版社，2015.

[16] 深圳发展银行-中欧国际工商学院"供应链金融"课题组. 供应链金融：新经济下的新金融[M]. 上海：上海远东出版社，2009.

[17] 杨以雄. 服装物流管理教程[M]上海：东华大学出版社，2013.

[18] 吕建军，侯先云，田雯. 供应链管理实训教程[M]. 北京：机械工业出版社，2012.

[19] 三谷宏治. 商业模式全史[M]. 马云雷，等译. 南京：江苏凤凰文艺出版社，2016.

[20] 奥斯特瓦德，皮尼厄. 商业模式新生代[M]. 黄涛，等译. 北京：机械工业出版社，2016.

[21] 利丰研究中心. 供应链管理：香港利丰集团的实践[M]. 2版. 北京：中国人民大学出版社，2009.

[22] 周任重. 纵向结构与企业创新激励——基于全球价值链的视角[M]. 北京：经济科学出版社，2013.

[23] 赵艳俐，周任重，等. 采购与供应管理实务[M]. 北京：人民交通出版社，2009.

[24] 张瑞夫. 跨境电子商务理论与实务[M]. 北京：中国财政经济出版社，2017.

[25] 国家科技风险开发事业中心. 商业计划书编写指南[M]. 2版. 北京：电子工业出版社，2012.

[26] 胡军. 供应链管理理论与实务[M]. 北京：中国物资出版社，2006.

[27] 哈里森，李，尼尔. 供应链管理实务[M]. 黄朔，译. 北京：中国人民大学出版社，2006.

[28] 田雪. 食品行业与服装行业供应链管理案例集[M]. 北京：中国财富出版社，2015.

[29] STADTLER H，KILGER C. 供应链管理与高级规划[M]. 王晓东，译. 北京：机械工业出版社，2005.

[30] 沃尔特斯．库存控制与管理[M]．李习文，等译．北京：机械工业出版社，2005．

[31] 斯托克，兰伯特．战略物流管理[M]．邵晓峰，等译．北京：中国财政经济出版社，2003．

[32] 杰卡，凯勒，等．业务流程绘制[M]．王进奎，译．北京：机械工业出版社，2006．

[33] 孙宗虎，付伟．生产管理流程设计与工作标准[M]．北京：人民邮电出版社，2006．

[34] 克诺尔迈尔，等．供应链管理与 SAP 系统实现[M]．王天扬，等译．北京：机械工业出版社，2004．